Franz Nissel

Dramatische Werke

Franz Nissel

Dramatische Werke

ISBN/EAN: 9783743644991

Hergestellt in Europa, USA, Kanada, Australien, Japan

Cover: Foto ©ninafisch / pixelio.de

Weitere Bücher finden Sie auf **www.hansebooks.com**

Dramatische Werke

von

Franz Nissel.

Dritte Folge.

Nebst einem Anhang:

Gedichte.

Stuttgart 1896.
Verlag der J. G. Cotta'schen Buchhandlung
Nachfolger.

Inhalt.

	Seite
Ein Wohlthäter	1
Rudolf von Erlach	49
Ein zweites Leben	153
Timur in Ispahan (Fragment)	209
Mohammed, der Prophet (Fragment)	227
Gedichte	235

Vorwort.

Mit dem vorliegenden Bande ist diese Sammlung der dichterischen Werke meines verstorbenen Bruders abgeschlossen. Das Schauspiel: „Ein Wohlthäter" ist dasjenige Stück, mit welchem der Dichter sich den Eintritt in das Repertoire des Burgtheaters und die lebhafteste Begrüßung auch von seiten der Kritik gewann. Das darauffolgende Drama: „Rudolf von Erlach" entstand während eines Aufenthaltes in der Schweiz, wo die Bekanntschaft mit einem Sprossen des alten Schweizergeschlechtes die Anregung dazu gab. Die phantastische Dichtung: „Ein zweites Leben", welche das Datum der ersten Hälfte der fünfziger Jahre trägt, erscheint in die Form der damaligen Volksstücke gekleidet und ist in die Sammlung aufgenommen worden als ein wohl nicht uninteressanter Versuch des jungen, tragischen Autors, sich dem volkstümlichen Genre zuzuwenden. An diese drei Stücke schließen sich einige dramatische Fragmente und eine Reihe von Gedichten, die in die frühesten

Jugendjahre meines Bruders zurückreichen und von denen einige den Stempel der sturmbewegten Zeit tragen, aus welcher sie hervorgegangen sind. Die Ehrung, welche die bis jetzt erschienenen Bände dem Dichter und seinem Andenken gebracht, möge auch diesem Buche nicht fehlen.

Wien, im Oktober 1895.

Caroline Nissel.

Ein Wohlthäter.

Schauspiel in drei Akten.

Nissel, Dramatische Werke. 3. Folge.

Personen.

Johann Kürbner, Oekonom, Besitzer eines Meierhofes.
Marie, seine Tochter.
Andres.
Mark.
Klaus, ein alter Diener Kürbners.
Suse,
Marthe,
Konrad,
Christian,
} Mägde und Knechte im Meierhofe.

Erster Akt.

Meierhof des Johann Kürbner.

Erste Scene.

Knechte und Mägde (in verschiedenen Gruppen, zum Teile in Sonntagskleidern, zum Teile noch in den Arbeitsgewändern). Darunter Suse, Marthe, Christian, Konrad.

Christian. Hurtig! Herausgeputzt, daß der Sonntag vor Neid zerplatze! Die Musikanten kommen schon den Hügel herauf dem Wirtshaus zu.

Konrad. Nun, Suse, was ist's denn mit uns beiden? Machen wir heute ein Tänzchen?

Suse. Such dir eine andere Dirne, die leichteren Sinn hat. Ich geh' nicht hin.

Marthe (spöttisch zu den andern). Die thut, als wäre sie aus besserm Teig gebacken, als wir andern.

Konrad. Sei nicht kindisch, Suse. Ein Tänzchen in Ehren kann niemand verwehren.

Suse. Laß mich zufrieden!

Christian. He, Suse! Wenn ich sagte: Mach ein Tänzchen mit mir —

Suse. Christian!

Christian. Was gilt's, du gingst!

Suse (gezwungen spröde). Träum nur davon, wenn es dir Freude macht!

Christian. Träumen? Thu nicht so scheu, ich weiß ja doch, wie's mit dir steht. (Er schlingt seinen Arm um sie.)

Suse. Christian!

Marthe (lachend). Nimm dich in acht, sie kratzt dir die Augen aus.

Suse. Laß mich los! (Leise, nur für Christian hörbar, flehend.) Christian, ich bitte dich.

Christian (laut). Kauf dich los durch ein Küßchen.

Suse (sich sträubend, heftig). **Christian!** (Sie schlägt ihn ins Gesicht, er weicht zurück, die andern lachen.)

Christian (für sich). Wart' nur!

Zweite Scene.

Vorige. **Klaus** (ein Greis, tritt auf).

Klaus. Heißa! Drauf los gelacht! Ist das ein Leben! Man merkt es gleich, daß ihnen die Arbeit vom Nacken ist!

Marthe. Und sollen wir etwa nicht fröhlich sein am Namenstage unsres Herrn?

Klaus. Nicht fröhlich! Was? Na — ich wollte es keinem raten, heute nicht fröhlich zu sein. Wer untersteht sich, nicht fröhlich zu sein? Den wollt' ich doch gleich —

Christian. Seid ruhig, Vater Klaus. In einer halben Stunde im Wirtshaus oben, wenn erst die Musikanten die Geigen streichen, da sollt Ihr sehen, ob wir fröhlich sind.

Klaus. Keinen Groschen geb' ich für eure Fröhlichkeit. Ist das ein Volk! Junges Blut und junge Beine, und brauchen erst Musikanten, um in Bewegung zu geraten. Seht mich an. Mit meinem Siebziger auf dem Rücken pfeif' ich mir eins und es tanzt alles von selbst an mir. (Er tanzt ein paar Schritte pfeifend.) Was? Ihr lacht mich aus?

Christian. Ein Zeichen, daß wir guter Dinge sind. (Auf Suse deutend.) Da wäre eine Tänzerin für Euch. Von uns will sie keinen.

Klaus. Eure Schuld! Mich sollte sie schon wollen. Was meinst du, Suse — bin ich nicht immer noch ein schmucker Junge?

Dritte Scene.

Vorige. **Andres** (ist währenddem mit zwei Gießkannen aus dem Garten gekommen, er stellt sie an den Brunnen, sie zu füllen).

Christian (ihn erblickend). Gehst du mit uns?

Andres. Ich? Siehst du nicht, daß ich noch alle Hände voll zu thun habe?

Christian. Geh doch! Ist heut' nicht sozusagen ein Feiertag?

Andres. Für dich vielleicht — für mich nicht.

Klaus. Hui — es wettert wo, gebt acht, daß es nicht einschlägt.

Konrad. Gönn dir doch einen Augenblick Ruhe.

Andres (bitter lachend). Ich habe Schulden abzuzahlen, Konrad!

Konrad. Du bist ohnehin der Fleißigste im Meierhof. Wenn einer Atem schöpfen darf, bist du's.

Andres. Nicht einen Atemzug will ich umsonst im Meierhof des Johann Kürbner.

Klaus (mit komischer Indignation). Was? Im Meierhof des Johann Kürbner? Habt ihr gehört?

Christian. Nun und?

Klaus. Nun und! Was? Ihr seid nicht entrüstet? Lottervolk! Ja, wenn er gesagt hätte — — (leichthin) „des Johann Kürbner" — oder (gewichtig) „des Johann Kürbner" oder etwa (freudig) „des Johann Kürbner"! Aber so — (den Ton des Andres nachahmend) „des Johann Kürbner"! Wenn mir das von euch einer sagte, den wollt' ich — aber Respekt vor einem gewissen Andres; denn ein gewisser Andres ist wie ein Sohn gehalten im Hause des — (wieder im Tone des Andres) des Johann Kürbner.

Andres (voll Unmut vor sich hin). Ich wollt' — ich wollt', es wäre eine Lüge. (Er entfernt sich.)

Konrad. Laßt ihn. Er hört nicht gern von dem, was er dem Herrn verdankt.

Christian. Weil er's zu oft vom Herrn selbst zu hören kriegt.

Konrad. Getroffen.

Klaus. Was? Dummes Zeug! Jeder Mensch hat Schwächen. Warum soll grade der Johann Kürbner keine haben? Hab' ich nicht auch die meinigen? Wer untersteht sich zu behaupten, daß ich nicht auch meine Schwächen habe? Soll einer vortreten —

Christian. Ohne Sorge — es thut's keiner.

Klaus (grimmig). Hab' ich Schwächen, oder hab' ich keine?

Marthe (schelmisch). Guckt manchmal zu tief ins Glas —

Klaus. Was? Wie? Ach! — Wer untersteht sich zu leugnen, daß ich dessen ungeachtet ein ganzer Kerl bin?

Konrad (ihm die Hand drückend). Ihr seid unser lustiger Vater Klaus, dem wir alle von Herzen gut sind. (Konrad und Christian ab.)

Juse (dem letzteren nachsehend). Daß er mich auch dazu gezwungen hat! (Sie geht ab. Die übrigen zerstreuen sich nach und nach.)

Vierte Scene.

Klaus, Mark (tritt auf).

Mark. Gott zum Gruß, Klaus!

Klaus. Sieh da! Wie geht's? Wie steht's daheim?

Mark. Zum besten eben nicht. Mein Weib ist heute morgens erkrankt. Bin deshalb so spät gekommen. Ist der Herr im Gebäude?

Klaus. Wollt Ihr ihm was?

Mark. Nun — Ihr wißt ja wohl — sein Namenstag heute.

Klaus. Ihr seht blaß aus. Ist Euch nicht wohl?

Mark (der sich mit einem Tuche den Schweiß von der Stirne wischt). Mir ist nur etwas heiß. Wollt Ihr dem Herrn sagen, daß ich da bin?

Klaus. Auf der Stelle. (Er entfernt sich.)

Mark (für sich). Was bist du für ein Hasenherz, Mark! Zu zittern, wie ein Delinquent! Eines Glückwunsches wegen! Als ob der Mann etwas im Blick hätte, das vergiftet. Und er ist doch ein Ehrenmann, ein Freund des Dürftigen, ein Helfer in der Not. Du kannst davon erzählen. Aber — pfui! Beiß dir die Zunge ab, eh' du dem Aber eine Silbe anhängst. — Ich wollt', es wär' vorbei. Ich weiß, daß er mir wieder Dinge sagen wird, die mir das Herz schwer machen auf vierzehn Tage. Da kommt er. Weiß Gott — die Rede verschlägt's mir.

Fünfte Scene.

Mark, Kürbner (tritt auf. Gleich darauf erscheint Andres wieder am Brunnen, wo er ein Zeuge der Scene bleibt).

Kürbner. Ach — Mark! Guten Tag! Guten Tag!

Mark (kleinlaut). Schön — guten Tag.

Kürbner. Sieht man Euch auch einmal? Das muß ich mir mit Rotstift in den Kalender schreiben. Mich wundert's, daß wir beide gegenseitig noch nicht vergessen haben, wie wir aussehen.

Mark. Herr Kürbner —

Kürbner. Freilich! Freilich! Ich habe stets gehört, daß man die Leute am schnellsten vergißt, denen man ein Stück Lebensglück schuldig ist.

Mark. Wie können Sie so etwas von mir denken —

Kürbner. Entschuldigt Euch doch nicht. Das ist der Weltlauf! Es ist auch ganz natürlich, daß es lästig ist, einem Menschen zu begegnen, dem auf der Stirne steht: Mir verdankst du was.

Mark (für sich, tief verwundet). Da nimm's! Nimm's hin! Ich wußt' es ja.

Kürbner. Ich bin Euch deshalb auch nicht böse. Wenn ich allen böse sein wollte, die sich undankbar gegen mich zeigen, ich hätte viele anzufeinden. Denn der Kürbner war vielen ein Helfer in der Not.

Mark (warm). Das war er. Die ganze Gegend nennt ihn darum auch mit diesem Ehrentitel.

Kürbner. Wie großmütig! Und setzt hinzu: Der gute Narr —

Mark. Wem das Herz schlägt, wie mir, dem ist's voll Erkenntlichkeit und er zeigt es, wo er kann.

Kürbner. Mit schönen Redensarten, ja! (Während Mark eine Bewegung tiefen Schmerzes macht und zu erwidern sich anschickt.) Schon gut! Schon gut! Sagt mir doch endlich, was Euch herführt; denn einen besonderen Grund muß dieser seltene Besuch doch haben.

Mark. Ist heute nicht Ihr Namenstag?

Kürbner. Ja so! Daran also doch gedacht? — Es wird Abend. Spät genug ist's Euch eingefallen, daß Ihr denn doch hinauf müßt, die leidige Gratulation abzuthun. Schaut, Mark, mir wär' es lieber, Ihr wäret gar nicht gekommen; denn Ihr kommt doch nur, weil Ihr es nicht ganz mit mir verderben wollt. Mein Gott! Der Kürbner ist ein Mann, der dasteht! Wer weiß, wo man ihn brauchen kann, wenn der Schuh wieder irgendwo zu drücken anfängt?

Mark. Sie könnten denken, daß Interesse —

Kürbner (begütigend). Ich will nichts denken. Geht in Frieden, Mark!

Mark (der vor peinlicher Empfindung kaum reden kann, für sich). Mir dreht es das Herz im Leib herum. — Glück und Segen, Herr Kürbner — bis in ein hohes Alter. (Er will gehen.)

Kürbner. He, Mark! Laßt doch von Zeit zu Zeit was hören, wie's Euch geht — Euch und den Eurigen. Man erfährt doch gern, wie ein Glück floriert, das man selbst mit gegründet hat, um sich zu sagen: Schau, das ist dein Werk! — Grüßt mir die Katharina, Euer Weib. — Die also hat nicht Zeit gefunden, mitzukommen? Hat die es auch vergessen, daß ich sie ausgesteuert, damit sie das Weib ihres lieben Mark werden konnte?

Mark. Mein Weib, Herr Kürbner —

Kürbner (ihn unterbrechend). Keine Ausflüchte, Mark! Es ist, wie's ist. Grüßt sie mir. Und Gott befohlen! (Er geht und sieht Andres am Brunnen beschäftigt.) Noch an der Arbeit, Andres? Immer wieder! Du sollst dir Ruhe gönnen, hörst du? — Feierabend! (Er geht. Andres bleibt finster stehen.)

Sechste Scene.

Mark. Andres.

Mark (im Vordergrund allein). Und warum bin ich ihm nicht nachgelaufen und hab' ihm zugerufen: Herr, mein Weib ist krank?! Aber 's gibt Augenblicke, wo einem das Wort im Halse stecken bleibt. Wenn die Kränkung zu tief geht — man rechtfertigt sich nicht, man schweigt und spränge die Brust darüber. (Er will sich entfernen.)

Andres. Ihr geht?

Mark. Und was soll ich da noch? Ihr habt es ja mit angehört. Ich will gehen — gehen und im Leben auch nicht wieder kommen, mich einen Undankbaren schelten zu lassen. Mir vorzuwerfen, daß ich selten bin! Und wenn ich komme, geht's aus diesem Ton —

Andres (vor sich hin). Und recht hat jeder, der ihm aus dem Wege geht.

Mark. Was kann ich anders thun, ihm zu beweisen, daß ich dankbar bin, als es ihm sagen hundertmal? Das sind dann schöne Redensarten. O, daß der Mann auch stolz auf seine guten Thaten ist, wie kein Christ auf etwas stolz sein soll und mit helfender Hand so tief in den Staub beugt, daß man sich seiner Güte nimmer freuen kann! Gott zum Gruß, Andres. (Er geht.)

Andres. Fühlt's doch noch einer außer mir? Es gehen Leute aus und ein da, die sich ins Fäustchen lachen und sagen: Der alte Narr ist gut für Mißwachs und Hagelschaden — und wenn er ihnen zu verstehen gibt, daß sie seine Geschöpfe sind, es mit dem einen Ohre hören und zum andern hinausjagen. Ich kann's nicht! ich kann's nicht!

Siebente Scene.
Andres. Marie (tritt auf).

Marie. Andres!
Andres. Marie!
Marie. Mir thut das Herz weh, Andres, der Vater ist unzufrieden mit dir!
Andres (auffahrend). Unzufrieden?
Marie. Wenn du so heftig bist —
Andres (der ihre Hand ergreift, mit Innigkeit). Nicht gegen dich, Marie!
Marie. Auch gegen ihn nicht — wenn du mich lieb hast —
Andres. Ich fürchte, daß es überläuft!
Marie (ernst). Andres, gib deinem Groll nicht nach. Mein Vater verdient ihn nicht. Ich weiß, er hat dich lieb. Führt er auch bittere Reden im Munde — das ist so seine Art. Du solltest es ihm zu gute halten, wenn du bedenkst —
Andres (sie heftig unterbrechend). Sprich's nicht aus. Nicht du auch! — Was ich ihm danke, meinst du? Erinnert er mich nicht daran mit jedem Worte? O wenn ich's denke! Von Kindesbeinen an alltäglich und mit jedem Tage mehr zu fühlen, daß man der Gnade eines Menschen alles schuldig ist. Als Knabe schon warf ich mich oft auf den Boden und weinte darüber vor Schmerz und Zorn. Warum ich's that, fiel deinem Vater nicht im Traume ein. Er sagte: „Launen" oder: „Der Bube trotzt und bockt" oder: „Was so ein Balg, den man aus Mitleid angenommen, zu schaffen macht!" Ist's meine Schuld, daß ich das Kind einer Bettlerin?
Marie (vor seinem Ausbruche zitternd, kleinlaut). Wie stolz du bist!
Andres. Wie ich mit neidischen Blicken auf die Arbeiter im Meierhofe sah, die mit dem Schweiße ihres Angesichts ihr einfaches Mahl bezahlen durften! Wie ich die Zeit kaum

erwarten konnte, wo es mir auch so wohl ergehen würde! — Sie kam. Wie stolz erhob sich meine Brust am ersten Tage, an dem es mir vergönnt war, mein Brot zu verdienen. Und seit dem Tage — ich will verdammt sein, wenn ich prahle, — hab' ich es doppelt und dreifach verdient. Da meinte ich, es müsse nun alles anders werden. Aber es ward nicht anders. Dein Vater fuhr zu sticheln und zu Gehör zu reden fort, als äße ich noch immer Gnadenbrot. Ich ertrag's nicht mehr!

Marie (bittend). Andres! Nimm dich zusammen, trag's! Denk an unsre Liebe, denk an unsre Zukunft.

Andres (düster und ihrem Blick ausweichend). Und denkst du denn, daß wir uns je besitzen können? Marie! Marie! hätt' ich dich nie gesehen!

Marie (lächelnd). Mußt nicht verzweifeln; du kennst meinen Vater nicht, ich seh's. Er ist gar lieb und gut.

Andres. Und wenn — still! still! Ich kenn' ihn durch und durch.

Marie. Du gehst?

Andres. Ich seh' ihn kommen und jetzt will ich ihm nicht begegnen — jetzt nicht, ich bin voll Bitterkeit!

Achte Scene.

Andres. Marie. Kürbner (der auftritt und Andres, der sich entfernen will, erblickt).

Kürbner. Andres, wohin?
Andres. Ins Wirtschaftsgebäude.
Kürbner. Was willst du dort?
Andres. Es gibt noch manche Arbeit.
Kürbner. Heute nicht mehr. Feierabend! Ich will nicht, daß du dich abmühst, wie einer, der's nötig hat.
Andres (halb unterdrückt). Wer hat es nötiger?
Kürbner. Andres, was soll das heißen?
Andres. Das heißt — daß es besser ist, wenn ich gehe.
Kürbner. Da geblieben! Machst eine gewaltige Gnade daraus in letzter Zeit, ein Wörtlein mit dir reden zu lassen. Hast es not, den Gnädigen zu spielen, mir gegenüber.
Andres (für sich). Versteh'! versteh'!
Kürbner. Und wie er dreinschaut — bärbeißig! Ein

freundliches Gesicht denk' ich doch wenigstens verdient zu haben.

Andres. Wer seinem Gesichte befehlen könnte, vor Lust zu strahlen, wenn —

Kürbner. Der Unmut und die Unzufriedenheit im Kopf und im Herzen ist! Hast Ursache den Melancholischen zu spielen. Weil's dir zu gut geht im Hause des Kürbner! Man sollte dir den Brotkorb höher hängen.

Marie (leise und zitternd zu Andres, dessen Heftigkeit sie wachsen sieht). Andres! Andres!

Kürbner. Einer wie der andre! Undankbar gegen unsern Herrgott, wie gegen die Menschen. Pfui des knabenhaften Uebermuts!

Andres. Ich will zu Grunde gehen, wenn ich mir das länger gefallen lasse!

Kürbner. Was! Junge! (Sich mäßigend.) Nicht gefallen lassen? Daß ich dir die Wahrheit sage?

Andres. Wahrheit! Daß ich der erbärmlichste Wicht auf Gottes Erdboden bin? Denn das wollt Ihr ja sagen mit jedem Worte. Ich duld's nicht!

Kürbner (betroffen). Andres, das ist bitter! Von dir muß ich's erleben — von dir!

Andres. Wahr ist's! Ich thue meine Schuldigkeit, so gut ich kann —

Kürbner. Deine Schuldigkeit? Die wär's, für den alten Kürbner etwas zu fühlen, das Neigung hieße. Ich wüßte nicht, wann ich dich einen erbärmlichen Wicht genannt — aber hätt' ich's, du müßtest es hinnehmen und denken: Der beste Mensch hat seine böse Laune. Das müßtest du für alles —

Andres. Was ich Euch danke? Nicht? Einmal muß es zur Sprache kommen. Und so sag' ich Euch denn, daß ich nichts mehr hinzunehmen gesonnen bin, daß ich mich nicht mehr behandeln lasse, wie einer, der es für eine Gnade anerkennen soll, daß er da ist und atmen darf. Gott soll mir helfen — ich verdiene mir mein Brot; denn ich arbeite mehr wie ein Lasttier, als wie ein Mensch, und brauche keine Wohlthat mehr. Was ich des Guten hier empfangen, ich hab's im Schweiße meines Angesichts abgezahlt.

Kürbner (dessen Aufregung ihn einen Augenblick nicht sprechen läßt). So? Abgezahlt? Das muß ich erleben! Und was verwundre ich mich denn? Bin ich noch nicht gewohnt, daß man mir so begegnet? Abgezahlt! Abgezahlt! Und wenn du dein ganzes

Leben lang arbeiten wolltest wie ein Lasttier — abgezahlt hättest du immer nicht. Denn daß du arbeiten und dich regen kannst — daß du Atem schöpfst und lebst — ja, ja — das verdankst du mir eben. Ist's dir auch in den Tod zuwider — 's ist doch so! Verkümmert wärst du ohne mich. Ein hilfloser Wurm warst du, nackt und frierend lagst du an der Straße neben der toten Mutter, dich an die erstarrten Glieder anklammernd — als ich des Weges kam. Keine Stunde hättest du's mehr gemacht, so elend warst du, als ich dich auf den Arm nahm und in die warme Stube trug und dich labte, damit du — ja, ja — damit du ein Mann werden konntest, der die Faust ballt und mir sagt, daß er mir nichts zu danken hat.

Andres. Elender, der ich bin! — Ich werde toll darüber — toll! — (Er eilt hinweg.)

Kürbner. Andres! (Eine Pause, in welcher er ihm nachsieht und eine Thräne im Auge zerdrückt.) Und ich hatte es so gut mit ihm vor!

Neunte Scene.

Kürbner. Marie.

Kürbner (wendet sich um und erblickt Marie, die sich die Schürze vor die Augen hält und weint; mit Zärtlichkeit). Marie, mein Kind! Was hast du denn?

Marie. O sei nicht böse auf den Andres, Vater!

Kürbner. Wie sie mich ansieht mit den Augen voll Wasser!

Marie. Bist du ihm böse?

Kürbner. Böse? Bin ich ihm böse? Nein, nicht mehr. Ich habe mich ausgeredet — mir ist leichter. Du aber — du schlimmes Kind, du! Weißt du es nicht längst schon, daß ich ihm gar nicht ernstlich böse sein kann? — Ist er gleich ein Undankbarer —

Marie. Nenn ihn nicht so, mein Vater, wenn du mich lieb hast.

Kürbner (ohne Vorwurf). Geh! Nimmst Partei für ihn. Geh, geh! (Marie geht traurig in den Hintergrund.)

Kürbner. Dem Mädchen sitzt der Andres tief im Herzen. — Den Unzufriedenen zu spielen, mit Gott und dem Schicksale zu hadern! Und findet überall gebahnte Wege. Ein

Herz wie das meiner Marie zu besitzen und den Unzufrie=
denen zu spielen! Der Bube verdient's nicht, daß ich mir
immer nicht genug für ihn gethan. Müßt' er sich nicht zu
Tode schämen, wenn er wüßte, daß ich ihm das liebste zu=
gedacht, das ich besitze — mein Kind? Und dafür — dafür —
(Voll Mitleid nach Marien blickend.) Wie sie das Köpfchen traurig
sinken läßt! Ja, ich weiß, die fühlt's am tiefsten, wenn's
zwischen uns beiden zu wettern anfängt. Nein — nein —
das arme Kind soll's nicht entgelten, daß mir der Bube trotzte.
Ich nehm' es nicht zurück, was ich bei mir beschlossen. Der
Bube soll erfahren, wie sich der Johann Kürbner rächt. Ich
geb' ihm das Mädchen; dann soll er sehen, ob er mir's jemals
abzahlen kann. (Indem er völlig heiter wird und selbstgefällig den Kopf
emporwirft.) Soll sehen, ob er einen findet, der's dem Kürbner
nachthut. Soll in der Runde Nachfrage halten! Aber fühlen
soll er mir's — fühlen und in die Erde sinken. (Indem er auf
Marien zugeht.) Munter, Mädchen, munter! Du siehst ja, daß
ich nicht mehr böse bin, daß ich lache — aus vollem Herzen
lache. (Er schließt sie schmeichelnd in die Arme.)

Marie. Mein guter, lieber Vater!

Behnte Scene.

Kürbner, Marie, Andres tritt wieder auf. Es wird während dieser Scene
allmählich dunkel.

Kürbner (ihm entgegen). Nun, ausgetrotzt?
Marie (sich an ihn schmiegend). Nicht so! nicht so!
Kürbner. Laß nur gut sein, Mädchen. — Andres, ich
hätte zwar Grund genug, dir zu grollen —
Andres. Ihr sollt keinen mehr finden.
Kürbner. Das soll mir lieb sein.
Andres. Was heute zwischen uns vorfiel, soll sich kein
zweites Mal ereignen.
Kürbner (zu Marie). Nun siehst du, Mädchen, alles gibt
sich, siehst du!
Andres. Schlimm genug, daß ich Euch heute ein Recht
gab, mich einen Undankbaren zu nennen.
Kürbner. Weil du's nur einsiehst!
Andres. Pfui darüber, daß ich mich gebärdete wie ein
Zorniger! Besser, ich hätte längst gethan, was ich so oft zu

thun gedachte und thöricht hinausschob — jetzt aber zu thun entschlossen bin.

Marie. Mir schnürt's die Brust zusammen.

Kürbner (befremdet). Thun! Was willst du thun?

Andres. Gehen will ich, den Ort verlassen auf immer, wo ich zur Last bin.

Kürbner (ergriffen). Andres! (Pause.)

Marie (Andres' Hand ergreifend, die er ihr gleich entzieht). Ist das dein Ernst?

Andres. Gehen muß ich — Gott steh' mir bei — ich muß! Denn ich ertrag' dies Leben hier nicht mehr, ich kann's nicht!

Kürbner (in dem es wieder zu kochen anfängt). Immer besser! Eine schöne Art, sein Unrecht einzusehen und gut zu machen! Herrgott! wie ich erst noch liebevoll für ihn gedacht! Er war's nicht wert!

Marie. Laß ihn nicht gehen, Vater!

Kürbner (nur zu Marie). Schau nur, schau, was das für ein Mensch ist! Will uns den Rücken kehren, uns, die ihn so lieb haben —

Marie. Sag ihm das, Vater, sag ihm das.

Kürbner. So? Daß er — Nicht aus der Kehle brächt' ich es jetzt —

Marie. O Gott!

Kürbner. Mir steigt das Blut zu Kopf! — Still, Mädchen, ich will sehen, wie weit er's treibt.

Andres. Ich will nicht, daß wir im Unfrieden auseinandergehen. Ihr sollt nichts andres von mir denken, als daß ich gehe, um Eurer selbst willen, weil ich nicht länger ein Gegenstand des Aergers in Euren Augen sein will und fühle, daß ich des Guten schon zu viel im Hause hier erfahren.

Kürbner. Recht, recht, schon recht! Nun freilich, nun du ein Mann geworden bist, baumstark und jeder Arbeit gewachsen, bewandert in allen Zweigen der Landwirtschaft — hast sie ja vom alten Kürbner gelernt — jetzt freilich brauchst du ihn und seine Unterstützung nicht mehr. Freilich — so lange du hilflos und ratlos warst, so lange war der Kürbner gut genug, dich zu versorgen und zu tüchtigen — 's ist in der Ordnung! Jetzt, wo du ihm thätig an die Hand gehen, ihm einen Teil seiner Mühen abnehmen könntest, jetzt ziehst du vor, ihm den Rücken zu wenden, gehst in die Welt hinaus, frei, wie der Vogel in der Luft — hei, wie leicht! Der lästigen Verpflichtung los und ledig!

Andres (für sich). Soll er das sagen können?

Kürbner. Geh immer — geh, wenn du es kannst. So bleibst du mein Schuldner dein Leben lang.

Andres. Sein Schuldner mein Leben lang!

Kürbner. Und wenn du an meinem Gehöfte vorüberkommst, so kann ich mit dem Finger auf dich zeigen und sagen: Der steht mit dicker Kreide auf meiner Tafel angeschrieben. — Still, Mädchen, still! Ich will sehen, wie weit er's treibt? Und dann, so klein soll er mir dastehn, so klein!

Marie. Demütige ihn nicht — wir verlieren ihn sonst.

Kürbner. Wir wollen ihn schon binden. Geduld! Geduld! (Zu Andres laut.) Geh morgen, wenn du willst, geh morgen! Komm, Marie, es ist Zeit, daß wir uns zur Ruhe begeben — komm! (Eine Bewegung Mariens hindernd.) Kein Wort zu ihm. Gute Nacht, Andres! — Eins aber geb' ich dir zu bedenken: daß ich dich nicht fortgestoßen, daß ich dich willkommen heiße morgen wie heute — daß du es bist, der davongeht, wie einer aus der Schenke, der die Zeche nicht zahlen will. Das bedenke und fasse deinen Entschluß danach. Gute Nacht! (Er geht mit Marie — diese reißt sich von ihm los und eilt auf Andres zu.)

Marie. Nicht so!

Kürbner. Marie! Wettermädchen!

Marie. Andres, bei allem, was dir teuer ist, denk —

Andres (aus seinen Gedanken auffahrend). Laß mich, Marie, laß mich! Ich muß allein sein. Das Gehirn tanzt mir im Kopfe. Laß mich!

Marie. Nein, bleib nicht allein in deiner bösen Stunde, denk —

Andres (sich losmachend, heftig). Geh, geh, ich kann dich jetzt nicht hören.

Marie (indem sie geht, mit tiefer Kränkung). Denk, daß ich weine um beinetwillen die ganze Nacht.

Kürbner (der ihre Hand nimmt, zärtlich). Auf deine Kammer, Kind, zu Bette! O, es geschieht dir recht. (Beide ab.)

Elfte Scene.

Andres (allein. — Es ist ganz finster geworden). Herr Gott! Ich möchte mich auf den Boden werfen, daß ich zerschellte! Daran gebunden sein, als wär' ein Pflock hineingeschlagen und eine Kette bran und ich an der Kette! — Als Kind, verlassen und hilflos seiner Wohlthaten teilhaftig — als Mann der Pflicht des Dankes entlaufen, wie einer, der mit der Zeche durchgeht! — Sein Schuldner mein Leben lang! — Da ist es aus — aus mit der freien Zukunft! — So lang ich ratlos und hilflos war, mich versorgen lassen — jetzt, wo ich nützen kann, den Rücken wenden? — Jetzt muß ich bleiben, bleiben und wär's mein Tod. Hätt' ich's ihm doch gleich gesagt, daß ich bleiben will! Hab' ich's doch gleich gefühlt, daß ich es muß! — Wie er's hoch geben wird, wenn er mich kommen sieht, wie einen, der zu Kreuze kriecht. — Hätt' ich ihm doch gleich gesagt, daß ich bleiben will! — O Johann Kürbner! ich wollte, du hättest mich an der Straße umkommen lassen, statt mich zu deinem Knecht zu machen für alle Zeit! Hin würf' ich das Leben, das ich dir verdanke, käm' ich dadurch los von dir. Aber da ist kein Loskommen und alles liegt schwarz vor mir. — Pfeif nur, Wind! pfeif noch so scharf und kalt, mich treibst du heut' nicht unters Dach. Mir wär's da brinnen heute, als läg' ich auf Disteln und Dornen; denn Lager und Dach ist sein Eigentum. Hinaus will ich in den Wald, mich hinzuwerfen, wie das Wild aufs Moos. — Ich wollte, sie fänden mich dort tot, wenn der Morgen graut; dann wär' ich los und frei mit einemmal. Pfeif nur, Wind! Die Leute sagen, so pfeifst du, wenn sich einer hängen soll. — Dummes Zeug! Zahlt einer seine Schuld, wenn er sich umbringt? (Er eilt fort.)

Zwölfte Scene.

Nach einer kleinen Pause treten Christian und Konrad auf.

Christian. St! Kein Geräusch gemacht! Das soll ein Hauptspaß werden.

Konrad. Glaubst du, Christian?

Christian. Du zweifelst?

Konrad. Sie kommt nicht.

Chriſtian. Meinſt du? Weil ſie die Schüchterne ſpielt vor den Leuten und die Augen niederſchlägt, wenn ſie ein Burſch anſieht? Die werden am leichteſten kirre. Ich bin ein Praktikus, Konrad!

Konrad. Wenn du kein Prahlhans biſt.

Chriſtian. Aergerſt dich, weil ſie dich mit einem Korbe heimgeſchickt hat. Freu dich lieber; heut' kannſt du ihr's heimzahlen.

Konrad. Die Duckmäuſerin.

Chriſtian. Das iſt ſie. Ins Geſicht ſchlägt ſie mich vor den Leuten, wenn ich ſie in die Wange kneife; aber wenn wir allein ſind, iſt ſie zärtlich, wie ein Täubchen. Sollſt ſehen.

Konrad. Ich will's auch!

Chriſtian. Ich hab's ihr aber geſchworen, daß ich ihr einen Streich ſpiele, nur, weil ſie immer ſo entrüſtet thut und davongeht, wenn einem ein ſchlüpfriges Wort entfährt, und wenn die andern Dirnen lachen, die Naſe rümpft.

Konrad (ungeduldig). Mach vorwärts! Vorwärts!

Chriſtian. Dort ſtell dich hinter den Brunnen! Wenn ſie dann kommt und du merkſt, daß wir ſchnäbeln und ſchäkern, dann ſchleichſt du dich um die Scheune, läufſt, ſo ſchnell du kannſt, ins Wirtshaus zurück und holſt die andern Mägde vom Tanze her, ſo vieler du habhaft wirſt. Ich will die Suſe ſchon ſo lange halten. Das gibt einen Hauptſpaß! (Aufhorchend.) Still! Hörſt du?

Konrad. Was?

Chriſtian. Den Sand leiſe kniſtern — das iſt ſie! Kann das verabredete Zeichen nicht einmal erwarten. Still jetzt und thu, wie ich dir geſagt!

(Konrad zieht ſich in den Hintergrund zurück und bleibt verborgen ſtehen.)

Dreizehnte Scene.

Vorige. Suſe (kommt von rechts langſam und vorſichtig bis in die Mitte der Bühne).

Suſe (leiſe). Chriſtian! Chriſtian! Biſt du ſchon da?

Chriſtian (der ſich unbemerkt ihr genähert hat, ſie umſchlingend). Ganz nah bei dir, mein Schätzchen!

Suſe. Jeſus! wie haſt du mich erſchreckt!

Chriſtian. Schnell ein Küßchen zum Gruße!

Suse. Nein, heute nicht, denn ich bin böse, Christian, bitterböse.

Christian. Böse, Mädel?

Suse. Ja, weil du übermütig wirst und mir vor aller Augen schön zu thun anfängst. Du weißt, daß ich's nicht leiden kann. Kein Mensch darf denken, daß ich dich lieb habe. Ich weinte mir die Augen aus, wenn ich wüßte, daß einer es dächte. — Ah!

Christian. Was schreist du denn?

Suse. Mir war's, als rauschte was.

Christian. Der Wind saust durch die Blätter.

Suse. Wenn jemand uns entdeckte — ich schämte mich zu Tode. Christian — mir ist so bang. Ich hätt' nicht kommen sollen, ich wollt's auch nicht — aber als die verabredete Zeit kam, da fiel es mir so schwer aufs Herz, daß ich es dir so fest versprochen hatte — und es hielt mich nicht. Denk darum nicht schlecht von mir.

Christian (für sich). Spielt auch vor mir noch die Schüchterne. Wart nur!

Suse. Hast du mich aber auch recht lieb?

Christian. Wie du nur fragen kannst? Ich wollte dir's mit tausend Küssen beweisen, aber du gönnst mir ja keinen. Und zu stehlen wag' ich auch keinen mehr; mir thut die Backe noch von vorhin weh.

Suse. Geh, wie du boshaft bist!

Christian. Komm dorthin, dorthin. Hier stürmt der Wind, daß man sein eigenes Wort nicht hört. Dorthin! (Suse, die er fortziehen will, macht sich los von ihm und eilt ängstlich einige Schritte zurück.)

Christian. Wohin denn?

Suse. Ich hab' die Gangthür dort von außen zugeriegelt, damit uns niemand überraschen sollte.

Christian. Es ist ja heut' niemand oben.

Suse. Doch — die Marie —

Christian. Die schläft gewiß.

Suse. Wenn sie erwachte — Ich möchte mich doch nicht zu weit entfernen.

Christian. Sei nicht so kindisch — komm! (Er zieht sie mit sich fort, indem er bedeutungsvoll nach Konrads Seite hin hustet. Beide verschwinden.)

Konrad (vorkommend). Wahr also — wahr! Ich hatte ein Aug' auf die Dirne; ich hielt sie stets für brav. Wie man sich täuschen kann! Hätt's meinem Bruder nicht ge-

Erster Akt. 19

glaubt! Sich zu vergaffen in den lockeren Gesellen, den
Taugenichts, den Spieler — nur weil er ein hübsches Ge=
sicht hat! Ich meint' es ehrlich und mich wies sie ab. Jetzt
könnt' ich mich rächen — aber nein, ich thu's nicht. Ich will
ihr nicht den guten Ruf zerstören, will sie nicht dem Ge=
spötte preisgeben, wie's der Schuft gewollt hat — der Schuft,
dem sie jetzt zuckersüße Küsse gibt! Das aber muß sie wissen,
wie treu er's meint, daß sie vor Scham die Augen nicht mehr
aufzuschlagen wagt. (Er will ihnen folgen; plötzlich innehaltend und sich
nach der andern Seite wendend.) Was war das für ein lichter Schein? —
Wetterleuchtet's? Herr Gott! Dort brennt es wo! (Im selben
Augenblicke stürzt Suse auf die Bühne, Christian folgt ihr haftig.)

Suse. Das Licht, das Licht!
Christian. Was für ein Licht?
Suse. Es stand auf dem Stiegengeländer. Eine von
den Mägden muß es dort gelassen haben. Ich erschrak und
stieß es um, daß mich ja niemand sehe!
Christian. Und die Stiege von Holz — und daneben
das dürre Stroh aufgeschichtet.
Konrad. Die Stiege brennt. (Christian stürzt ab.)
Suse (aufschreiend). Konrad!
Konrad. Schlechte, abscheuliche Dirne du!
Suse. Konrad! Hab Mitleid! Schlag keinen Lärm!
Hilf uns löschen, schnell!
Christian (tritt wieder auf). Wir richten's nicht allein, die
Flammen schlagen auch schon aus dem Dach. — Der Wind
hat sie hinaufgetragen.
Konrad. Die Scheune hat gefangen. Feuer! Feuer!
Suse (außer sich). Das ist mein Tod!
Konrad. An den Brunnen, Mädel! Feuer!
Christian (mit einem Wassereimer forteilend). Höllenwind!

Vierzehnte Scene.

Klaus (mit ein paar Knechten, tritt auf). Wer ruft denn Feuer?
Herr des Himmels! Und all die andern oben bei der Tanz=
musik. Lauf einer doch hinauf! Sie schlagen im Dorfe an —
Gott sei Dank, das bringt Hilfe! Hui, wie das wütet!
(Feuerlärm von allen Seiten. — Knechte und Mägde stürzen herbei und bleiben

während der ganzen nun folgenden Scene, teils am Brunnen, teils mit Zu- und Forttragen der Eimer beschäftigt, in beständiger Bewegung.)

Klaus. Drauf und dran! Drauf und dran! (Ab nach der Seite des Brandes.)

Hürbner (tritt hastig auf). Welch ein Unglück, Kinder, welch ein Unglück! Wo fing's zuerst? — Wo ist denn die Marie?

Konrad. Gewiß bei den Mägden, die nach dem Hof gelaufen sind. (Eilt ab.)

Hürbner. Ruf sie mir einer!

Marthe (die eben gekommen ist). Sie ist nicht dort, Herr!

Hürbner (außer sich). Wo denn? Wo denn? — Sie ist doch herunter? Herr Gott! Herr Gott! (Er ist im Begriffe, fortzustürzen.)

Christian (kommt ihm entgegen, totenbleich). Ist noch jemand im Stockwerk? Um Gottes willen! Mir war's, als hört' ich um Hilfe rufen!

Hürbner. Marie! Marie! Dort ist die Kammer der Marie!

Suse (verzweiflungsvoll). Wo hatt' ich meinen Kopf! Ich werd' verrückt!

Christian (fast zugleich, indem er sich vor die Stirne schlägt). Hund, der ich bin! Jetzt gilt's! (Er stürzt fort.)

Hürbner (nacheilend). Rasch, rasch! Die Stiege links hinauf!

Marthe. Die Stiege ist verbrannt, dort fing's zuerst. —

Hürbner. Jesus Maria! sie kann nicht mehr herab. Eine Leiter her! Eine Leiter!

Suse (klammert sich fest an ihn). Verzeihung, Herr! Barmherzigkeit! Barmherzigkeit!

Hürbner. Was willst du, Dirne? Weg! Was hältst du mich? Weg, oder — — was für ein Lärm?

Marthe. Die Scheune stürzt zusammen.

Konrad (tritt auf). Welch ein Unglück!

Hürbner. Marie! Ist sie gerettet, Mensch?

Konrad (kaum zu reden fähig). Keine Hoffnung — armer Herr — wir wollten — mit den Leitern — 's ging nicht; — kein Mensch vermag's mehr.

Hürbner (wild). Ich erwürg' dich, Kerl!

Konrad. Der Christian ist tot herabgestürzt — er wollt's!

Suse (stößt einen Schrei aus). Tot!

Hürbner (den alle umringen). Will keiner bran — keiner? Ich will's! Laßt mich! Laßt mich! (Sie halten ihn.) Wer hält den Vater, der sein Kind vom Tode retten will? Verfluchte Buben, weg!

Erster Akt.

Mehrere (zugleich). Ihr dürft nicht, lieber Herr!
Kürbner (der in die Kniee sinkt und gestützt werden muß). Ich kann's auch nicht — ich kann's nicht — mir brechen die Knie' — Jesus Maria!
Andres (stürzt auf die Bühne).
Kürbner. Andres!
Andres. Dort, sagt Ihr? (Er reißt einem die Leiter weg.) Mir die Leiter! (Er eilt fort.)
Kürbner. Andres, mein Andres!
Marthe. Den sieht keiner wieder!

(Pause.)

Konrad. Er schwingt sich auf den eingestürzten Balken — aufs Fenster — und jetzt hinein!
Kürbner (am meisten vor). Ich seh' nichts, nichts als Rauch. Mein Kind!
Konrad. Da steht er wieder auf dem Fenster.
Kürbner. Er trägt sie auf den Armen — er trägt mein Kind. Andres! Andres!
Marthe. Er schwingt sich zurück auf den Balken.
Konrad. Die Leiter hat gefangen.
Marthe. Sie fällt.
Kürbner. Eine andre! eine andre!

(Konrad und mehrere mit ihm rasch ab.)

Kürbner. Er verzweifelt — er wankt!
Marthe. Nein, er ermannt sich wieder.
Kürbner (indem er abstürzt). An! Die Leiter an! (Ab.)
Marthe. Zu spät — er springt — er stürzt — und bricht zusammen. — — (Pause.) Ich fürchte, es war umsonst!
Konrad (tritt wieder auf). Das Mädchen lebt, wie durch ein Wunder, unverletzt. Da kommen sie!
Marthe. Und Andres?
Konrad. Frag mich nicht, Marthe, frag mich nicht!
Marthe. Tot?
Konrad. Viel besser nicht.

(Kürbner, die kaum noch ihrer Sinne mächtige Marie halb führend, halb tragend, kindisch schmeichelnd.)

Kürbner. Marie! Mein Kind, mein liebes Kind! Mein Töchterchen, mein Alles!
Marie (matt). Andres, mein Vater — Andres!
Kürbner (auffahrend). Andres!

(Andres wird auf einer improvisierten Tragbahre herausgebracht.)

Kürbner (der Marie in den Armen der Mägde läßt, an seine Seite eilend). Er regt sich nicht. Der Sturz hat ihn getötet. (Anieend, seine Hand ergreifend und sie küssend.) Mein Sohn! Mein guter Sohn!

Andres (die Augen öffnend wie im Traume). Johann Kürbner — was willst du noch?

Kürbner. Du lebst, du lebst! Andres! Andres! Ich will nichts, als daß du lebst. Hörst du mich nicht? Andres, du hast mir alles, alles heimgezahlt, was ich dir Gutes that!

Andres (mit einem Schimmer des Triumphes tief aufatmend). Hab' ich das? — dann ja — in Gottes Namen — dann —

Kürbner. Zehntausendfach hast du's ersetzt. — Vergib, vergib, Andres! — Ich bin ein armer Mann, der dir nie was gegeben, noch je was geben kann, das nicht schon dein eigen ist, weil du's verdient hast!

Andres. Schreibt mir das auf mein Kreuz — hört Ihr! — aufs Kreuz!

Marie. Er stirbt!

Kürbner. Schafft Hilfe! Hilfe!

(Gruppe. — Der Vorhang fällt.)

Zweiter Akt.

Der Meierhof im neuen Bau begriffen.

Erste Scene.

Konrad, Marl, dann Kürbner.

Marl. Nun, das Gebäude arbeitet sich ja wieder recht stattlich aus dem Schutt heraus. Wie geht es dem Andres?

Konrad. Der ist frisch und gesund.

Marl. Also vollkommen hergestellt?

Konrad. Nicht wahr, wer hätte das gedacht? in so kurzer Zeit!

Marl. Hat doch viel leiden müssen. Es war ein harter Sturz.

Konrad. Gottlob, er hat es übertaucht. (Er entfernt sich.)

Marl. Wie sich doch alles anders schickt, als man denkt! Weiß Gott, mir war es Ernst damit, nicht wieder herzukommen.

Und hielt mich doch nicht, als ich von dem Unglück hörte. Mußte her. Und fühle mich seitdem so wohl hier! Der Kürbner ist ein anderer geworden gegen mich.

Kürbner (tritt auf). Willkommen, lieber Mark! Willkommen recht vom Herzen.

Mark. Nennen Sie mich nicht zu häufig so. Sie bringen mich sonst gar nicht los mehr.

Kürbner. Desto besser! desto besser! — Ich that Euch Unrecht, schweres Unrecht!

Mark. Reden Sie nicht davon.

Kürbner. Warf Euch zusammen mit all den erbärmlichen Kreaturen, die meine Güte ausbeuten und hinterher meine Feinde und Neider sind. Seht, Mark, die Welt ist schlecht, wohin Ihr seht — das macht Euch den Kamm aufschwellen, wenn Ihr was Besseres seid. — Die Welt ist voll von Undankbaren. Das macht, daß Ihr an Dankbarkeit nicht mehr glauben wollt. Aber — Euch vergeß' ich es niemals, wie Euch das Unglück, das mich bedrohte, erschüttert hat, wie Ihr gelaufen kamt totenbleich und Euch die Thränen aus den Augen stürzten —

Mark. Konnt' ich denn anders?

Kürbner. Es geht viel in einem Menschen vor in einer Nacht! Wer weiß, hätt' ich mein Unrecht gegen Euch erkannt, wär' nicht ein größeres, das ich begangen, so grell beleuchtet worden — so grell! — wär' nicht einer, den ich undankbar nannte, ins Feuer gegangen, mein Kind zu holen? — Mein braver Andres! Dem will ich es vergüten, wie noch nie vergütet wurde — dem will ich's! — Schaut das Gebäude an, wie es sich aus dem Schutt erhebt. — In das Gebäude zieht mein Andres nur als Herr und mein Tochtermann.

Mark. Welch ein Mann sind Sie! Wer thut's Ihnen nach?

Kürbner. Nur ein paar Tage noch reinen Mund gehalten. Es weiß noch niemand als der alte Klaus darum. Die Kinder ahnen ihr nahes Glück nicht. Es soll plötzlich und überraschend vor ihnen dastehn. Ich bin wie im Taumel, Mark, wenn ich mir den Moment ausmale — wie im Taumel! Kommt, und ich teil' Euch mehr von meinem Plane mit.

(Beide ab.)

Zweite Scene.

Klaus (von Marthe und mehreren Mägden verfolgt und umdrängt). **Konrad** (und ein paar Knechte folgen lachend).

Klaus. Ich weiß, was ich weiß. He, Wettermädel! Zerreißt mich nicht.

Marthe. Was wißt Ihr? Geht, sagt es uns — lieber Vater Klaus!

Klaus. Streichelt nur, schmeichelt nur, Kätzchen ihr! Nichts sollt ihr erfahren — gar nichts.

Marthe. Werden's erfahren!

Klaus. So? glaubt ihr, der alte Klaus ist eine Plaudertasche?

Marthe. I, Gott bewahre! Wir denken nur, wenn man ihm gute Worte gibt —

Klaus. Platzt er heraus!

Marthe. So was dergleichen.

Klaus. Ihr kennt mich gut! Ihr kennt mich! — Ich weiß, was ich weiß! Ich weiß, was ich weiß!

Marthe. Vom Andres?

Klaus. Hab' ich gesagt, vom Andres? Seht ihr, wie Ihr seid! Erlogen ist's. Kein Wort hab' ich gesagt vom Andres — nicht eine Silbe.

Alle Mädchen. Ja! ja! ja!

Klaus. Nein, sag' ich! wovon war die Rede, he?

Marthe. Von der Marie und dem Andres.

Klaus. Erlogen! Erlogen! Von einem Fest war die Rede.

Konrad. Ja, ganz richtig. Ihr sagtet, es werde ein Fest geben.

Klaus. Sagte ich? Was will das besagen? Ist gerade so viel, als ob ich gesagt hätte: „rat", da könnt ihr jetzt einen Vorspann suchen zu dem „rat". Errat — berat — Verrat — Wirtschaftsrat — Regierungsrat — Heirat! Ratet nur — das ist der beste Rat, den ich euch geben kann.

Marthe. Ihr sagtet, ein ganz besonderes Fest. Wir halten uns an das Fest.

Klaus (auflachend). Da habt ihr einen festen Halt! Ihr dauert mich, Kinderchen, auf Ehre. Fest! Fest! Was für ein Fest! Da liegt der Hund begraben. Es gibt verschiedene Feste — Namensfeste, Geburtsfeste, Kirchweihfeste, Hochzeitsfeste.

Marthe und alle Mädchen. Hochzeitsfeste! Hochzeitsfeste!

Klaus. Holla! ist das ein Lärm bei den Dirnen, wie sie was von Hochzeit hören! Irregeführt! irregeführt!

Marthe. Andres — Marie — Hochzeit. Da habt Ihr drei Worte.

Klaus. Wie? Was? He?

Marthe. Wir wissen, was wir wissen! Wir wissen, was wir wissen!

Klaus. So? Das glaubt ihr jetzt? Es ist zum Totlachen! Ein Spaß zum Teufelholen. Ich ersticke! Als ob sie was aus mir herausgekriegt hätten! hahaha!

Marthe. Etwa nicht? etwa nicht?

Klaus (feierlich). Kommt her, ich sag' euch was. (Alle stecken die Köpfe zusammen.) Ihr mögt grundgescheit sein, aber mir seid ihr doch zu einfältig. (Allgemeine Bewegung unter den Mädchen.) Ihr denkt, ihr habt aus mir was herausgekriegt. Ne — wahrhaftig nicht — ich hab' euch nur was merken lassen, daß ihr auch eure Freude habt. Wenn's aber eine weiter sagt, die will ich — Achtung! es kommt wer!

Dritte Scene.
Vorige. Andres (tritt auf).

Andres. Bin ich nicht ein Thor, daß ich traurig bin? Die Schuld ist von der Tafel weggelöscht. Bin los und ledig — frei wie der Vogel in der Luft — nicht mehr an die Scholle gebunden! Lustig! Lustig!

Klaus (der sich mit abgezogener Mütze ihm nähert, sich tief bis zur Erde bückend.) Allerunterthänigster Diener, Euer Gestrengen!

Andres. Was soll das heißen?

Klaus. Hochdero sollten nicht dreinsehn, als hätten Euer Gnaden in einen sauern Apfel gebissen.

Andres. Hochdero! Gnaden! Was für ein Scherz? Klaus! Klaus! Ihr redet seit kurzem in Räthseln.

Klaus. Euer Hochwohlgeboren belieben zu scherzen.

Andres. Ihr bückt Euch ja vor mir, als wär' ich Gott weiß was.

Klaus. Gott weiß, was einer morgen sein kann, der heute gar nichts ist.

Andres (unruhig). Wo das hinaus will?

Klaus. Mancher hat einen armen Teufel über die Achsel angesehen, der tags darauf sein Herr wurde und ihn zum Hause hinausjagte. Sollten daher Euer Wohledlen unversehens ein unvorhergesehenes Glück machen, so wollen Euer Hochwohlgeboren dero unterthänigsten Diener gnädigst im Andenken behalten und — falls Euer Hochwohlgeboren sich unvermuteterweise verehelichen sollten — mich hochdero Gemahlin empfehlen.

Andres (ihn drängend, heftig). Klaus! Klaus! Worauf sollt Ihr mich vorbereiten? Verstehe ich die halben Worte recht, die Ihr seit gestern gegen mich fallen laßt? Redet, ich will's.

Klaus (der sich ihm entzieht). Hochdero Wohledelgeboren unterthänigster Diener! (Mit einer tiefen Verbeugung ab.)

Andres. Klaus! Klaus! — Wenn es so wäre — und mein Entschluß? — Freunde, wenn ihr von etwas wißt — wenn euch bekannt ist, was er damit meinte, sagt's heraus, ich bitt' euch.

Marthe. Dürfen nicht.

Andres. Konrad, du warst stets offen gegen mich.

Konrad. Andres, dir steht ein großes Glück bevor. Frag uns nicht weiter. Nur eins denk, daß wir's dir alle recht von Herzen gönnen. (Ab.)

Alle. Alle! Alle! (Sie zerstreuen sich nach verschiedenen Seiten.)

Marthe (schelmisch). Wird das ein Trauertag für die Dirnen im Dorfe werden. Hat so manche zum Fenster rausgeguckt, wenn der stattliche Andres vorüberging, und dabei gedacht: Wenn der mich heimführte! Ich nicht — Gott sei's gedankt! (Sie hüpft davon.)

Andres (in größter Aufregung). Mir springt es in den Sinn! Mir geht's im Geiste vor! Wenn das ist — Herrgott! Dann wurde noch kein Mensch versucht, wie ich's bin. Mir schwindelt. Darf ich dran denken? Nein! Hab' ich nicht oft darüber nachgebrütet, ob ich's dürfte und mir gesagt: Nein! — Daß ich's auch eine Stunde aufgeschoben! nicht gleich vom Krankenlager auf und fort! — Jetzt ist kein Augenblick mehr zu verlieren. Ich muß ihm das ersparen — ihm und ihr. Drum eh's zu spät — jetzt! gleich!

Zweiter Akt.

Vierte Scene.
Andres. Kürbner. Marl.

Kürbner. Da ist er — bald mein lieber Sohn! (Vorkommend, reicht ihm die Hand.) Andres!

Andres. Gott zum Gruß! (Für sich.) Faß dir ein Herz und übertauch's mit einemmal!

Kürbner. Bist du nicht wohl, Andres? Du siehst heute blaß aus.

Andres. Nicht doch! Ich bin wie neugeboren!

Kürbner. Das freut mich, siehst du! (Andres' Hand in seine beiden schließend.) Hast so viel ausgestanden, guter Andres.

Andres. Macht nicht so viel Wesens draus. Ich zahlte meine Schuld an Euch. (Haftig.) Nicht wahr, das that ich redlich?

Kürbner. Bis auf den letzten Heller.

Andres. Mehr nicht! mehr nicht!

Kürbner. Was hast du? Deine Hand zittert — du fieberst.

Andres. Nicht doch — nein — im Gegenteil. Ich war eben gesonnen, Euch aufzusuchen, um Euch zu sagen —

Kürbner. Sprich!

Andres. Daß ich mich so gekräftigt fühle — daß ich denke — ich kann gehen!

Kürbner (zusammenfahrend, läßt seine Hand los). Gehen? Wohin?

Andres. Ich weiß wohl selbst noch nicht, wohin ich mich wenden werde. Die ganze Welt steht offen.

Kürbner (tief erschrocken). Wem? (Sich fassend.) Was das für eine Rede ist! Ich werde nicht klug daraus.

Andres. Wie? Habt Ihr's denn nicht gewußt?

Kürbner. Wer? Ich? Und was?

Andres. Daß ich gehen wollte. Wart Ihr nicht einverstanden?

Kürbner. Als könnte davon jetzt noch die Rede sein. Mich so zu erschrecken! Geh doch! Das war ein schlechter Spaß!

Andres. Es war ernst gemeint.

Kürbner. Damals! damals!

Andres. Heute.

Kürbner. Red lieber nicht davon — red nicht davon. Wir werden wieder uneins. — Kurzweil zu treiben!

Andres. Versucht mich nicht zu halten. Ich will gehen — und ich darf es jetzt.

Kürbner (mit dem Fuße stampfend). Sei still! Sei still!

Andres. Und Ihr — Ihr dürft mir nicht mehr böse sein, wenn ich gehe, dürft mich nicht mehr einen Undankbaren nennen —

Kürbner. Thu' ich's denn noch? Thu' ich's denn noch? Herrgott! Es ist ihm Ernst damit.

Andres. Ihr wißt es ja, was mich zu gehen drängte —

Kürbner. Es ist ja alles anders jetzt! ist alles anders!

Andres. Und soll nicht wieder werden, wie es war.

Kürbner (von heftiger Bewegung übermannt). Andres! Hab' ich das um dich verdient? Ich sehe — sehe — ich habe mich doch getäuscht in dir. Ich glaubte meine Liebe vergolten durch Liebe. Aber nein — nein! Die hast du nicht in Anschlag gebracht. Du bezahlst mich wie einer, der seinem Gläubiger „den Bettel" vor die Füße wirft. So kommst du nicht los von mir. Ich war dir ein Vater. Und das Recht eines Vaters auf sein Kind erlischt nicht, wagte das sein Leben tausendmal für ihn. Andres, du bist kein guter Sohn! (Sich besinnend.) Bin ich toll, daß ich so zu ihm rede? Widerspenstige Zunge! Andres, nein — ich habe kein Recht mehr auf dich — ich seh's ja ein! Aber ich will mir wieder eins erwerben — das will ich!

Andres (für sich). Nie! Nie! — Wär' ich weit weg! Mir ahnt, was kommen wird.

Kürbner. Mark! Ich behalt's nicht mehr für mich — ich kann's nicht! — Andres, mir ist gar nichts so wert und teuer, daß ich es dir nicht geben sollte, damit du bleibst. Aber sieh — ich besitze nichts mehr, was ich dir nicht schon geben wollte, eh' du mir drohtest, zu gehen. Sagt es ihm, Mark, daß ich ihm mein Liebstes, mein Bestes zugedacht. Ich weiß, es ist auch ihm das Liebste auf der Welt. Sagt es ihm, daß alles, was ihn hier umgibt, Haus, Hof und Feld, sein Eigentum werden sollte — werden soll; denn es ist meines Kindes Mitgift. Sagt ihm, daß ich jauchzenden Herzens ein Bettler werden will, ihn reich und glücklich zu sehen. Sagt es ihm nur, damit er wisse, daß er mir meine Liebe nie vergelten kann. Sagt es ihm, Mark, ich habe nicht das Herz dazu — er hat ja keins zu mir! (Er eilt in heftiger Bewegung ab.)

Fünfte Scene.

Andres. Mark.

Andres. Mir ging's im Geiste vor. Und doch, mir schwindelt, als erführ' ich's jetzt zum erstenmal! Laß dich nicht wankend machen durch ein Mädchenbild.

Mark. Ihr seid bewegt. Darauf war't Ihr nicht vorbereitet. Die Freude überwältigt Euch —

Andres. Die Freude! Ha, ha, ha! O, es ist lustig! — Das schönste Glück schon mit der Hand erhaschen zu können und es von sich stoßen müssen! Mark! Mark! Ich hätt's ihm gern erspart — ihm und — o Gott! Marie! Marie!

Mark. Ihr denkt doch nicht, den Antrag —

Andres. Auszuschlagen! Nennt mich einen feigen Hund, wenn ich's nicht thu'!

Mark (bestürzt). So liebt Ihr das Mädchen nicht —

Andres. Wär' ich sonst toll vor Schmerz? Fort! — In die Weiberstube mit dem Manne, der sich von seiner Liebe gängeln läßt!

Mark. Besinnt Euch — Ihr seid noch krank —

Andres. Von Sinnen, meint Ihr! Ich wär's, wenn ich mich locken und verführen ließe.

Mark. Ich versteh' Euch nicht.

Andres. Ihr nicht? Wer soll mich dann verstehen, wenn Ihr nicht? Ihr solltet es doch wissen, was es heißt, ihm etwas danken.

Mark (befangen). Ich! — Auf mich beruft Ihr Euch? Ich — ich weiß zu vergessen.

Andres. Und ich mir wieder sagen müssen: Alles verdankst du ihm und seiner Liebe, die sich nie vergelten läßt? Habt Ihr's gehört? Nie zu vergelten!

Mark. Ihr thut ihm unrecht. Er ist es ja, der Euch die Rettung seines Kindes danken will.

Andres. Lügt mir nichts vor von Recht und Anspruch und Verdienst. Ich hab' keins! Ich will keins haben. Ich zahlte meine Schuld an ihn — mehr nicht! O, es wäre ihm recht, wenn ich ihm aufs neue verpflichtet würde. Ich weiß, wie es dann heißen würde — und mit Grund: „Trugst ja dein Leben nur zu Markte für dich selbst! Hast dir dein Liebstes aus Brand und Rauch geholt" und: „Deine That war nur ein keckes Wagstück ums Glück". (Sich mehr und mehr aufreizend.) Glück! Ist's auch ein Glück zu nennen? Ein großes Glück! Sein Leben lang ihn täglich sagen hören: Alles, was du bist und hast, das bist und hast du nur durch mich! Kein Stein in deinem Hause war dein eigen und alles, was dich umgibt, dich nährt und vor Sorgen schützt, dein Weib hat es dir zugebracht, meine Tochter!

Mark. Nein, nein, das wird er Euch nicht sagen.

Andres. Nicht? Freilich! Er läßt von seiner Art! Hat es durch Jahre nicht gekonnt, — wird's plötzlich können. Freilich!

Mark. Er wird. Seid Ihr denn blind und taub, daß Ihr nicht merkt, daß er schon jetzt ein anderer geworden?

Andres. Ein anderer! Laßt ihn nur erst wieder zu Atem kommen. O nein, nein! Frei geworden sein durch ein Ereignis, wie ein Wunder — und wieder unters Joch zurück? Eh' soll mir das Herz zusammenbrechen, wenn's von der Marie nicht lassen will. Verderben lieber wie ein Bettler auf der Straße, als je mehr einem Menschen was zu verdanken haben auf der Welt!

Mark. Geht! Geht! — ich stell' Euch hoch, wie einer; aber darin geb' ich ihm recht, — das ist nicht schön von Euch, daß Ihr um seiner Liebe willen nicht einmal Nachsicht mit seinen Schwächen habt.

Andres. Ah, redet Ihr schon heute so? Wie wird er sagen, wenn ich sein Eidam bin? Und was er sagen wird, werd' ich ertragen müssen oder — ein Schurke sein. — Mark, Mark! Glaubt mir, ich groll' ihm nicht. Gott ist mein Zeuge — möcht' ihm von Herzen gut sein! Aber wir taugen einmal nicht zusammen — wir taugen nicht! Sagt Ihr ihm das. Erspart es mir, erspart es ihm.

Mark. Laßt Euch bedeuten —

Andres. Es ist umsonst. Ich schnüre mein Bündel — heute! — jetzt! — noch eh' mir's Blut zu kochen aufgehört.

(Er stürzt ab.)

Sechste Scene.

Mark, darauf Kürbner.

Mark. Der arme Herr! Muß es ihm so heimkommen? Und das Mädchen — ich fürchte, der Andres gibt nicht nach. Sein Sinn ist Eisen.

Kürbner (tritt auf). Andres! Wo ist er? Mark, ich habe keine Ruhe, eh er mir nicht gesagt hat, daß er nicht mehr ans Gehen denkt. Er kann's wohl nicht mehr, aber —

Mark. Er denkt daran so ernst, daß er noch heute gehen will.

Kürbner. Nein, es ist nicht möglich! — Er schlägt mein Mädchen aus —

Mark. Sie sagen es.

Kürbner. Mein Mädchen! Die Tochter des Johann Kürbner! Er schlägt sie aus? Er — er, den ich von der Straße weg — — o pfui! pfui! Das war ein böses Wort! Der Retter meines Kindes!

Mark. Fassung! O lieber Herr — Fassung!

Kürbner. Wenn er mir ginge! Wenn er wirklich ginge! O, mir geschähe recht. Aber es wäre doch zu hart. Hab' ihn doch stets lieb gehabt. Hätt' es mir schon zu gute halten können. Und mein Kind, mein armes Kind! Was hat ihm denn mein armes Kind gethan? Mark, eilt ihm nach und fragt ihn das! Geht, geht, laßt ihn nicht aus den Augen, sprecht ihm zu! Ich kann nicht mehr recht zu Gemüte sprechen — hab's nie gekonnt. O, meine Zunge! meine alt gewordne Zunge! Thut mir die Liebe, Mark!

Mark (forteilend). Hing's davon ab!

Siebente Scene.

Kürbner (allein. Nach einer Pause auf und nieder gehend). Was werden die Leute sagen? Kamen alle, mir Glück zu wünschen; meinten alle, ich hätte Gottes Segen ins Haus genommen mit dem Andres; meinten alle, man sehe doch, wie sich das Gute schon auf Erden lohne. Was werden sie jetzt sagen, wenn er geht? „Der alte Kürbner hat sich mit dem Retter seines Kindes nicht vertragen können." Sie werden sagen, daß mich der Herr durch den Andres strafen wolle für meinen sündhaften Hochmut. Und wenn sie sehen, daß ich mir in den grauen Haaren wühle: „Der alte Kürbner kann es nicht verschmerzen, daß einer von ihm gehen und sagen durfte, er habe seine Rechnung überzahlt und ziehe wie ein großer Herr von dannen." Himmel und Erde! Und sie haben recht!

Achte Scene.

Kürbner. Marie (tritt auf).

Marie. Vater, der Andres ist wie ein Verzweifelter an mir vorbeigerannt und hat mir Worte zugerufen, die mich ahnen lassen —

Kürbner. So weißt du schon, daß er uns verlassen will? Marie! mein Kind! erschrick mir nicht zu sehr. Er ist nicht fort noch.

Marie (mit erzwungener Resignation). Aber er will gehen und so wird er es auch. Es ist etwas in ihm, das nimmer zu beugen ist — er nennt es Mannesstolz.

Kürbner (von ihrem Tone betroffen). Sieh mir nicht so still auf den Boden. Wein lieber, wein dir die Augen aus; nur sieh mir nicht so still und ruhig zur Erde. Ich kenne das bei dir, ich kenne das.

Marie. Fürchte nichts. Wenn ich auch ruhig bin, so ist's, weil ich das kommen sah.

Kürbner. Und sagtest mir nichts davon, du böses Mädchen!

Marie. Ich sagte dir einst: Demütige ihn nicht.

Kürbner (erschüttert). O, das thut weh!

Marie (sich zärtlich an ihn schmiegend). Vergib! Du bist ja so lieb und gut mit mir. Nur er ist hart, recht hart. Ich dank' ihm mein Leben nicht. Mir ist's zur Last, wenn er von mir geht.

Kürbner (sie umschlingend). Siehst du, daß du nicht ruhig bist.

Neunte Scene.

Kürbner. Marie. Mark.

Kürbner (ihm entgegen eilend). Nun, Mark? Er bleibt? (Mark verneint mit dem Kopfe.) Habt Ihr ihm zugeredet?

Mark. Ach, es half nichts. Er will noch heute fort!

Kürbner. Noch heute! — Das geht ja nicht.

Mark. Hätten Sie es mir lieber nicht aufgetragen, ihn umzustimmen. Er meinte, ich dürfe seinen Entschluß am wenigsten bekämpfen, von mir nähm' er schon gar nicht Rat an.

Kürbner. Weil Ihr den Hochmut des alten Kürbner selbst gefühlt habt? Nicht wahr? Ja, ja, er ist nicht so vergeßlich, noch aus so weichem Stoff geformt als Ihr!

Mark. Oh — ich könnte darüber weinen, daß einer stark zu sein glaubt, wenn er dem andern das Messer in die Brust stößt und dabei mit der Hand nicht zittert.

Zehnte Scene.

Vorige. Konrad (mit mehreren vom Gesinde des Meierhofes).

Konrad (der sich mit abgezogenem Hute und etwas verlegen Kürbner nähert). Herr Kürbner —

Kürbner (der mit großen Schritten auf und nieder geht). Was gibt's? Was soll's?

Konrad. Nichts für ungut. Wir kommen nur zu fragen, ob es wahr ist?

Kürbner (immer barsch). Was?

Konrad. Daß der Andres geht —

Kürbner (betroffen). Wer sagt's?

Konrad. Er selbst.

Kürbner. Laßt Euch zum besten halten! — — Es bringt mich noch von Sinnen! Weiß ich denn, was ich rede? — Da kommt's! — da kommt's! Wie sie mich alle fragen werden, ob's denn wahr ist, und wie's geschehen konnte? —

Konrad. Ich weiß nicht, Herr, ob Sie davon unterrichtet sind? Wir fanden ihn gerüstet wie zur Reise.

Kürbner. Wirklich? wirklich? Schickt ihn nur gleich zu mir. Hört Ihr?

Konrad. Es thäte uns allen herzlich leid, wenn Sie ihn gehen ließen.

Kürbner (vor sich hin). Wenn ich ihn gehen ließe!

Konrad. Wir gewannen ihn alle so lieb, seit er so brav für Sie ins Feuer ging.

Kürbner. Für mich ins Feuer ging!

Konrad. Wir dachten, daß alles anders kommen würde. Der alte Klaus hat manches fallen lassen —

Kürbner. Hat er? Hat er? — Auch das! Schafft mir den Andres her — zur Stelle!

(Konrad und die andern ab.)

Elfte Scene.

Marie. Kürbner. Mark.

Kürbner. Sie werden es weiter sagen, daß er die Tochter des Johann Kürbner ausgeschlagen hat.

Marie (die auf ihn zueilt und ihr Gesicht an seiner Brust verbirgt — nach einer Pause). Du wolltest das Glück deines Kindes.

(Pause.)

Kürbner. Marie, wenn er nun kommt, red du allein zu ihm. Was gilt's, dir widersteht er nicht; dich liebt er ja!

Marie. Sein Stolz ist mächtiger in ihm als seine Liebe.

Kürbner. Wer weiß? Wer weiß? Versuch's.

Marie. Ich nicht, mein Vater — ich nicht. Soll ich ihn bitten, daß er mich hinnimmt?

Kürbner. Wahr! wahr! ich rede tolles Zeug!

Marie (bitter). Sieh, wir Mädchen haben auch unsern Stolz. Warum sollen wir allein keinen haben? Wir werfen uns keinem an die Brust, der uns nicht freudig die Arme öffnet, und hätten wir ihn noch so lieb. Wenn er nicht bleibt, mein Vater, wenn er an mich denkt, zu gehn im stande ist, wenn er mich sieht, glaubst du, daß ich ihn würde mit Worten halten können? Glaubst du?

Kürbner. Was aber soll ihn halten? Himmel und Erde!

Zwölfte Scene.

Vorige. Andres (tritt auf, zur Wanderung gerüstet).

Andres. Ihr habt nach mir geschickt. Ich wäre so auch gekommen. Meint Ihr denn, ich könnte gehen, ohne Euch zuvor zum Abschied noch die Hand zu reichen?

Kürbner. Zum Abschied? Andres! es kann dein Ernst nicht sein.

Andres. Ihr seht ja, daß ich schon zur Reise fertig bin. Thut mir die Liebe, widersetzt Euch nicht; Ihr werdet mich nicht halten. Seid freundlich mit mir in der letzten Stunde. Mein Herz ist voll von Segenswünschen für Euch.

Kürbner. Jetzt? Plötzlich? Wie du gehst und stehst? Das kann nicht sein. Wenn du schon nicht mehr zu halten wärest — in Gottes Namen! Aber wir müßten es doch erst besprechen und überlegen, wohin und wo hinaus?

Andres. Gleichviel, wohin.

Kürbner. Du kannst doch nicht — so aufs Gerate=

wohl! Es geht ja nicht. So ohne Heimat, ohne Stütze, ohne Mittel. Der alte Kürbner muß doch noch ein Letztes für dich thun! — Schau, ich will dir eine kleine Wirtschaft ankaufen, wenn du willst — fern von uns —

Andres (für sich). Warum dann ging' ich? (Laut.) Macht mir keinen Antrag, ich schlage jeden aus. Seht, es drängt mich in die Weite — von Ort zu Ort — mich zieht das Wanderleben an —

Kürbner. So? So? Aber ich muß doch etwas für den Retter meines lieben Kindes thun. Nicht wahr — nicht wahr, Marie? (Er zieht Marie an seine Brust.)

Andres (der bis dahin Mariens Blicken ausgewichen, ergriffen). Marie! (Für sich beklommen.) Der schwerste Augenblick ist gekommen. Was half es, daß ich ihn hinausgeschoben? Daß er der letzte ist und keine Umkehr mehr! (Kleinlaut zu Marie.) Marie, ich hab' dich stets geliebt, wie — eine Schwester. Leb auch wohl! (Er streckt zögernd die Hand aus, Marie scheint die Bewegung nicht zu bemerken; bewegter und wärmer werdend.) Marie! Wenn du wüßtest, wie die Zukunft vor meinem Auge liegt! — Was ich mir schwöre in dieser Stunde — mir und dir. — Aber ich prahle nicht. Wenn es in Erfüllung gegangen ist — dann — dann! — Vergiß deinen Andres nicht! (Er reicht ihr abermals die Hand.)

Marie (ohne ihm ihre zu geben, gesenkten Blickes). Sei glücklich in der Ferne. (Für sich.) Ich fürchte mich vor meiner Schwäche — ich fürchte mich.

Andres (vor sich hin, von ihrer scheinbaren Kälte erschüttert). Es ist besser so — das macht das Gehen leichter. Aber weh thut's doch; ich wollte lieber, sie verzweifelte. (Sich ermannend.) Es muß daran. Lebt auch wohl, Mark. Es muß daran.

Kürbner. Du darfst mir so nicht fort. Andres, willst du mir die Schande anthun, daß man sagen könne, ich ließ den Retter meines Kindes wie einen Bettler von meiner Thür? Nimm wenigstens ein Reisegeld — nur eine kleine Summe für den ersten Anlauf. Dann will ich dich empfehlen, da= und dorthin. Laß mir nur Zeit!

Andres. Laßt's gut sein. Gebt Euch keine Mühe —

Kürbner. Wenn ich denken müßte, du wüßtest einmal nicht, wohin dein Haupt zur Ruhe legen! Laß sie nicht sagen, daß ich den Retter meines Kindes als Bettler von mir ließ.

Andres (mit dem Ausdrucke der Entschlossenheit). Euren Segen, Vater Kürbner! Helf' mir Gott! mehr nehm' ich nicht mit von Euch — mehr nicht!

Kürbner (überwunden). O, es geschieht mir nur mein Recht! Hätt' ich mir lieber die Zunge abgebissen, als ihm einmal vorgeworfen, was ich für ihn gethan! Geh, geh! — und Gottes Segen mit dir!

Andres. Lebt alle wohl! (Er will forteilen.)

Marie (mit einer plötzlichen Bewegung stellt sich ihm in den Weg). Andres! Du hast mich niemals lieb gehabt!

Andres (nach einer Pause heftiger Erschütterung). Marie! Marie! komm mit mir, sei mein Weib! Komm mit mir, wie du gehst und stehst, ein armes Mädel, wie ich ein armer Bursche bin. Gebt sie mir, Vater Kürbner, wie sie geht und steht. Ich will sie auf den starken Armen durchs Leben tragen, wie ich sie aus dem Feuer trug.

Kürbner. Mein Kind im Elende! Mein Kind eine Bettlerin!

Andres. Das Weib eines Mannes, der eher sterben als betteln möchte. Sag ja, Marie! Sag ja!

Marie (fest). Ich verlasse meinen Vater im Alter nicht. Das Herz meines Vaters soll nicht brechen aus Gram um mich.

Andres. Ich bin ein Thor!

Marie. Andres! Geh nicht!

Andres. Leb wohl! Mit dem, was dir dein Vater mitgibt, wirst du nie die Meine. (Er stürzt fort. Marie schmiegt sich an ihren Vater.)

Kürbner (mit tiefer Rührung). Du bist meine gute Tochter!

(Der Vorhang fällt.)

Dritter Akt.

Freie Gegend. Hügelland. Im Vordergrunde rechts vom Zuschauer eine Kapelle; ihr gegenüber, mehr im Hintergrunde, ein Friedhof. Durch das offne Thor und das ihn umschließende Gitter sieht man mehrere mit einfachen Kränzen geschmückte Gräber. Neben der Kapelle steht eine Linde, in ihrem Schatten eine Bank.

Erste Scene.

Andres (stark verändert, städtisch, doch wie ein einfacher Reisender gekleidet, tritt von links aus dem Vordergrunde und schreitet rasch bis in die Mitte der Bühne. Hier, zwischen Kapelle und Friedhof, bleibt er plötzlich wie gefesselt stehen).

Andres (in großer Bewegung). Am Ziel! Da liegt es vor mir — da unten — das freundliche Dörfchen! und drüben —

da über den Hügeln, der stattliche Meierhof! — — Wie ist mir denn? Sie sehen mich so kalt, so fremd an, die blanken Gebäude dort. — — Ach, freilich wohl! es sind ja auch nicht mehr die alten Freunde meiner Jugend. Die sind ja in Asche gesunken — und mit den neuen, aus ihr erstandnen nahm ich mir ja nicht die Zeit, recht vertraulich zu werden. (Die Arme ausbreitend.) O sagt mir doch: Willkommen! sagt's doch. Ich strecke ja doch auch sehnsuchtsvoll die Arme nach euch aus; steht ihr ja doch dort auf dem Boden meiner Heimat! — Heimat!! — O Gott! mein Gott! Der arme verlassene Knabe, das heimatlose Kind der Bettlerin fand eine Heimat dort — und welche Heimat! — Der Jüngling kehrte hochmütigen Sinns ihr den Rücken. Der Mann kehrt nun zu ihr zurück, Thränen im Auge, reumütig, dem verlorenen Sohne gleich, der an das Vaterhaus pochend fleht: „O nehmt mich auf, nehmt mich in Liebe wieder auf!" — Was ist das nur? Was steh' ich da wie angewurzelt? — Vorwärts! — Was überkommt es mich denn, als sollt' ich nicht weiter gehen? — — Freilich wohl! Wenn so die letzte Hoffnung des Lebens vor einem liegt und der nächste Schritt ja auch sie vernichten kann, da heißt es innehalten und die Hand aufs Herz! es geht sonst in Stücke. — — Marie! Marie! gedenkst du auch noch meiner? Sieben Jahre sind eine geraume Zeit, Zeit genug, um zu vergessen. Ich, — o ich vergaß dich nie — nicht einen Augenblick. Ward viel herumgeworfen, da- und dorthin, — sah manches Land und manche Stadt — sah aber kein Mädchen wie du, fand kein Herz wie das deine. O ich war ein Thor, von dir zu gehen! Wo sind sie hingekommen die schönsten, besten Jahre dieses Lebens mit all den Freuden, die sie uns zugedacht? Wie einem der Stolz, der mich hinwegtrieb, erbärmlich scheint, wenn man die Welt durchgekostet und erfahren hat, daß es nur ein Glück, nur einen Stolz gibt: von einem Herzen, wie das ihre, geliebt zu sein! — Wird mancher sagen: Der hat seine Rechnung gefunden, ist arm gegangen und kommt zurück als gemachter Mann. Und in der nächsten Stunde bin ich vielleicht ein Bettler an Hoffnung. Wenn ich sie fände als das Weib eines andern! O fort, fort! Ich muß Gewißheit haben, ja, muß wissen, ob es für mich noch eine Hoffnung gibt? — (Er will fortellen, steht aber plötzlich wieder still.) Doch sieh! Da kommen Leute den Fußpfad herauf, der zum Friedhof führt! Den einen sollt' ich kennen. — — Mark!

Mark! kein Zweifel! — Der andre, der so mühsam und wankend an seiner Seite hinschleicht, halb auf ihn, halb auf den Stock sich stützend — auch der — ja auch der ist mir nicht völlig fremd. — — Nein, — nein, es ist nicht möglich. Dieser gebeugte Greis, dessen Haar wie reines Silber im Sonnenscheine glänzt, dieser **tiefgebeugte Greis** — er wär's — das wäre Johann Kürbner, der ein so hohes und rüstiges Alter versprach? — Ja, ja! — er ist es! — — Gott im Himmel! und **warum gebeugt?** Warum? — Was trägt er da in der Hand? Ist's nicht ein Kranz? Und hierher kommen sie — hierher — **dem Friedhof zu!** — Für wen der Kranz? Barmherziger Gott! Für wen? — O, mir wird schwarz vor den Augen — Gott! Gott! — ich ertrüg' es nicht — will es nicht wissen! — (Er flieht in die Kapellenthüre und ist hier, halb verborgen, Zeuge der folgenden Scene.)

Zweite Scene.

Kürbner und Mark (treten von rechts aus dem Hintergrund).

Kürbner. So, lieber Mark, ich dank' Euch. Wird mir schon sauer den Berg herauf. Geht jetzt nur hinüber in den Auhof, Eure Geschäfte abthun. Ich will Euch hier erwarten.

Mark. Es dürfte wohl ein gutes Weilchen dauern.

Kürbner (schwerhörig). Wie meint Ihr?

Mark (mit etwas erhobener Stimme). Ich werde wohl ein Weilchen brauchen.

Kürbner. Thut nichts. Ich werde den Kranz auf das Grab niederlegen, ein Vaterunser beten und mich dann auf die Bank hier setzen. Ihr wißt, ich verweile gern da und träume mich in die Vergangenheit zurück, in der alles so schön, so heiter war.

Mark. Ein bitteres Vergnügen!

Kürbner. Und doch eines. — Wenn ich mich so in die Zeit versetze, da mein Mädchen noch frisch und blühend mir entgegenlächelte — (Sehr schmerzlich.) O, Mark! Mark! Alles könnt' ich verschmerzen: Verarmung, Gebrechen des Alters und jeden andern Kummer, wenn nur mein Kind, mein armes liebes Kind nicht so — — Aber ich halte Euch auf. Lebt wohl, Mark! auf baldig Wiedersehen! (Er drückt ihm die Hand und geht in den Friedhof. Man sieht ihn an einem Grabe nahe dem Eingange stillstehen, eine Weile wie in Gedanken versunken, dann den Kranz an das Kreuz hängen, den Hut abnehmen und niederknieen, so daß er den Rücken der Kapelle zuwendet.)

Dritte Scene.

Andres (der, in der Kapellenthür erscheinend, jede Bewegung Kürbners beobachtet hat). Mark (der diesem nachsieht).

Mark. Der arme, brave Mann! Sein trübes Los geht mir zu Herzen, als wär's mein eigenes. Gott erhalte und tröste ihn! (Er will gehen. Andres stürzt vor und tritt ihm in den Weg.)

Andres (verzweiflungsvoll). Mark! Mark! sie ist nicht mehr! sie ist nicht mehr!

Mark. Was ist — wer? Himmel! — trau' ich denn meinen Augen?

Andres. Dort ruht sie! und ich, — ja! ja! ich habe sie getötet! Der Gram um mich hat ihr das Herz gebrochen!

Mark (sich mühsam von seiner Ueberraschung erholend). Er ist es wirklich — Andres! Wo kommt Ihr her? Was bringt Euch wieder?

Andres. Nichts, nichts von mir jetzt! Redet mir von ihr. Erzählt mir, wie sie starb, ob sie verziehen, ob sie mir noch gegrollt hat im letzten Augenblick?

Mark. Sie lebt ja, lebt! Denn ich weiß, nach wem Ihr fragt.

Andres (mit einem Freudenschrei). Sie lebt!? Marie! Marie!

Mark (ängstlich zurückblickend). Still, Andres! nicht so laut! Wenn er Euch hörte, Euch sähe, — so plötzlich — so unvorbereitet — nein, nein, es könnte ihm ja das Leben kosten. Kommt — hierher — daß uns die Kapelle deckt. Nur keinen Schrecken — auch keinen freudigen! — Und wer kann wissen, ob es ein freudiger — — —

Andres (ihn ansehend, mißtrauisch). Mark, was ist das? Ihr seht mich so seltsam an —

Mark. Es wäre besser, Andres, Ihr ginget — ins Dorf voraus — und zeigtet Euch nicht eher, bis ich mit ihm geredet.

Andres. Ihr seid nicht aufrichtig. Thor, der ich bin! Zeigt sich mir nicht dort ein Bild, das Euch Lügen straft? Sie lebt nicht mehr!

Mark. Sie lebt. Dort unter jenem Hügel ruht der gute alte Klaus.

Andres. Klaus?

Mark. Ja, Klaus, der treueste der Knechte, der nicht gewichen ist von seinem lieben Herrn, als den die Armut von Haus und Hof vertrieb, der auch die bösen Tage, wie einst die guten, redlich mit ihm geteilt hat, bis in den Tod. Heut' ist sein Sterbetag. Hat er den Kranz nicht verdient, den ihm der alte Kürbner auf das Grab gelegt? — So, und nun wißt Ihr auch, was dem die Furchen ins Gesicht gezeichnet hat — und nun — geht, geht! ich bitt' Euch, geht!

Andres. Nicht, eh' ich alles weiß. Der reiche Kürbner arm? Und dort der Meierhof —?

Mark. Nicht mehr sein Eigentum.

Andres. Arm! arm! vielleicht im Elend. O sagt mir —

Mark (sich immer ängstlich umsehend). Wie das gekommen? Wenn es denn sein muß! Doch laßt mich kurz sein. Die Feuersbrunst — Ihr wißt — der Wiederaufbau! Die Opfer, die er forderte, belasteten die ganze Wirtschaft; darauf Unglück auf Unglück! Schlag auf Schlag! Mißjahre — Hagel — Seuchen — verfehlte Unternehmungen — das Wesen des Mannes dort, der sich stets noch was zu gute that auf seine immer offne Hand, immer noch jedem mit Rat und That zur Hilfe war, sich immer noch ausbeuten ließ von jung und alt und wenn man ihn warnte, zur Antwort gab, es dürfe keiner sagen, der alte Kürbner sei engherzig geworden, weil ihm das Glück ein wenig den Rücken gewendet. Ach, es war auf immer von ihm gewichen!

Andres. Ja, Vater Kürbner, stolz warst du auf dein Herz. Und sie? Wie ertrug sie die Prüfung? Marie! Sprecht mir von ihr. Ihr zögert — —?

Mark. Ach, fragt mich lieber nicht — Ihr werdet ja sehn —

Andres. Redet! ich will's!

Mark. Das war's, was seine Kraft zerbrach und seine Thätigkeit in der Bedrängnis lähmte: der Kummer um sein Kind. Denn seht, für die Marie gab's keine Freude mehr, als Ihr gegangen wart.

Andres. Sie blieb mir treu?

Mark. Und härmte sich ab, daß es ein Jammer war, — ja, Andres, fast zu Tode. Ein Glück, daß Ihr endlich gekommen seid — ein Glück! (Langsam hinzusetzend, indem er einen besorgten Blick auf den Alten zurückwirft.) Ich will es wenigstens hoffen —

Andres. Sie blieb mir treu! O Gott, ich danke dir!

Mark (der sieht, daß Kürbner sich erhebt und Miene macht, den Friedhof zu verlassen). Ums Himmels willen! still! Er steht auf, er kommt!

Schnell da hinein! und ruhig! ich will schon für Euch wirken — laßt mir nur Zeit. (Er zwingt den etwas sich sträubenden Andres in die Kapelle zurück.)

Vierte Scene.

Vorige. Kürbner (kommt langsam aus dem Hintergrunde).

Kürbner (zurückgrüßend). Leb wohl, alter Freund, leb wohl! Wer weiß, wie bald ich komme, immerdar bei dir zu bleiben? — — — Wie? Mark? Ihr seid schon wieder da? So schnell? Oder hab' ich mich so verweilt dort, daß ich nicht merkte, wie die Zeit verstrich?

Mark (nach Fassung ringend). Nun — gar zu lang wohl nicht — —

Kürbner. Was habt Ihr denn? Ihr seht verstört aus.

Mark. Nicht doch. Bin nur ein wenig übler Laune, weil ich den Weg umsonst gemacht.

Kürbner. Niemanden getroffen?

(Mark schüttelt den Kopf.)

Kürbner. Laßt es Euch deshalb nicht verdrießen, den kleinen Spaziergang mit mir gemacht zu haben. Ein herrlicher Tag, heute! Kommt, setzen wir uns da in den Schatten der Linde. (Er setzt sich.) Ach, wie das wohl thut! Vorhin war es etwas schwül, jetzt aber weht uns ein köstliches Lüftchen an. — Und der tiefblaue Himmel! Der helle Sonnenschein! Ach, Mark, wie unglücklich man sich auch fühlen mag, ein Blick in Gottes heitre Welt, wenn sie so weit und freundlich vor uns liegt, wie da, hat doch was Herzerhebendes — — (Plötzlich in traurigem, schmerzlich vorwurfsvollem Tone.) Das böse, böse Mädchen!

Mark. Wie?

Kürbner. Hat es mir nicht vergönnt, den Augenblick so recht und voll zu genießen. Und was hat ein armer Greis, als solche Augenblicke? O Mark! wenn ich mir denke, daß sie zu Hause in dumpfer Stube sitzt und unermüdlich die Nadel führt, deren jeder Stich mir in die Seele geht, so hab' ich auch keinen Sinn mehr für Gottes schöne Welt. Sie richtet sich zu Grunde mit ihrem Fleiß! Schon gestern abend bat ich sie, den heutigen Vormittag mir, dem toten Freunde dort und ihrer Erholung zu gönnen. „Vielleicht," gab sie zur Antwort, schüttelte aber dazu den Kopf, als ob es denn doch nicht anginge. „Vielleicht," nämlich, wenn ich sie wecken wollte, recht früh — daß sie die Arbeit fertig bringen könnte, denn fertig werden müsse die! — Und nähte, nähte fort bis tief in die Nacht hinein, bis ihr die Augen vor Erschöpfung zufielen. Als ich sie nun des Morgens so fest, so tief, wie lange nicht, schlummern sah, da fehlte mir der Mut, zu thun, wie sie gewollt; mir war's vielmehr, als müßt' ich jeden Atemzug, mit dem sie den Balsam der Ruhe in sich sog, bewahren und zählen wie der Geizige die Goldstücke, deren jedes einzelne ihm ungeheure Vermehrung des teuren Schatzes dünkt. (Marie erscheint im Hintergrunde und hört die nächsten Worte. Kürbner fährt ohne Unterbrechung fort.) Plötzlich zuckte es über das liebe, bleiche Gesicht hin wie ein peinlicher Gedanke, sie schlug die Augen auf und sah mich an — erst verwundert und fragend — dann vorwurfsvoll, weil die Sonne schon hoch vom Himmel schien. Ich stand vor ihr gleich einem armen Sünder — und habe nun auch meinen Lohn dahin. Sie sitzt daheim über die Arbeit gebückt und ich — ich sehne mich vergebens hier nach meinem Kinde. Versäumt ist der Augenblick, in dem ich mir wieder einmal hätte sagen können: Nun ist mir wohl! Das böse, böse Mädchen!

Marie (stürzt vor und ruft in großer Bewegung). Schilt mich nicht, Vater!

Kürbner (auffahrend). Marie!

Marie (ohne Unterbrechung). Lieber Vater! schilt mich nicht!

Kürbner (ihr halben Wegs entgegen eilend). O welche Ueberraschung! Welche Freude!

Marie. Vergib dem bösen Kinde, es macht sein Unrecht gut, es ist da, ist bei dir, sich mit dir wohlzufühlen!

Kürbner. Dank! Dank! mein Kind!

Fünfte Scene.

Kürbner hält Marie umschlungen. Andres ist vor die Thür der Kapelle getreten. Marl, der es bemerkt, winkt ihm erschrocken zurück.

Marie. Sieh, ich hielt es nicht aus daheim, als du gegangen warst, mußte dir folgen, mußte die Bitte — die rührende Bitte, die du kaum auszusprechen wagtest, die ich dir aber aus den Augen las, mußte sie dir gewähren. Mögen sie mich nun auch schelten in der Stadt, mich säumig und unverläßlich nennen, ja, mir die Arbeit entziehen! Wie ich auch meinen Sinn daran festhalten wollte, es war umsonst. Immer wieder sah ich dich vor mir stehen, stumm, bitter lächelnd, mit flehendem Blick und gefalteten Händen — o vergib, vergib, daß ich dich so vor mir stehen ließ! Vergib, vergiß es — laß uns alles Leid vergessen und einen Augenblick, nur einen Augenblick zusammen glücklich sein!

Kürbner. Wie gut, wie engelgut du bist!

Marie (unter Thränen lächelnd, indem sie nach dem Friedhof deutet). Und dann, ich mußte dem alten Freunde dort, der jetzt gewiß lächelnd auf uns niedersieht, doch auch etwas bringen. (Sie nimmt ein Blumensträußchen von der Brust und zeigt es dem Vater.) Sieh her!

Kürbner (sie liebkosend). Aber versprich mir nun auch, nie wieder gar so fleißig zu sein, dir auch ferner von Zeit zu Zeit Ruhe zu gönnen. Ich fürchte ja sonst immer wieder, du machst dich krank.

Marie. Nein, Vater, das glaube nicht. Im Gegenteil! Ich genese an der Arbeit. Wohl war ich zum Sterben krank, lang bevor uns Not bedrückte. Wenn ich damals die Arbeit zur Hand nahm, mich zu zerstreuen, da legte ich sie bald wieder weg, denn sie vertrieb mir die trüben Gedanken nicht. Jetzt aber — o mein Vater! ich bin ein schwaches Ding, ein Wort bricht mir den Mut. Wenn aber Stärke meine Pflicht ist, dann bin ich stark. Glaub mir, ich werde genesen an der Arbeit, mit der ich die Sorgen von deinem Alter nehme. Siehst du nicht, daß deine Tochter allmählich wieder auflebt?

Kürbner. Daß ich es sähe.

Marie (von seinem Ausdruck ergriffen). O daß ich schon freudig lächeln könnte, dich zu erfreuen! Daß ich es nicht vermag, soll Gott an dem nicht strafen, der's verschuldet hat — ich kann es ihm nimmer vergeben.

Mark. Nicht doch, Marie! so müßt Ihr nicht reden, so unchristlich und so ganz wider Eure eigene Natur. Ob ich auch weiß, daß es Euch nicht von Herzen geht, es berührt mich doch peinlich. Ihr müßt Euch nicht stellen, als ob Ihr dem zürntet, dem zu zürnen Ihr gar nicht fähig seid.

Marie. O doch!

Mark (ohne Unterbrechung). Und der vielleicht selbst keinen andern Gedanken hat, als an Euch — —

Marie (heftig bewegt). Still! Still!

Mark. Ja, der vielleicht in diesem Augenblick — in

weiter Ferne — wer weiß, wo er nun weilt, wie übel ihm zu Mute ist, wie er sich sehnt nach mildgesinnten Menschen? — von Reue gefoltert, die Stunde verwünscht, in der er Euch verließ. (Lebhafter.) Ja, wer kann sagen, ob er nicht eben jetzt, unvermögend noch länger die Trennung von Euch zu ertragen, sich auf den Weg macht —

Marie. Mark! Mark! um Gottes willen, schweigt! Spielt nicht mit längst begrabenen Hoffnungen!

Mark. Warum begraben? Ich sehe sie aufleben, sehe sie —

Kürbner (einfallend, ernst, entschieden und würdevoll). Mark! kein Wort mehr! — (Zu Marie.) Komm, laß uns nach Hause gehen! (Wieder zu Mark.) Ihr habt mir die Stunde vergällt, die mir mein gutes Kind geschenkt. Ich bin böse, Mark, recht böse auf Euch!

Mark (etwas erregt). Und thut mir u n r e c h t. Meint Ihr denn, ich plaudre so in den Tag hinein, wecke leichtfertig Wünsche, deren Erfüllung ich ferne weiß? Nein, das — das hab' ich nicht um Euch verdient, daß Ihr mir so wenig Zartgefühl zutraut. Mit Fug und Recht hielt ich stets an dem Glauben fest, daß Euch der liebe Gott noch einen Tröster senden werde, daß e r — er, der allein dieser Tröster zu sein vermag, eh' Ihr es denkt, vor Euch dastehen und Euch zurufen wird: Ich hab' Euch meine Liebe aufbewahrt, will mein Unrecht gut machen, vergönnt es mir nur.

Marie (bitter). Seine Liebe? — Er hat mich nie geliebt — und längst vergessen!

Andres (vorstürzend). Marie!

Marie (sich an den Arm Kürbners festklammernd, zitternd). Mein Vater! (Alle stehen einen Augenblick sprachlos.)

Mark. Nun, — hab' ich es nicht gesagt? Da seht es nun mit Augen — greift es mit Händen!

Andres. Marie! sieh mir ins Auge. Der Andres hat dir seine Liebe aufbewahrt. — Vater Kürbner, gebt mir die Hand und sagt mir, daß ich willkommen bin.

Kürbner (ohne mit Marie, die ihr Gesicht an seiner Brust verbirgt, die Stellung zu ändern). Gottes Segen mit dir!

Andres. Mut, Johann Kürbner! Mut, Marie! Die Zeit des bittern Leidens ist vorbei für uns alle. Du bliebst mir treu! damit erfüllt sich jede Hoffnung. O so — so dacht' ich heimzukehren, als ich ging und mein Stolz mir zuflüsterte: Will sie nicht arm dem Armen folgen, so muß ich aufhören arm zu sein, um sie dennoch heimzuführen. Es war ein verwerflicher Stolz, ein verwegenes Hoffen. Es war ein rastloses Ringen und Entbehren, das mich zum Ziele führen sollte. Aber nun ist's erreicht. Was ich erworben habe, ist kein Reichtum, doch es genügt für uns alle. Und so laßt mich denn eurer Armut und Not ein Ende machen, euch auf den Händen durch das Leben tragen. Seid mein Vater, Johann Kürbner! sei mein Weib, Marie!

Marie (verstört, vor sich hin). Sein Weib! — Vater, schütze mich vor ihm, schütze mich!

Kürbner. Hab Geduld, mein Kind! Mir dreht sich das alte Gehirn im Kopfe wie im Kreise. Hab Geduld mit mir.

Andres. Seid nicht so stumm, so still. Verdien' ich keine Antwort?

Mark. Laßt ihnen Zeit. Ihr seht ja, wie bewegt sie sind.

Marie (immer leise). Vater, ich lese es dir von der Stirne und aus den Augen, was du denkst! Du denkst: Warum hat er uns so viel Leid bereitet? Sag es ihm! sag es ihm!

Kürbner. Das Gemüt deines Vaters fließt über von Bitterkeit. Dein Vater ist stolz, mein Kind.

Marie. Dein Mädchen ist es auch.

Andres. Mark! Mark!

Mark. O meine Ahnung! meine Ahnung!

Marie (wie oben). Man spielt nicht mit einem Herzen, mein Vater, und zerbricht es und kommt dann und sagt: Sei wieder ganz — ich will dich jetzt.

Kürbner. Du bist mein Mädchen. Verzeih' mir Gott, aber ich vergeß' es nicht, daß er mir so viel Leid bereitet hat.

Andres. Bei allem, was Euch heilig ist, antwortet mir!

Kürbner (mit feierlichem Ernst). Andres, du trittst zu spät als Freier vor mich hin. Der wohlhabende Andres findet die Braut nicht hier, die der arme von sich stieß. Andres! ich will auch keines Menschen Schuldner mehr werden, noch mir Gnaden erweisen lassen.

Andres. Johann Kürbner!

Kürbner. Geh deines Weges — ohne Groll. Dir wird, wie du gewollt hast. (Er preßt Marie an sich und streichelt ihr das Haar aus der Stirne.) Schau her, was du aus meinem blühenden Mädchen gemacht hast! Du hast kein Recht mehr auf ein Herz, an dem du dich versündigt hast. That ich dir unrecht —

wohl, du hätteſt es an mir rächen dürfen. Was aber hat dir mein armes Kind gethan?

Andres (bebend). Marie, aus deinem Munde will ich es hören. Iſt das, was mir dein Vater ſagt, auch dir aus der Seele geſprochen?

Marie (nach einer Pauſe des Kampfes). Ich ſagte dir: Geh nicht, wenn du mich lieb haſt. Und du gingſt. Da warſt du auf immer für mich gegangen.

Andres (verzweifelt). Du meine letzte Hoffnung! — Oh, mir wird mein Recht.

Kürbner. Geh deines Weges ohne Groll!

Andres. Gehen und euch laſſen im Elend? Nein! Nein!

Kürbner. Denkſt du, wir nähmen Almoſen von dir?

Andres. Gott! Gott! es wendet ſich jetzt alles gegen mich. So ſtand er auch vor mir, wie ich vor ihm jetzt. Mir wird mein Recht; ich habre nicht mit dem Schickſal. — Ihr ſeht, ich habe kein Wort des Widerſpruchs mehr. So viel aber ſag' ich euch, ihr habt mich zu Grunde gerichtet für immer. Möge Gott es euch vergeben! (Indem er ſich wendet zu gehen, fällt ſein Blick auf den Blumenſtrauß, der Marie bei ſeinem Erſcheinen entfallen iſt. Er rafft ihn haſtig vom Boden auf.) Komm her! komm her! Du ſollſt mein letztes Andenken ſein — an ſie und dieſe bitterſte der Stunden.

Marie. Mein Strauß!

Andres. Der tote Klaus wird mir nicht zürnen, wenn ich dich ihm entwende, dich mit mir nehme. Ihm wird ſie noch der Blumen viele bringen — für mich hat ſie keine. Ich aber — ich brauche auch welche, die ſie mir einſt in den Sarg mitgeben. Behüt' euch Gott! (Er will entellen.)

Mark (packt ihn heftig beim Arm und hält ihn feſt). Halt! ſag' ich, nicht von der Stelle!

Andres. Was ſoll das, Mark?

Mark (außer ſich). Himmel und Erde! — Das halte einer aus! Pfui über die Menſchen! pfui! Möchte lieber ein Hund ſein, wenn ſich die Edelſten ſo das Herz zerfleiſchen können wie wilde Beſtien. Herr! Halt mir das Wort zu gute! Die Blumen da, beſtimmt für das Grab eines Freundes, ſie haben mehr Zungen, als ich habe. Sie ſagen, daß das Leben kaum länger währt, wie ſie, die vom Morgen zum Abend verwelken. Und die Menſchen vergällen es ſich gegenſeitig. Pfui über die Menſchen! Es gibt nur einen, der ein Herz hat, und der heißt Mark!

Andres. Still, Mark! Kein Wort des Widerspruchs! Mir wird mein Recht.

Mark. Wie? Wenn einer unrecht thut, muß es der andere doppelt an ihm verüben, um es dann selber wieder dreifach zu erfahren? Herrgott! Darüber geht deine schöne Welt in Jammer unter. Johann Kürbner! ich war ein Lügner, wenn ich jemals sagte, du wärst ein wackrer Mann!

Kürbner (erschüttert). Mark!

Mark. Denkst du nicht, wie es dir weh gethan? Oder denkst du's und freust dich eben, ihm's heimzugeben? Und hast vergessen, daß ohne ihn das undankbare Wesen da verbrannt wär'?

Andres. Still davon jetzt! Hab' ich um Lohn gefleht? Still! still! ich geh'!

Mark. Fängt da auch wieder der Stolz sich zu regen an? Nur zu! nur zu! Geh du dahin und irre zerrüttet durch die Welt. Bleib du da, Mädchen, und wein dir die Augen aus, daß du den fortgestoßen, der dir doch noch ins Herz gegraben ist. — Rauf du dir die weißen Haare aus am frühen Grabe deines Kindes. Folgt alle eurem Stolze. Mir kann es recht sein. Was geht es mich an? Sollte auch zu stolz sein, da zu winseln und tauben Ohren zu predigen. Herrgott! Die Welt ist ein Narrenhaus!

Andres (ergreift Mariens Hand, die er in der seinen hält; ihr fest ins Auge sehend im Ton männlicher Resignation). Stolz! Stolz! Glaubst du's, Marie? O, ich wollte vor dir im Staube liegen und die Hände falten und dir ins Auge sehen, bis mir ein Hoffnungsstrahl daraus entgegenleuchtete! wär' ich nur noch so stolz, zu glauben, daß du mich noch liebst. Der Andres, der vor dir steht, ist nicht mehr der Andres, der sich an dir versündigt hat; aber büßen muß er — büßen, was jener verschuldet. Ich ging und sagte mir: Ich komme wieder, mir die Braut zu holen. Das war kecker Uebermut; der ist gebrochen — zersplittert. Wenn ich jetzt gehe, — dann bin ich auf immer gegangen, dann siehst du mich nie mehr wieder — nie! Dann denk, daß ich gestorben bin. (Er bleibt einen Augenblick stehen, dann läßt er schmerzlich lächelnd ihre Hand los und stürzt fort.)

Marie (in deren Zügen sich ein heftiger Seelenkampf gespiegelt hat, der im letzten Moment den Höhepunkt erreicht, bricht in die halberstickten Worte aus): Nie wieder — nie? (und stürzt, indem sie eine unwillkürliche Bewegung macht, Andres zu folgen, ohnmächtig zusammen.)

Kürbner (außer sich vor Entsetzen). Mein Kind! Herr im Himmel! Straf mich nicht! straf mich nicht! — Mark

— was sagtet Ihr? — Ein frühes Grab? — sagtet Ihr? Für meine Tochter! — Andres! Andres! Ruft ihn zurück! Barmherzigkeit, Andres!

(Mark eilt Andres nach.)

Kürbner. Sie regt sich nicht. Marie! Marie! Ich bin ein Rabenvater! Ihr habt recht, Mark! Ein Schurke bin ich! Sie kann nicht leben ohne ihn. Er ging — und sie welkte — er geht und — sie stirbt! und ich verjagte ihn — ich, ich! — Geh nicht so von mir, Kind, thu's mir nicht an. Herr! straf mich nicht! (Marie schlägt die Augen auf.) Komm zu dir! (Marie erhebt sich langsam.) Er wird nicht gehen — er wird nicht!

Marie (der die Erinnerung wiederkehrt). Ihn nie mehr wiedersehen! — Vater, ich bin ein schwaches Kind — schmäle nicht.

Kürbner. Er kehrt zurück!

Marie (mit Schauern). Nie! — nie! Er hat's gesagt. Kennst du ihn nicht? Er kehrt nicht wieder.

Andres (der mit Mark erscheint). Darf ich denn?

Kürbner (ihm entgegen). Sie führt's nicht durch. Wir führen es nicht durch, wie du es durchgeführt, Andres; räche dich nicht an einem Greise.

Andres. Ich kehre wieder. Ihr seht, ich bin nicht mehr der Andres von ehedem!

Kürbner. Mein Sohn! Sie soll nicht sterben! Gelt, mein lieber Sohn?

Andres. Mark, ich bin trunken.

Kürbner (der Marie in seine Arme führt). Mach dein Unrecht durch Lieb' und Treue gut.

Andres (zu Marie). Du vergibst mir?

Marie. Wie du mir!

Kürbner. Schau, du nimmst doch noch was von mir — mein Liebstes, Bestes!

(Gruppe. — Der Vorhang fällt.)

Ende.

Rudolf von Erlach.

Historisches Schauspiel in fünf Akten.

Vorbemerkung*).

Ich habe dieses Schauspiel im Herbste des Jahres 1874 vollendet. Es ruht also schon bald zwei Jahrzehnte in meinem Pult, nachdem ein Versuch, es zur Aufführung zu bringen, gescheitert ist. Nun endlich soll es doch an's Tageslicht — zunächst als Buch, obwohl ich es keineswegs für ein Buchdrama halte. Vielleicht findet es auch noch die Gelegenheit, seine Lebensfähigkeit auf der Bühne zu erproben, wenn auch die Zeiten dem historischen Drama nicht günstiger geworden sind.

Franz Nissel.

---

*) Im Nachlasse des Dichters fand sich obige Vorbemerkung zum historischen Schauspiel: Rudolf von Erlach.

Personen.

Graf Rudolf von Nidau aus dem Hause Welschneuenburg.
Veronika, seine Gemahlin.
Hugo,
Rudolf, } ihre Söhne.
Jakob,
Rudolf Castlan von Erlach, Ritter, Dienstmann des Grafen
    von Nidau und Bürger von Bern.
Elisabeth von Ryh, seine Gemahlin.
Bertha, ihre Tochter.
Graf Gerhard von Valangin, kaiserlicher Vogt in Burgund
    diesseits des Jura (Kleinburgund).
Graf Eberhard von Kiburg.
Der Freiherr von Thurn zu Gestelen.
Johannes von Bubenberg, Schultheiß von Bern.
Der Freiherr Johannes von Kramburg, Altschultheiß.
Neunhaupt, Steinbrecher,
Ruft, Gerber,
Pfirt, Fleischer, } Bürger von Bern,
Brugger, Tuchhändler,
Gottfried, im Dienste des Grafen von Nidau.
Ein junger Ritter
Ein Senator } von Bern.
Ein Ritter vom Adelsheere.

Grafen, Barone und Ritter aus dem Aargau, aus Uichtland,
aus dem Oberlande und ganz Kleinburgund. Ritter und Bürger
von Bern. Eidgenossen aus den Waldstätten. Landleute,
Krieger und Boten.

Schauplatz der Handlung: in den ersten drei Akten das Schloß
Nidau am Bielersee (im Mittelalter See von Nugerol genannt),
im vierten Akte die Stadt Bern, im fünften Erlachs Landsitz auf
Richenbach und die Gegend vor Laupen.

Zeit: das Jahr 1339 n. Chr. Geb.

———

Erster Akt.

Vor Nidau, doch noch innerhalb der äußersten Ringmauer des Schlosses. Links vom Zuschauer gegen den Hintergrund zu ein offenes Thor, durch welches man ins Freie sieht: auf den See von Biel und auf die Höhen des Jura.

Erste Scene.

Vom Schlosse her kommen Nidau und Erlach in Jagdkleidern. Veronika und Elisabeth geben ihnen das Geleit. Gottfried und einige Jäger des Grafen folgen. Später Jakob und Rudolf.

Nidau (zu den Frauen).
 Lebt wohl!
Veronika.   Bleibt nicht zu lange aus!
Nidau.   Ja, Kind,
 Das kann ich nicht versprechen. Waidmannslust
 Hat nicht bestimmtes Maß, noch sichre Wege.
 Des Wildes Narr und Sklave ist der Jäger,
 Bis er des Wildes Herr und Meister wird.
Veronika. Das heißt, du wirst im Walde übernachten.
Nidau. Wohl möglich. Welche Angst, daß du umsonst
 Das Abendbrot bereitest!
Erlach.   Undankbarer,
 Der du die schöne Sorge so verkennst!
Nidau. Genug!
Veronika.   Lebt wohl!
(Indem sie sich, Abschied nehmend, dem Schlosse zuwendet, stößt sie einen leichten Schrei aus.)
Nidau.   Was hast du?
Veronika.   Sieh nur, sieh!
Nidau (der Richtung ihres Blickes mit dem Auge folgend).
 Verwünschte Buben! — Rudolf! her zu mir!
 Wird's, Junge?

Erlach (der an dem unsichtbaren Vorgange lebhaften Anteil nimmt, ebenfalls in die Scene hineinrufend, streng, aber ruhig).
  Jakob! Rudolf! hört ihr nicht?
    (Die beiden Knaben Rudolf und Jakob treten auf, scheu und langsam.)
Nidau (auf Erlach deutend).
  Dem folgt der Trotzkopf auf den ersten Ruf —
  Mir nicht, obwohl er meine Peitsche fürchtet.
Erlach. Ja, eben deshalb.
Nidau. Nun, er soll sie fühlen.
    (Er will mit erhobener Peitsche auf Rudolf zu, Erlach hält seinen Arm zurück.)
Erlach. Du bist zu rasch.
Nidau. Er soll —
Erlach. Laß mich gewähren.
(Da auch Veronika sich bittend zu ihm wendet, macht Nidau eine Bewegung zum Zeichen des Einverständnisses.)
Erlach (ernst zu Rudolf).
  Was war das, Rudolf? sprich —
Nidau. Was? ein Verhör?
  Wir sahen's ja — er schlug den Bruder —
Erlach. Schlug ihn —?
  Den jüngern, schwächeren —
Jakob. O zürnt ihm nicht!
Erlach. Dies stille, sanfte, träumerische Kind?
Rudolf. Das eben ist's.
Erlach. Was ist?
Rudolf. Was mich verdrießt.
  Will keinen Bruder, der, wenn ich ihn packe,
  Nur mit den Wimpern wie ein Mädchen zuckt,
  Mich bittend ansieht nur, statt sich zu wehren.
Erlach. Ei! schadet's dir?
Rudolf. Mich wurmt es, wenn sie lachen.
Erlach. Wer lacht?
Rudolf. Die andern Buben — über ihn —
Erlach. So schlag die Buben.
Rudolf. Ei, die haben recht.
Nidau. Wahrhaftig, ja, das haben sie, der Jakob
  Ist mir auch viel zu still und zahm. — Das taugt nicht.
  Da würde mir ein schöner Ritter draus!
Erlach. Ein Ritter nicht vielleicht, doch zehnmal Beßres!
Nidau. Oho! was Beßres? Was?
Erlach. Weiß ich es denn?
  Kann ich es sagen, welchen Weg der Herr

Die stille Seele führt, wie er begünstigt?
Ich weiß nur, daß es Menschen gibt, geboren,
Wie Friedensengel durch die rauhe Welt
Zu wandeln. Sie verkünden heil'ge Lehren,
Sie singen Gottes Lob, sie heilen Wunden,
Ergründen das Geheimnis der Natur
Und machen uns, was wir gefürchtet, dienstbar,
Damit wir Gottes Güte ganz erkennen.
Ich hörte oftmals: Wen die Vorsicht sich
Erwählt zu solchen Werken reiner Liebe,
Berührt sie früh mit unsichtbarem Finger,
Daß er von unsern Wegen abseits geht.
Ihn freut es nicht, das wilde Roß zu tummeln,
Er horcht nicht auf, wenn die Trompete klingt;
Des Kriegers Harnisch schnallt er nimmer an —
Die Hand, bestimmt zu segnen auf der Erde,
Sie scheut des scharfen Schwertes kalten Griff.
Ein andrer Mut in unbewehrter Brust
Befeuert ihn zu andern, bessern Kämpfen —
Ein höhrer Mut fürwahr, der uns beschämt! —
Drum laßt mir meinen holden Knaben träumen,
Zwingt ihm der Rauflust schnöden Trieb nicht auf!
Du aber, wilder Junge, dem sie zuckt
In jedem Muskel, der ein Ritter du
Zu werden brennst — und doch der ersten Pflicht
Des Ritters nicht gedenkst: „Der Schwachen Hort
Zu sein, nicht ihr Bedränger" — hebe dich
Hinweg aus meinen Augen!

Rudolf (beschämt und reuig). O, vergebt!
Ich will beherz'gen Euer Wort.

Erlach. Bei Gott!
Nicht ferner lehr' ich dich die edle Kunst
Der Waffen, so du nicht dem Wahn entsagst,
Daß wir nur fechten, einfach um zu fechten.
Ein kläglicher Geselle, der es thut!

Nidau. Halt, Erlach! Schmäh mir nicht das bloße Fechten!
Ist auch was dran.

Erlach. Nicht so viel ohne Zweck.

Nidau. Zweck? — Zweck ist auch der Ruhm.

Erlach. Was Ruhm verdient,
Das frägt sich erst.

Nidau. Die Schwachen schützen! Nicht?

Wie neulich wohl im Forst, als du mir wehrtest,
Das braune Weib zu strafen?
Elisabeth. Welches Weib?
Erlach. Du mußt nicht alles wissen.
Nidau. Hört nur, hört! —
Waldfrevel übend jüngst ertappten wir
Ein frech Zigeunerweib. Sie fällte Holz
Vom Stamm, das Feuer nährend, über dem
Die nackten Buben das erlegte Wild
Am Spieße lachend drehten. Uns erblicken
Und flieh'n war eins. Mein Hassan doch, Ihr wißt,
Mein Lieblingshund, setzt ihnen nach und faßt
Mit scharfem Zahn der Buben einen. Da
Sich wendend schlägt die Hexe mit dem Beil
Nach seinem Kopf und wohlgetroffen bricht
Das mächt'ge Tier zusammen. Zornentbrannt
Herrsch' ich den Knechten, die noch an den Riemen
Die andre Meute halten, zu: „Laßt los
Auf die verdammte Brut!" — Wer donnernd da
Mit einem „Halt!" dazwischen fährt, ist Erlach —
So, daß sie zögernd stehn. Das reizt mich nur.
„Die Hunde los!" — Schon wollen sie gehorchen.
Doch aus der Scheide drohend blitzt sein Schwert.
„Den ersten Köter, der dem Weibe naht,
Hau' ich in Stücke." — Außer mir nun spring'
Ich selbst mit einem Satze hin und will
Den Wurfspieß schleudern nach der Frevlerin,
Die starr vor Schreck die Buben an sich preßt.
In diesem Augenblicke deckt er sie
Mit seinem Leib — erwartet das Geschoß —
Elisabeth. Gerechter Gott!
Nidau. Das ich, zum Glücke noch
Gerade zur Besinnung kommend, nicht
Entsende, sondern krampfhaft fest noch halte.
Des Vorteils nimmt sie wahr und ist im Dickicht
Verschwunden schnell samt ihren edlen Sprossen.
So hätt' ich bald zu ewig bittrer Reue
Mit eigner Hand den besten Freund erschlagen.
Ich schaudre noch. Mich dem — dem auszusetzen
Um so von Gott verlaßnen Auswurfs willen!
Erlach. Beklagenswert, weil so von Gott verlassen!
Nicht lieb' ich dieses Volk, doch ungern seh' ich

Erster Akt.

Es gleich dem Wild gehetzt. Wie auch verzerrt,
Das Menschenbild noch muß ich in ihm ehren.
Und als ich jene sah, die Knaben angstvoll
An ihre Brust gedrückt, sah ich in ihr
Die Mutter nur, nicht die Zigeunerin.
Und sieh, auch du — ich weiß, du hätteſt bald
Die raſche That bereut.

Nidau. Mag ſein! Wärſt du
Nur nicht zu allen Zeiten ſo darauf
Erpicht, Partei zu nehmen für den Bettler,
Für den Geringen, wo auch immer ihm
Der Mächt'ge feindlich gegenüberſteht —
Als wäre Macht und Unrechthaben eins!

Erlach. Wenn Macht ſo oft verführt zu ihrem Mißbrauch,
Iſt's meine Schuld?

Nidau. Geh, geh! Ich weiß es beſſer,
Woher dir dieſe Unart kommt.

Erlach. Wahrhaftig?

Nidau. Von deiner Freundſchaft mit dem Berner Volk,
Der edlen Sippſchaft roter Schlächterbuben
Und ruß'ger Schmiedgeſellen, feiſter Bäcker
Und anderen Geſindels bunter Art.

Erlach (ernſter werdend). Vergiß es nicht, daß ich ein Bürger Berns!

Nidau. Erinnre mich nicht dran!

Erlach. Gleich vielen Edlen
Aus jenen altehrwürdigen Geſchlechtern,
Die mit es gründeten.

Nidau. Gott ſei's geklagt!

Erlach. Daß du es nicht der Stadt vergeben kannſt,
Daß ſie beſteht und fröhlich blüht!

Nidau (ſich mehr und mehr erhitzend). Das bläht ſich
In ſeinen Mauern, trotzt von ſeinen Türmen,
Zieht aus mit Fahnen und Trompetenſchall,
Singt freche Lieder unter unſern Schlöſſern,
Macht uns die Herrſchaft ſtreitig in dem Land —

Erlach. Wer es in Ruhe läßt, dem gönnt es Ruhe.

Nidau. Verlockt zum Bruch der Treue unſre Knechte —

Erlach. Das thut es nicht.

Nidau. So? und noch geſtern —

Erlach. Geſtern?
Du ſprichſt von jenen beiden Männern, die
Dich ſuchten. Nicht?

Nidau. Ich schwieg, weil ich dich kenne.
Du hätteſt dich der Schurken angenommen.
Erlach (lachend).
Der Schurken! ich? Was wollten denn die „Schurken"?
Nidau. Was? Bürger werden.
Erlach. Bürger?
Nidau. Ja — von Bern.
Erlach. Nun und?
Nidau. Ausbürger nennen ſie's — das heißt:
Weithin verzettelt übers ganze Land,
In Burgen, Dörfern, Weilern und Gehöften
Bis ins Gebirg hinein zur höchſten Alp —
Doch immer Bern mit Leib und Seele eigen,
Doch immer Bern gewärtig und zur Hand,
Wo immer weilend doch von Bern geſchirmt.
So wächſt das Unkraut unter unſerm Weizen,
Des Ungehorſams und des Troßes Saat —
Erlach. Sprich von den beiden Männern!
Nidau. Ei, die kamen
In Ehrfurcht ganz erſterbend, tief gebückt,
Mich anzubetteln, daß ich es erlaube.
Erlach.
Und deine Antwort?
Nidau. „Fort! und packt euch, Strolche!
Und kommt ihr mir mit ſolcher Bitte wieder,
So hängt ihr, Gott ſoll mich verdammen, hängt,
Des Windes Spiel, an meines Schloſſes Zinnen."
Erlach. Das war nicht wohlgethan. Sie thaten mehr,
Als ihre Pflicht, da ſie von dir erbaten,
Was du nicht weigern durfteſt.
Nidau. Ich! nicht durfte?
Erlach. So waren es Leibeigne?
Nidau. Nein — doch wohl
Mir unterthan.
Erlach. Es iſt ein Recht der Stadt,
Von Königen und Kaiſern ihr gewährt:
Als Bürger jeden aufzunehmen, der
Leibeigen nicht — doch nur in ihren Schirm,
Auch unbeſchadet jeder andern Pflicht,
Die ſonſt ihm obliegt.
Nidau. O der ſchönen Worte!
Ich kenn' es wohl, dies tückiſch ſchnöde Recht,

Erster Akt.

Dem Adel zum Verdruß und Hohn erfunden.
Doch anerkennen werd' ich's nie — ich nie!
Erlach. Verschwör es nicht! Du wirst wohl müssen.
Nidau. Müssen?
Ich? Pest und Tod!
Veronika (die beschwichtigend zwischen beide tritt).
Daß ihr nur einmal wieder
Seid angelangt bei eurem alten Streit
Um Bern, der glücklich lang geruht! Ich bitt' euch,
Vergeudet nicht mit eitlem Wortgefecht
Die edle Zeit — und wollt ihr heut' noch jagen,
So geht und kehrt uns zeitlich heim!
Nidau. Ich glaube,
Die Frau hat recht.
Erlach. Gewiß.
Nidau. Zum Wald hinaus!
Lebt wohl!
Rudolf. Darf ich nicht mit?
Erlach. Erlaubst du?
(Nidau nickt.)
Rudolf. Dank!
Veronika. Wie?
Erlach. Keine Angst! Ich wache über ihn.
(Nidau, Erlach, Rudolf, Gottfried und das Gefolge der Jäger eilen fort.)

Zweite Scene.

Veronika, Elisabeth und Jakob, der in der Nähe bleibt, ohne an dem Gespräche der Frauen Anteil zu nehmen.

Veronika. Was für ein Mann ist Erlach! Möge Gott
Ihn Euch und uns erhalten!
Elisabeth. Amen, Gräfin!
Wenn er nur selbst auch wahrte seines Heils!
Des Vorfalls noch im Walde muß ich denken.
So unbedacht sein Leben einzusetzen,
Ein Heldenleben, nicht bestimmt zum Opfer
Für jede Herzenslaune, die sich regt!
Veronika. Was Ihr an ihm so tadelt, mir gefällt's.
Elisabeth. Ihr habt leicht reden. Ihr verliert ihn nicht.
Veronika. Ob ich ihn auch verliere! Seht, mir ist,

Als wär' mit ihm der Friede eingezogen,
Mit ihm des Himmels Segen in mein Haus.
An meines Gatten Seite wandelt er
Gleich einem Schutzgeist und ich zittre nicht mehr
Wie sonst vor Nibaus stolzem gähem Sinn.
Den wilden Knaben, der nur allzusehr
Dem Vater nachgeriet, hat er gebändigt,
Mit einem Wort des Vorwurfs lenkt er ihn.
Uns allen steht er bei mit weisem Rate,
Uns allen steht er unentbehrlich nah;
Ihn zu verlieren könnt' ich nie verschmerzen.
An mich und an die Meinen ihn zu fesseln
Mit immer neuen, stärkern Liebesbanden,
Ist darum all mein Sinnen Tag und Nacht.
Und seht, ich habe auch das Wie gefunden.
Es ist mir lieb mit Euch davon zu reden.

Elisabeth. Wovon?
Veronika.   Ei, stellt Euch nicht, als ob Ihr's nicht
Errietet!
Elisabeth. Nein.
Veronika.   So hört! Doch nein! Seht, seht!
(durchs Thor ins Freie deutend)
Wer ist das dort auf jenem Hügel?
Elisabeth.   Bertha!
Veronika. Ja, Eure holde Tochter. Träumend späht sie
Nach Westen aus, wo steil des Jura Höhen
Zum See von Nugerol herab sich senken.
Wer ist denn aus, der dorther wieder kehret?
Wem sehnt entgegen sich der Jungfrau Herz?
Und seht nur, seht! Was ist es, sagt, was plötzlich
Wie mit erhöhtem Leben sie durchbebt?
Helft mir doch schaun! Dort legt ein Nachen an.
Ein Jüngling springt ans Land. Er sieht das Mädchen
Und eilt in Hast dem Hügel zu. Das Mädchen —
Läuft ihm entgegen? Nein, vor ihm davon!
Er folgt. Jetzt könnt Ihr ihm ins Antlitz schauen —
Er ist's. Erkennt ihn doch! Mein Hugo ist's.
Und ich — nichts weiter brauch' ich Euch zu sagen;
Denn schon, ich bin's gewiß, versteht Ihr mich.
Elisabeth. Versteh' ich wirklich, Gräfin?
Veronika.   Still! Sie kommen.
(Beide ziehen sich rasch zurück.)

Dritte Scene.

Vorige. Bertha und Hugo.

Hugo. Bei allen Heil'gen, Bertha, höre mich!
Bertha. Verwegen folgst du mir, wenn ich es wehre?
Hugo. Daß du es mir verwehrst, es macht mich rasend.
Bertha. Und weil du rasest, muß ich fliehn.
Hugo.   Nein! steh!
Mit diesen Armen sonst umklammr' ich dich.
Bertha. Mich zwingen willst du, wilder Knabe?
Hugo.   Bertha!
O Bertha! Sprich nicht so zu mir!
Bertha.   Ob es
Mich selbst auch schmerzt, ich muß.
Hugo.   Doch recht so, recht!
Stoß mir den Dolch ins Herz! Doch bis ans Heft!
Nicht spielend laß ihn blinken! Sprich es aus,
Daß du mich hassest.
Bertha.   Ich — dich hassen?
Hugo.   Bertha!
Du liebst mich?
Bertha.   Ist nicht Hassen Lieben?
Hugo.   Bertha!
Haß oder Liebe! Leben oder Tod!
O Gott, mein Gott! wie war ich noch so glücklich
Vor wenig Tagen! Traulich waren wir
Gewandelt durch die Fluren. Heimgekehrt,
Auf hohem Söller saß ich dir zur Seite
Und lauschte deinem Liede still entzückt,
Indes die Sonne scheidend dich verklärte.
Dann griff auch ich zur Laute — und auch dich,
So wähnt' ich Thor, bewegte mein Gesang.
Und als wir beide schwiegen, war es mir,
Als ob die eben erst entflohnen Klänge
Sich in den Lüften suchten und sich fänden —
Die meinen und die deinen — sich vereinten
Und uns umschwebten, eine Harmonie.
Da zog es mich allmächtig dir zu Füßen,
Da that sich in der Brust weit auf mein Herz,
Da sprach ich's aus, das kühne Wort der Liebe.
Bertha (fast schmerzlich).
Daß du es thatest!

Hugo. Unglückfel'ge Stunde!
Seit jenem Augenblicke fliehst du mich.
Ich aber will, daß du mir Antwort gebest.
Wie — oder deut' ich recht mir dein Verstummen?
Bin ich verschmäht? — Schon der Gedanke tötet.
O daß er tötete! — O toller Schmerz,
Der du Vernichtung forderst von Gedanken!
Gibt es nicht Gift und Dolch und Abgrundstiefen,
Zu enden ein verwünschtes Sein?
Bertha. Hör auf!
Ich trag' es nicht, dich so verstört zu sehen.
O könntest du in meine Seele schauen!
Hugo. So schließ mir, Teure, ihre Pforten auf!
Bertha. Ich darf nicht.
Hugo. Laß in deinem Aug' mich lesen!
Bertha (sich in Verwirrung von ihm wendend).
Nein!
Hugo. Bertha! spiele nicht mit diesem Herzen!
Ist kalt das beine, o so sprich es aus!
Denn eher nicht verstummt der Dämon mir
In tiefster Brust, der, von Empörung selbst
Noch Hoffnung borgend, unaufhörlich flüstert:
„Sie liebt dich doch! Sie muß dich lieben, muß!
Sonst wäre Gott, zu dem du betest, grausam —
Sonst wäre Gott, der dich erschuf, dein Feind.
Vergebens ließ' er dir die Sonne scheinen,
Im Lenz die Erde grünen und erblühn,
Den Waldstrom rauschen und die Sterne blinken;
Denn nur ein weites, wüstes, kaltes Grab
Wär' diese Welt dir ohne Berthas Liebe —
Sie muß dich lieben —!"
Veronika (tritt vor und ruft halb lachend) Freilich liebt sie dich!
Du bist mir auch ein schöner Herzenskenner!
Meinst, daß ein Mädchen hasse, wen es flieht?
Weil sie dich flieht, du Glückskind, liebt sie dich.
Ja, glaub's nur!
Hugo. Mutter!
Veronika. Hast du keine Augen?
Doch ja — die Lieb' macht blind. So brauch die meinen!
Schau, wie die zarten Wangen hoch erglühen,
Wie sie verwirrt den Blick zu Boden senkt
Und zittert!

Bertha (wirft sich von innerer Bewegung übermannt, in die Arme Elisabeths, die inzwischen auch näher gekommen ist). Mutter! Mutter! Zürne nicht!
Mir strömt's im Herzen über und ich kann's
Nicht mehr verbergen.
Veronika. Ei, du sollst auch nicht,
Du kleine Heuchlerin! Den Kopf empor!
Und sieh mich an und wag es noch zu leugnen,
Daß du ihn liebst! Du kannst nicht, siehst du wohl!
Drum sträube dich nicht länger, laß dem Sohne
Die süße Braut mich in die Arme führen!
(Sie führt die nur sanft Widerstrebende in Hugos Arme.)
Hugo (sie zärtlich umschlingend).
Braut! meine Braut! Ich darf dich so begrüßen?
Bertha. O es zu sein, es wäre Himmelsfreude.
Veronika. Seid glücklich, Kinder!
(Zu Elisabeth.)
Kommt doch, steht nicht fern!
Und segnet diesen Bund, wie ich ihn segne.
Elisabeth (nach einigem Zögern).
Ihr wollt es so. Warum soll ich mich sträuben?
Doch ist's an Euch, zum guten Ziel zu führen,
Was Ihr so leichten Spiels begonnen habt.
Ich hielt zurück, solang ich eben konnte —
Ihr haftet nun für meines Kindes Glück.
Veronika. Was habt Ihr denn? Was soll der ernste Ton?
Elisabeth. Ihr thut, als ob wir hier allein entschieden.
Der Väter Wille ist Euch unbekannt.
Zwar fürcht' ich Erlach nicht. Doch Euer Gatte
Ist stolzen Sinns und leicht die Braut zu arm,
Die Ihr dem Erstgebornen geben wollt.
Veronika. Nicht arm an Tugenden und holdem Liebreiz,
Er hat es selbst zu oft gesagt. Ich kann
Beim Wort ihn nehmen. Anfangs zwar wird er
Ein wenig stutzen und die Stirne falten —
Dann etwas brummen in den Bart, dann schweigen —
Das Mädchen sich betrachten und den Freund —
Drauf lächeln — fluchen, daß er's muß — zuletzt
Mit einem Ja doch enden. — Käme er
Doch heute zeitlich heim! Ich wollte gleich
Die Probe machen. Kommt er von der Jagd,
Ist er gewöhnlich guter Laune, läßt
Sich gerne einen Spaß gefallen. Da

Im trauten Kreise sitzen wir beisammen —
Das Essen schmeckt ihm und der Wein Burgunds.
Der muß uns helfen. Nur aus Berthas Händen
Nimmt er den ersten Becher, sieht es schmunzelnd,
Wenn sie Bescheid ihm thut, kann's nicht geraten,
Faßt um den Leib sie, streichelt ihr die Wange —
Ja, küßt sie herzhaft. Da stell' ich die Falle
Und unser Brummbär geht, was gilt's, hinein.
O Kinder! meine Kinder! Dieser Tag,
Er ist der schönsten meines Lebens einer,
Schließt ihn ein schöner Abend glücklich ab.

Hugo. O Wonnetaumel! — —

Jakob (der in der Nähe des Thores weilt und ins Freie hinausspäht, ruft plötzlich vor).
       Mutter! Mutter!

Veronika (sich umwendend).   Jakob!
 Was hast du?

Jakob.   Rudolf kommt zurück — und auch
 Der Vater — Erlach auch!

Veronika.   Schon jetzt? Mein Gott!
 Was ist geschehn?

Jakob.   Zwei fremde Ritter sind
 Mit ihnen.

Veronika. Wer?

Jakob.   Die Sonne blendet mich,
 Ich kann's nicht sehen.

Rudolf (kommt atemlos zum Thor hereingelaufen).
       Mutter! Mutter! Gäste!

Veronika. Nicht eben sehr willkommen heute! Welche?

Rudolf. Die beiden Herrn von Thurn und Kiburg! — kamen
 Des Wegs von Bern. Am Saum des Waldes — weißt du —
 Beim Kreuze, wo des Klausners Hütte steht —
 Da trafen wir auf sie. Ich weiß nicht, was
 Sie brachten — aber Gutes nicht.

Veronika.   Was sagst du?

Rudolf. Vor Wut ganz außer sich geriet der Vater.

Veronika. O weh!

Rudolf.   Da sind sie!

Erster Akt.

Vierte Scene.

Vorige. Nidau, Erlach, Thurn und Kiburg kommen in heftigem Gespräch. Gottfried und des Grafen Jäger folgen.

Nidau (wütend). Mir zum Trotze, sagst du?
Thurn. Nein! Dir zum Hohne!
Erlach. Schürt doch nicht das Feuer.
Thurn. Beim frohen Mahle, das die Bürger Berns
Den neuen Bürgern gaben, tranken sie
Dein Wohl. Der eine von den Lumpen rief:
„Ein Hoch dem freundlichen Gebieter!" — Drauf
Der andre: „Weil er hoch uns hängen will!"
Und unter schallendem Gelächter stimmte
Der ganze Chor mit ein: „Dem Freunde Berns,
Dem Herrn zu Nidau!"
Nidau. Hängen sollen sie,
So wahr ich Nidau bin!
Veronika (besorgt zu Erlach). Die beiden Männer
Von gestern? nicht?
Erlach. Ja, gingen doch nach Bern
Und wurden Bürger gegen sein Verbot.
Daher der ganze Lärm.
Nidau. Sie sollen hängen,
Und müßte ich sie aus dem Weichbild Berns
Mir holen.
Kiburg. Eines Mannes Wort!
Thurn. Haha!
So meinst du wohl, daß sie sich scheu vor dir
Verkriechen hinter Mauern? So gering
Ist nicht ihr Uebermut. Wen Bern beschützt,
Zieht keck und sicher hin auf allen Straßen.
Ja, während wir hier reden, rüsten sie
Sich schon zur Heimfahrt wohlgemut —
Nidau. Sie wagen's?
Thurn. Und spotten deiner Drohung.
Nidau. Gottfried! Gottfried!
Laß Pferde satteln, schnell, für zwanzig Mann —
Die besten Pferde nimm! Thurn, sprichst du wahr?
Thurn. Gewiß!
Nidau. Sie ziehen heim?
Thurn. Am nächsten Morgen.

Nidau. Gut! — Gottfried, heiß die Leute auch sich waffnen
Und rüste dich zum Aufbruch selbst. Du führst sie.
Erlach (aufgeregt). Was willst du thun?
Nidau. Was? Einen guten Fang,
Daß ich mich weidlich freuen will.
(Zu Gottfried.)
Mach fort!
Erlach. Nein, steh!
(Zu Nidau.)
Den Wegelagrer willst du spielen?
Nidau. Ja, wenn es dir genehm ist.
Erlach. Nein, bei Gott!
Das sollst du nicht.
Nidau. Wer will mich hindern?
Erlach. Ich!
Denn wohl bedenken wirst du meine Worte.
Nidau. Nicht einmal hören werd' ich sie.
(Zu Gottfried.)
Fort! Fort!
Erlach. Nun denn, so führ mein Pferd gleich vor auch, Gottfried!
Ich breche augenblicklich auf.
(Er will in den Hintergrund eilen.)
Nidau (ihm in den Weg tretend). Halt da!
Ich weiß, worauf du sinnst. Du willst nach Bern,
Die Buben warnen.
Erlach. Ja, ich leugn' es nicht.
Sonst rennst du blind in dein Verderben. Schlecht
Kennst du die Berner, bildest du dir ein,
Sie werden, was du vor hast, in Geduld
Ertragen. Leicht kann aus dem tollen Streich
Ein blut'ger Tanz entstehn, zu dem in Flammen
All deine Schlösser leuchten.
Nidau. Oder Bern.
Schlecht kennst du mich, so du die Furcht mir predigst.
Erlach. Mein Pferd!
Nidau. Nicht von der Stelle! — Erlach — ich
Beschwör' dich, tritt mir jetzt nicht in den Weg —
Ich stehe nicht für mich — denn eh' ich's dulde,
Daß sie den Schlamm, dem sie entsprungen, mir
Ins Antlitz werfen, eh' —
Thurn. Wen wundert's noch,
Daß sie es wagen? Sind sie ihres Anwalts

Erster Akt.

Doch sicher selbst in deiner eignen Burg!
Hei! Berns gewalt'ger Schirm wirft seine Schatten
In deine nächste Nähe, mäßigend
Die gähe Hitze deines Zorns.

Nidau. Wer das
Behauptet, lügt. Und wer dies zu beweisen
Mir wehren will, der — Gott soll mich verdammen! —
Der —

(Da Erlach Miene macht, hinauszueilen.)

Erlach! bleib und reiz mich nicht!

Erlach. Leb wohl!
Nidau. So bist du mein Gefangner.
Erlach. Wie?
Nidau. Bis morgen.
Erlach. Nicht eine Stunde!
Nidau. Erlach! weich in Frieden!
Denn — weichst du nicht — bei meinem Eid! ich zwinge
Dich mit Gewalt.

Erlach. Gewalt? Wir wollen sehen.

(Er eilt dem Thore zu.)

Nidau (sich ihm entgegen werfend).

Zurück!

(Rasch zu den Knechten.)

Wehrt ihm den Ausgang! ich befehl's!

(Die Jäger des Grafen stellen sich vor das Thor und halten Erlach ihre Jagdspieße entgegen.)

Erlach (das Schwert ziehend).

Des Possenspiels! Gebt Raum! ich rat' es euch,
Wie Binsen sonst zerknick' ich eure Spieße.

Veronika. Um Gottes willen! Haltet ein! gebt nach!
Erlach. Ihr wißt nicht, was Ihr fordert, was es gilt!
Nidau. Die Falle nieder! schnell!
Erlach. Gebt Raum!

(Er geht entschlossen auf die Knechte los. Diese weichen zurück; doch in demselben Augenblick fällt rasselnd ein schweres Eisengitter im Thore zu Boden, dasselbe vollständig abschließend.)

Nidau. Nun geh —
Wenn du vermagst!

Erlach (heftig mit dem Fuße stampfend).

Ha! — Das ist mehr, als bir
Erlaubt, als ich zu dulden — — — O ich Thor,

Daß ich um ihn, der so mich kränkt, mich auch
Noch ängstige! — — — — — — — —
— — — — Es wird dich reuen, Nidau!
Du aber willst es. Hab's!

(Er wendet sich unmutig von Nidau und geht rasch in die Burg.)

Nidau (in sich hinein). Warum auch trat
Er so entgegen mir!

(Zu Thurn und Kiburg.)

Erlaubt mir, daß
Ich selbst den Anschlag vorbereite. Dann
Gehör' ich euch.

Kiburg (während Nidau mit Gottfried beiseite tritt und sich mit ihm bespricht, bedeutungsvoll zu Thurn). Er ist schon unser, denk' ich.

Thurn (ebenfalls mit gedämpfter Stimme).
Erwünschter Zufall! Diese Stimmung reißt
Ihn mit uns fort.

Kiburg. Dazu die stolze Braut
Aus des Savoyers fürstlichem Geschlecht,
Die wir ihm bieten für den Sohn!

Thurn. Er ist
Im Netz. Durch ihn gewinnen wir die Seinen —
Dem großen Bunde so das mächt'ge Haus
Der Neuenburger.

Veronika (auf der entgegengesetzten Seite trübselig zu Elisabeth und den Liebenden).
Unser schöner Abend!!

(Der Vorhang fällt.)

Zweiter Akt.

Erlachs Gemach im Schlosse Nidau.

Erste Scene.

Erlach, dann Elisabeth, Bertha, Veronika und Jakob.

Erlach (unruhig auf und ab gehend).
Will dieser bange Tag denn ewig währen? —

Zweiter Akt.

Geduld! Geduld! Es muß sich bald entscheiden,
Ob meine List gelang?
(Die Frauen, Bertha und Jakob treten ein.)

Erlach (zuerst die Seinen erblickend). Ihr kehrt zurück?
So habt Ihr meines Auftrags Euch entledigt,
Zum Walde nach dem Klausner ausgesendet?
Elisabeth. Unmöglich war's.
Erlach. Unmöglich?
Elisabeth. Immer noch
Geschlossen ist das Thor und niemand darf
Die Burg verlassen ohne Nibaus Wissen
Und eigenes Geheiß.
Erlach. So wollt' ich doch!
(Jetzt erst Veronika, die sich nähert, bemerkend und grüßend.)
Verzeiht mir, edle Frau!
Veronika (ihm die Hand reichend). Verzeihn? Habt Ihr
Verziehen?
Erlach. Was? Die Haft? Ich leugn' es nicht,
Daß ich als schwere Kränkung sie empfand.
Vom Freunde aber kann ich vieles dulden,
Was mir kein andrer bieten dürfte.
Veronika. Dann
Verschließt Euch hier nicht länger! Kommt hinab!
Begegnet ihm!
Erlach. An Nibau, denk' ich, ist's,
Den ersten Schritt zu thun. Ihr seufzt?
Veronika. Der denkt —
Weiß Gott, an was? Ihr seht mich sehr in Sorgen.
Nie sah ich ihn wie heut': so aufgeregt,
So unzugänglich schroff. Geschäftig eilt
Er hin und wieder, sendet Boten aus.
Erlach. Wohin?
Veronika. Nach Neuenburg zu unsern Vettern,
Ins Thal der Saane, tief ins Uechtland, ja
Ins Elsaß gar und nach dem Schwabenlande
An seine Kriegsgesellen.
Erlach. Böse Zeichen!
Veronika. Bis in die Nacht hinein hat gestern er
Gewacht im eifrigen Gespräche mit
Den Herrn von Thurn und Kiburg.
Erlach. Dacht' ich's doch!

Die edlen Herrn sind, hör' ich, sehr bemüht,
Zu hetzen gegen Bern.
Veronika. Sie ritten fort,
Sobald der Morgen graute. Doch es scheint,
Sie kehren bald zurück und nicht allein;
Denn scheidend riefen sie: „Auf Wiedersehen!"
Verständnis nickend rief auch Nidau so —
Mich aber hieß er für die nächsten Tage
Mein Haus auf viele Gäste vorbereiten.
Erlach. Und nun?
Veronika. Mit Ungedulb und Unmut harrt
Er nun auf seines Anschlags Ende.
Erlach (mit einem Lächeln des Triumphs). Harrt
Noch immer?
Veronika. Denkt Euch nun des Mannes Laune!
Erlach. Den Aerger gönnt' ich ihm und das von Herzen!
Veronika. So? Wenn sein Ingrimm wächst mit jeder Stunde
Und sie ihm nun die beiden armen Sünder
Gefangen bringen —
Erlach. Wenn!
Veronika. Ihr zweifelt dran?
Erlach. Ich zweifle. Doch nicht Ruhe kann ich finden,
Bis mir Gewißheit wird. O hätt' ich nur
Den Klausner hier! nur einen Augenblick!
Veronika. Und welchen Aufschluß soll der Klausner hier
Uns geben? — Ich begreife nicht —
Jakob (der bereits aufgehorcht hat, rasch einfallend). Wenn Ihr
Den Bruder Martin meint —
Erlach. Wen sonst?
Jakob. Nach dem
Schickt Ihr vergebens aus; der ist verschwunden.
Erlach. Verschwunden?
Elisabeth (die ihn forschend ansieht). Was bewegt dich so?
Erlach (abwehrend). Still! still!
(Zu Jakob.)
Wer sagte dir?
Jakob. Die Fischer haben es
Erzählt, die heute kamen in die Burg,
Die Küche für den Fasttag zu versorgen. —
Schon gestern, spät am Abend noch, hat man
Vergebens ihn gesucht. Ein Sterbender
Begehrte sein. Doch leer fand man die Hütte.

Zweiter Akt.

Auch heute hat kein Aug' ihn noch gesehen.
Man ist in Angst um ihn.
Erlach. Der eble Greis!
Er hat sich selbst des Werkes angenommen
Und Gott hat seine fromme Müh' gelohnt —
Kein Zweifel!
Elisabeth (immer unruhiger werdend). Welche Mühe? welches Werk?
Erlach. Laßt dies, ich bitt' euch, mein Geheimnis bleiben!
Nur meine Freude teilt mit mir —
Elisabeth. Du meinst?
Erlach. Mißlungen sei der Streich — und fleht zu Gott,
Daß mich kein Wahn bethöre!
(In diesem Augenblicke hört man einen starken Trompetenstoß. Alle fahren zusammen.)
Veronika (ans Fenster eilend). Was ist das?
Erlach. Der Türmer stieß ins Horn. Was ist?
Veronika. Nichts — nichts!
Ich sehe nichts. Und dachte schon, sie kämen.
Erlach. Nun, einmal müssen sie wohl kommen, können
Im Hinterhalt nicht ewig liegen bleiben.
Elisabeth. O des unsel'gen, unberufnen Eifers!
Erlach. Elisabeth! Was ficht dich an?
Elisabeth. Ich wollte,
Du hättest nichts gethan in dieser Sache.
Erlach. Woher denn weißt du, daß ich was gethan?
Elisabeth. Verrät es nicht mir deine Zuversicht? —
O, kommen seh' ich's, seh' den Zwiespalt wachsen,
Ja, die Entzweiung drohn — durch sie verscherzt
Die mächt'ge Freundschaft, die dich hält und hebt,
Durch sie vernichtet jede stolze Hoffnung,
Zerstört des lieben Kindes Glück!
Erlach (betroffen). Wie?
Bertha. Mutter!
Veronika. Was thut ihr?
Elisabeth. Laßt mich ihm die Augen öffnen!
Veronika. Nein! jetzt nicht — nicht in dieser Stunde —
Erlach. Laßt
Sie reden! Unbedacht, so scheint's, wird hier
Gespielt mit ernsten Dingen.
Elisabeth. Nicht von mir.
Erlach (sieht Bertha forschend an). Warum errötet meine Tochter?
Bertha. Nicht
Um eines Unrechts willen, glaub mir, Vater!

Erlach. Ich glaube dir. Dies ist der Unschuld Blick.
Doch seh' ich Thränen plötzlich ihn umwölken.
Wer — wer hat dich gekränkt?
Bertha. O zürne nicht!
Sie wollten ja mein Glück. Im Herzen, sieh,
War eine Liebe still und unbewußt
Mir aufgeblüht — erkannt, ward sie zum Leide;
Denn nicht zu hoffen wagte ich. O schilt
Sie nicht, weil sie zu hoffen mich gelehrt!
Soll ich entsagen wieder, zucken wohl
Wird dieses arme Herz — doch wieder sich
Beruhigen, sein Leid still wieder tragen —
Und ohne Klage, wenn nur du nicht zürnst,
Mein Vater, du! (Schluchzen erstickt ihre Stimme.)
Erlach (sie in die Arme schließend). Was habt ihr da gemacht?
Das Liebste auf der Welt ist mir dies Kind —
Und wer ihm Leid bereitet —
(In diesem Augenblick hört man von außen die Stimme Hugos.)
Mutter! Mutter!
Veronika (erschrocken). Mein Hugo! Welcher Unstern führt auch ihn
Hierher in dieser Stunde?

Zweite Scene.

Vorige. **Hugo** stürzt aufgeregt herein.

Hugo. Gott sei Dank,
Daß ich dich finde! Ich beschwör' dich, steh
Mir bei, o Mutter, willst du nicht, daß ich
Verzweifle.
Veronika. Du bist außer dir. Was ist
Geschehn?
Hugo. Ich soll noch heute nach Chillon.
Veronika. Was dort?
Hugo. Zu werben um die jüngre Tochter
Des Grafen von Savoyen.
Bertha. Ach!
(Mit diesem schmerzlichen Ausruf verbirgt sie ihr Gesicht an Erlachs Brust. Dieser macht eine bedeutungsvolle Bewegung des Verständnisses.)
Veronika. Wer sagt das?
Hugo. Der Vater will's. Von ernsten Zeiten sprach er,

Von dem Gebot, durch enge Bande uns
Den Mächtigen und Großen anzuschließen.
Noch mehr! Ich aber sah und hörte nichts mehr —
Denn heiß aufwallend schon drang mir das Blut
In Aug und Ohr.
Veronika. Und deine Antwort?
Hugo. Wie?
Du kannst noch fragen? Nein und dreimal nein!
Veronika. Unseliger! so rasch hast du gewagt —
Hugo. Gewagt? — Ich will verdammt sein, so der Mut
Mir fehlt, zu trotzen seinem Zorn. So wahr
Ich diese Jungfrau liebe — und so wahr
Sie meine Braut durch deinen —
(Zu Elisabeth.)
Euren Segen,
So wahr, wenn Ihr den Kelch nicht von mir wendet,
In Stücke schlag' ich ihn mit eigner Hand.
Erlach. Was hör' ich? Seine Braut durch Euren Segen?
So weit seid Ihr gegangen?
(Zu Elisabeth.) Thöricht Weib!
So sehr vergessen hast du deine Würde
Und unsres Kindes Ehre?
Elisabeth (zu Veronika). Seht Ihr, seht Ihr?
Wer hat gezögert, wer gewarnt, gezweifelt?
Wer war so sicher des Erfolges?
Veronika. Ich!
Ja, ich allein bin schuldig — bin es gern.
(Zu Hugo.)
Wie ließest du den Vater?
Hugo. Bleich vor Wut,
Die Faust geballt, stand er mir gegenüber.
Da tönt vom Turm das Horn. Er horcht und schweigt.
Ein Knecht stürzt ins Gemach und sucht ihn. Drohend
Noch einmal wendet er nach mir sich um
Und geht.
Veronika. So kam der Sturm noch nicht zum Ausbruch.
Vielleicht beschwör' ich ihn.
(Sie will hinaus.)
Erlach. Verweilt und hört!
Kraft meines Vaterrechts erklär' ich, was
Hier ohne mich geschehn, für null und nichtig.
Hugo. Das könnt Ihr, dürft Ihr nicht.

Veronika. Fragt Euer Herz,
Ob Ihr es sollt?
Erlach. Mein Herz? Es darf nicht reden.
Drum besser ist's, ich handle, eh' es spricht,
Und trenne dieses Bündnis —
(Abermaliges Zeichen des Türmers mit dem Horn.)
Veronika. Noch ein Zeichen!
Dann naht sich wer der Burg.
Jakob (der ans Fenster geeilt ist). O seht nur, seht!
Veronika (hinaussehend). O Gott!
Erlach. Was ist?
Veronika. Sie kommen — kommen.
Erlach. Wer?
Veronika. Der ausgesandte Trupp. Seht! Gottfried sprengt
Voran — der Brücke zu.
Erlach (an ihrer Seite). Ja!
Veronika. Seht Ihr auch
Die beiden Männer, wie sie auf die Pferde
Gebunden mit sich schleppen?
Erlach. Gottes Tod!
Ihm doch ins Garn gefallen!
Veronika. O des Unheils,
Das auf uns einstürmt, ach! von allen Seiten!
Erlach. Bei meinem Eid! Er soll Gewaltthat nicht
An unbewehrten Bürgern üben. Gält's
Mein Leben, ich verwehr' es ihm. Hinab!
(Er stürzt hinaus. Alle folgen ihm.)

Verwandlung: Tiefe Halle.

Dritte Scene.

*Nidau tritt hastig auf. Knechte mit Stricken folgen ihm. Dann Gottfried,
noch etwas später Erlach, Veronika, Elisabeth, Bertha und Hugo.*

Nidau. Sie kommen. Fort! an eure Posten!
(Die Knechte ziehen sich zurück. Nidau eilt an ein Fenster und ballt drohend die
Faust hinaus.)
Wartet!
Ihr sollt mir nun den Trotz und euren Spott,
Den Aerger büßen und die Ungeduld.
Ich will euch züchtigen mit allen Qualen,

Zweiter Akt.

Die Todesangst in feigen Herzen weckt,
Und diesen Tag euch ins Gedächtnis schreiben,
Daß ihr Zeitlebens sein gedenken sollt.
　　　　　(Gottfried tritt auf, mit verbundenem Kopfe.)
Gottfried. Herr Graf, wir h a b e n sie.
Nidau. 　　　　　　　　　　　　　　Zu deinem Glück!
Ihr wart nicht allzu hurtig. Was? verwundet?
Gottfried. Hat nichts zu sagen.
Nidau. 　　　　　　　　　　Wehrten sich die Hunde?
Gottfried. Das will ich meinen — und nicht faul — das heißt —
　　　(Erlach erscheint im Hintergrunde mit den Frauen, Bertha und Hugo.)
Nidau (sie erblickend, betroffen und ärgerlich).
Was seh' ich? Erlach hier? — und richtig auch
Die Frauen hinterher! So wollt' ich doch!
　　　　　　　(Auf die Frauen losfahrend.)
Wer hat hierher zu kommen euch erlaubt?
Befahl ich nicht vielmehr, daß ihr zurück
Euch zieht, sobald das Horn vom Turme tönt? —
Und d u auch, Erlach! hieltest grollend du
Von mir dich fern bis jetzt, was trittst du vor
Mich hin in eben diesem Augenblick —
Dem ungelegensten? Was wollt ihr?
Erlach. 　　　　　　　　　　　　　Sehen,
Ob Nidau wirklich sich entehrt?
Nidau. 　　　　　　　　　　　Ha! — — Wer
Hat dich bestellt zum Wächter meiner Ehre?
Bei Gott! Du wagst zu viel. Erfahre denn,
Daß Nidaus Thun kein Auge scheut, auch dein's nicht.
An nichts soll deine Gegenwart mich hindern,
Mir nichts verderben können.
　　　　　　　　(Zu den Frauen.)
　　　　　　　　　　　　Aber Ihr —
Entfernt euch augenblicklich!
Veronika. 　　　　　　　Nimmermehr.
Nidau. Fort, fort! Ein Schauspiel wird es geben hier,
Das nicht für Frauen ist und Frauensinne.
Veronika. Wir weichen nicht von dieser Stelle.
Nidau. 　　　　　　　　　　　　　　　Nicht?
Nun denn — so bleibt nur, bleibt auch ihr — doch schwör'
Ich euch, daß kein Gewinsel mich bewegen,
Kein Schrei, ja keine Ohnmacht rühren soll.

Veronika. Mein Gott!
Erlach. Da sind sie. Ruhe, Fassung, Mut!

Vierte Scene.

Vorige. Im Hintergrunde erscheinen Reisige, in ihrer Mitte als Gefangene Neunhaupt und Rust.

Nidau (auf die eben Vorgeführten heftig losgehend).
 Ah! ah! Da seid ihr ja, ihr lieben Leute!
 Erbärmliche Gesellen!
  (Wie er sie ins Auge faßt, prallt er bestürzt zurück.)
     Was ist das?
 Mein Auge höhnt mich — oder —
Neunhaupt (der sich keck vor ihn hinstellt, lachend). Muß wohl sein,
 Herr Graf! Ihr würdet so uns sonst nicht grüßen.
 Blitz! keine festeren Gesellen gibt's
 In Bern, als mich und den.
Nidau (zu Gottfried).   Schuft!
Gottfried.   Herr! —
Nidau.   Was hast
 Du da gemacht, was für Gesindel da
 Vom Weg mir aufgelesen?
Gottfried (dem es die Sprache verschlägt). Nun — die, die —
Nidau. Erstick an deinem „die"! Wo ist der Ulrich,
 Der sie doch kannte?
Gottfried.   Der ist unterwegs
 Vom Pferd gestürzt und mußte, schwer verletzt,
 Zurück in einer Hütte bleiben. Nun —
 So dacht' ich denn, ich würd' auch ohne ihn —
Nidau. Verdammter Spuk!
Neunhaupt.   Was? Sind wir nicht die Rechten?
 Ich dächte doch, wir wären rechte Kerls.
Nidau (ihn groß ansehend). Ha! unerhörte Frechheit!
Rust (der etwas finster und verdutzt umhersieht, stößt Neunhaupt ängstlich warnend
   mit dem Ellbogen).   Du!
Nidau (zu Neunhaupt barsch).   Wer bist du?
Neunhaupt (ohne sich irgendwie einschüchtern zu lassen).
 Ich? Mit Verlaub, ich bin der Neunhaupt, Bürger
 Von Bern, insonderheit von der Gesellschaft,
 Die dort „beim Affen" heißt.

Nidau. Ein Affe selbst!
Neunhaupt.
Nun, wie Ihr's nehmen mögt: an Geist ein Neunhaupt
Mit neunfachem Gehirn und einem Schädel
So hart wie neun zusammen — doch in Pfiffen,
An List, Gewandtheit, Munterkeit ein Affe —
Besonders, wenn es wo zu klettern gilt:
Zum Beispiel auf die Mauern einer Burg.
Rust (wie oben flüsternd).
Pest! nicht so keck!
Nidau. Der Worte! Welchen Zeichens,
Von welchem Handwerk, welcher Zunft du bist?
Das will ich wissen.
Neunhaupt. Gleich bedien' ich Euch.
Was uns in Bern Gesellschaft heißt „beim Affen" —
Steinbrecher sind's, — das heißt, sie brechen Steine
Und mit den Steinen, die sie brechen, bricht
Man auch, was da von Stein ist. Meister Burkhard,
Der, der die Blyden baut, draus man sie schleudert,
Hat's oft gezeigt den Feinden unsrer Stadt.
(Da Nidau auffährt.)
Erzürnt Euch nicht. Ich sag' das nur, um Euch
Zu zeigen, was für Leute von Gewicht
Die Männer sind vom „Affen". Element
Steht man so hohem Herrn genüber, will
Man auch was gelten.
Nidau. Still!
(Auf Rust deutend.)
Laß den da reden.
Der scheint mir zahmern Sinns.
Neunhaupt. Der zahm? In Bern
Gibt's keinen ärgern Stänker und Krakehler,
Als den. Er ist ein Gerber — aber glaubt mir,
Er gerbt viel lieber andrer Leute Fell
Als Leder und sein eignes Fell ist längst
Zu Leder umgegerbt. Der Teufel weiß,
Warum er jetzt so fromme Mienen schneidet?
Rust. Ich bitt' Euch, Herr, glaubt dem kein Sterbenswort —
Der lügt, so oft er 's Maul zum Reden aufthut.
Neunhaupt. Ich?
Rust. Bin ein lustiger Kumpan, nichts weiter,
Der seinen Spaß liebt, ob's auch Schläge setzt —

Doch nur, wenn unter uns wir sind, wir Leute
Vom Handwerk, sonst bin ich ein harmlos Kind.
Vor edlen Herrn zieh' ich die Mütze stets
Wie sich gebührt, in Ehrfurcht.
Neunhaupt.   Pharisäer!
Rust. Drum weil ich Euch doch nichts zuleid gethan,
Ein Zufall nur in Eure Hand mich gab —
Gottfried (erbost einfallend).
Ein Zufall? Was? ein Zufall wär's gewesen,
Daß ihr am Wege herfielt über uns?
Nidau. Was? Ueber euch her fielen sie — die beiden?
Gottfried. Nein, ihrer mehr. Vier liegen tot im Sand,
Die andern liefen.
Nidau.   Welche andern?
Gottfried.   Nun
Die Spießgesellen.
Nidau.   Immer bunter wird's.
Gottfried (auf Rust deutend).
Den Wolf im Schafspelz möcht' er wieder spielen,
Wie er am Heerweg that. O der versteht's!
Kommt da gezogen friedlich sacht mit dem,
Als wären's Leute, die·kein Wasser trüben,
Ein blödes Paar von Wandrern ohne Harm.
Neunhaupt. Auf solche warst du aus, gelt, wackrer Junge?
Gottfried. Ich ruf' sie an. Auch jeden andern hätt'
Ihr falscher Schreck, ihr Wort voll Trug getäuscht.
„Sie sind's!" ruf' ich den Knappen zu und lege
Selbst Hand an den. Der aber zieht ein Messer —
Rust (zwischen den Zähnen).
Hätt' ich es doch dir in den Hals gebohrt!
Gottfried. Der andre pfeift. Da springen aus dem Busch
Die Helfershelfer — und ein Raufen gibt's,
Ein tolles, Herr, bei dem wir doch zuletzt
Sie niederzwangen.
Neunhaupt.   Zwanzig gegen neun!
Hei, welch ein Sieg! o Held!
Gottfried.   Was? Spott noch?
Nidau.   Ruhe!
Hier ist Verrat im Spiel.
              (Zu Rust und Neunhaupt.)
                         Antwortet ihr!
Wie kamt ihr zu dem Strauß?

Zweiter Akt.

Neunhaupt. Ganz einfach.
Rust. Still!
Schweig still! es kostet uns den Kopf.
Neunhaupt. Was? Furcht?
Ein Berner Kind? Wer uns ein Haar krümmt, hat's
Zu thun mit tausend Kerls von unserm Schlag.
Drum spricht der Berner grob weg von der Leber.
Herr! wie Ihr auch den Spaß uns nehmen mögt,
Grad oder krumm —
Nidau. Den Spaß? Ich sage euch,
Ihr sollt mit mir nicht spaßen.
Neunhaupt. Schwer, Herr Graf!
Denn jeder Vogel singt nur seine Weise.
Spaßvögel aber sind wir. Eben deshalb
Auch waren wir lang nach der Feuerglocke
Noch laut und munter in den Gassen Berns.
Spaßvögel haben die Natur von Eulen
Und Fledermäusen, lieben's zu rumoren,
Zu schwärmen erst, wenn anderes Geflügel
Zusammenduckt und schläft. Heut' mitternacht
Galt einem Juden unser kecker Spuk —
Auf Juden haben wir's besonders scharf.
Wie wir so schleichen zu des Schächers Haus,
Gewillt, ihn aus den Federn aufzujagen
Mit Feuerjoh! da sehn wir Fackeln schimmern
Und Hellebarden blitzen. Alle Teufel!
Die Runde. Was? — Wir nehmen's auf mit ihr.
— Nein! Bursche von der Thorwacht waren's, uns
Gar wohl bekannt. In ihrer Mitte führten
Sie einen Greis — dem Kleid nach einen Klausner.
(Erlach horcht auf und wirft den Frauen einen bedeutungsvollen Blick zu.)
Gottfried (stutzend und unruhig).
Was? Klausner?
Neunhaupt. Müd zu Tode war der Alte
Von harter Wanderung. War stundenweit
In Eile hergekommen, um die Stadt
Zu warnen — eines Anschlags wegen —
Nidau. Ha!
Gottfried (fährt bestürzt heraus).
Der Bruder Martin! (Beißt sich aber gleich in die Lippen.)
Nidau (wirft einen scharfen Blick auf ihn, herrscht aber Neunhaupt zu).
Weiter!

Neunhaupt. Frug nach Leuten,
Die eben erst das Burgrecht nahmen, sprach
Von Reisigen des Nidauers, die wo
Im Hinterhalte lägen, sie zu fangen. —
Zum Venner ging's. Wir immer nebenher,
Kein Wort verlierend. Unser Venner nahm
Den Klausner ins Verhör erst, sandte dann
Zu jenen neuen Bürgern den Befehl,
Sich bis auf weitres aus dem Weichbild Berns
Nicht zu entfernen — nahm den Klausner selbst
Als Gast ins Haus, entließ die Wacht — uns hieß
Er friedlich heimgehn und von allem nichts
Verlauten, weil sonst unnütz Lärm entstünde.

Erlach. Der weise Venner!

Neunhaupt. Diese Mahnung war
Sein letztes Wort; er sperrte seine Thür.
Wir aber murrten — uns gefiel das nicht.
Wir hätten lieber Lärm geschlagen. — „Was?
Wer Bern geschworen hat und Bern gehört,
Sollt' sich aus Bern heraus nicht trauen dürfen,
Wie in der Falle brin gefangen sein,
Wenn's einem von den großen Herrn beliebte,
Den Weg zu sperren? — Frisch, Gesellen! laßt
Dem Juden heut' noch Ruhe. Auf! hinaus!
Wir wollen sehen, wer uns aufhält. — Nein!
Wir wollen selbst die Stegreifritter klopfen
Und heim zu ihrem Meister schicken. Mit
Zerbläuten Rücken, blut'gen Köpfen! Ja!
Das wollen wir!" — So kam's, daß wir hinaus
Gezogen zu dem Spaß. Wie er uns endlich
Bekam, Ihr wißt's. Doch bei Sankt Vinzenz, Herr,
Dem Schutzpatron von Bern! es war kein schlechter!
Der Teufel soll mich holen, reut er mich!

Nidau (nach kurzer drohender Pause, im scharfen Tone zu Gottfried).
An dir jetzt!

Gottfried. Was?

Nidau. Zu beichten auf der Stelle,
Wenn du nicht hängen willst mit diesen.

Neunhaupt (doch etwas betroffen). Hängen?

Rust (der während der Erzählung sehr unruhig geworden ist und öfter im Unmut
mit dem Fuße gestampft hat, spricht vor sich hin).
Nun ja, da kommt's!

Zweiter Akt.

Gottfried (nach Worten ringend). Herr Graf, ich bitt' Euch, glaubt —
Nidau. Daß du an mir gehandelt wie ein Schelm.
Gottfried. Gott ist mein Zeuge —
Nidau. Willst du reden?
(Er ruft den Knechten mit lauter Stimme zu:)
Vor!
Legt Hand ans Werk!
(Die Knechte stürzen vor; je zwei derselben bemächtigen sich sofort Ruits und Neunhaupts.)
Nidau (auf Gottfried zeigend). Und bindet mir auch den!
Gottfried. Herr! ich bin schuldlos —
(Auf Erlach deutend.)
Hier, der Ritter —
Nidau. Wer?
Gottfried. Verzeiht! Ich muß es sagen.
Erlach. Sprich!
Gottfried. Er ließ
Mich bitten, wenn ich reite, unterwegs
Dem Klausner seinen Gruß zu bringen, auch
Zu sagen, daß er nicht sein Wort erfüllen,
Am selben Tage nicht mehr kommen könne.
Nidau. Und diesen Gruß hast du bestellt — und schwatzhaft
Hinzugesetzt, warum der Ritter nicht
Zum Klausner kommen könne — nicht?
Gottfried. Nun ja!
Er sah mich so erstaunt und fragend an.
Nidau. Genug! (Zu Erlach im Tone bitteren Vorwurfs.)
Zum Narren hast du mich gemacht,
Zum Kinderspott! Nicht nur die Freundespflicht,
Nicht nur die Ehrfurcht vor dem Lehensherrn,
Das Gastrecht auch hast du verletzt.
Erlach. Nicht weiter!
Nicht an das heil'ge Gastrecht mahne mich,
Das du, du selbst mit Füßen hast getreten,
Da du an meiner Freiheit dich vergingst.
Wenn einer hier zu klagen hat, bin ich es.
Ich aber duldete, vergab und schwieg
Bis jetzt.
Nidau. Weil du frohlocktest über mich,
Den du mit List zu hintergehen dachtest.
Erlach. Erlaubter List, da die Gewalt mir wehrte,

Ein Unheil abzuwenden — nicht von mir —
Von deinem Haupt in treuer Freundessorge.
Nidau. Der Sorge, die am Gängelbande mich
Zu führen sich vermißt, bin ich entwachsen,
Des Eifers müde, der mich meistern will.
Erlach. Nidau!
Elisabeth. Graf!
Veronika (gleichzeitig im Tone beschwichtigender Bitte).
Rudolf!
Nidau (die Frauen von sich weisend). Still! Ich rat' es euch,
Mir jetzt nicht in den Weg zu treten.
(Mit einem zornigen Blick auf Hugo und Bertha und mit scharfer Betonung:)
Wahrlich!
Ihr wählt die schlimmste Stunde, mich zu mahnen,
Wie gern ihr die Vermittlerinnen spielt —
Erlach (sehr aufgeregt).
Weib! Mädchen! Her zu mir! nicht euch soll er
Beleidigen.
Veronika. O Gott!
Nidau. Geht! geht! Ihr alle
Seid wider mich mit ihm verschworen. Aber
So wahr ich Nidau bin, ihr sollt erfahren,
Wer hier Gebieter ist.
(Zu Rust und Neunhaupt gewendet.)
Zu euch erst, Buben,
Die ihr zum Zeitvertreibe mich geprellt!
Ich will euch prellen lassen, daß der Atem
Euch fehlen soll, zu lachen über mich.
Macht kurz Gericht mit ihnen. Knüpft sie auf!
Sind's auch die rechten nicht, sind's rechte Kerls
Doch für den Galgen.
Rust (in großer Angst, aber nicht lächerlich). Pest!
Neunhaupt (der auch ernster geworden ist). Herr Graf, bedenkt,
Wie viel Ihr wagen dürft?
Nidau. Den da — den hängt mir
Mit dem Gesicht nach Bern, auf das er pocht.
Neunhaupt. So wär' das Ernst?
Rust (ausbrechend gegen Neunhaupt). Mit deinem großen Maul
Hast du den Strick uns um den Hals geredet.
Jetzt kannst du mit den Zähnen klappern, gelt?
Neunhaupt. Wer? — ich? — das lügst du! —

Zweiter Akt.

Rust. Nur noch einmal möcht' ich,
Bevor ich baumle, frei die Hände haben —
Ich wollte dich —
Nidau (den Knechten winkend). Macht das im Jenseits ab!
Rust (in sich hinein). Der Teufel hol' den Trotz! sonst holt er mich.
(Vor Nidau auf die Kniee fallend.)
Laßt Gnade, Herr, für Recht ergehen!
Nidau. Nein!
Und fort mit ihnen! fort!
(Da die Knechte noch zögern und ihn fragend ansehen, heftig mit dem Fuße stampfend.)
Was zaudert ihr?
Fort, sag' ich, fort!
(Rust wird emporgerissen, während Neunhaupt den heftigsten Kampf zwischen unbändigem Trotz und erwachendem Todesgrauen ausdrückt. Die Knechte drohen beide fortzuschleppen.)

Erlach (mit mächtiger Stimme). Bei des Erlösers Wunden!
Beschwör' ich dich — halt ein! — und eh' du dich
Mit Schmach bedeckst, vernimm des Freundes Stimme!
Zum letztenmale hörst du sie —
Nidau. Ha! das —
Das drohst du mir?
Erlach. Zum letztenmal, wofern
Sie machtlos jetzt verhallt. Ich sag' mich los
Von dir zur Stunde —
Nidau. Erlach!
Erlach. Und wie von
Verfluchter Stätte, flieh' ich deine Nähe,
Wenn ich in dir, den ich als Helden ehrte,
Den Henker sehen muß. Bewahre mich
Vor dieser schrecklichsten Erfahrung — sorge,
Daß Erlachs Liebe in Verachtung nicht —
Nidau (aufschreiend). Verachtung? Oh!
Erlach (gepreßt). Sich wandeln müsse — spare
Mir diesen tiefen Schmerz um dich!
(Pause.)
Nidau (schwer atmend). Genug —
Genug der Possen! — Arg vergällt fürwahr —
Ist mir die Lust zu lachen. — Laßt sie los!
Entledigt sie der Bande! — Sicherlich —
Auf ihren bleichen Angesichtern steht's
Geschrieben: sie gedenken dieser Stunde.
Mehr will — und wollt' ich nicht — bei meiner Ehre!

Ob diese gleich so hoch steht, daß sie mehr nicht
Befleckt kann werden, würg' ich solch Gezücht,
Als durch den Tod des Wurms, den ich zertrete.
Und nie — bei Gott! — ob auch blind wütend oft
In erster Hitze, nie hat Nidau grausam
Sich je gezeigt in überlegtem Plan.
(Bitter zu Erlach und den Frauen.)
Ihr freilich, ihr habt es ihm zugetraut!
Um frechen Uebermut zu züchtigen,
Wollt' ich nur eine Stunde grausam scheinen.
Ihr nahmt's für blut'gen Ernst und hättet bald
Zu blut'gem Ernste mich getrieben.
(Zu seinen Leuten gewendet.)
Macht
Das Thor den Lumpen auf! Sie mögen laufen
Gepeitschten Hunden gleich, daß sie, den Schrecken
Noch in den Gliedern, Bern erreichen. Fort!

Neunhaupt (den man zuerst losgebunden hat).
Den schönsten Dank! Der Neunhaupt, seid gewiß,
Wird dieser Stunde denken.

Rust (der Bande entledigt, indem er die Arme ausstreckt, zu Neunhaupt).
So! Nun freu dich!
Wenn wir erst draußen sind, will ich dich fassen.

Nidau. Hinweg! daß ich nicht doch die kecke Stirn
Euch breche.

Neunhaupt. Gott erhalt' Euch nur gesund,
Herr Graf, bis wir uns wiedersehn!

(Er eilt hinaus. Rust folgt ihm, die Faust nach ihm ballend. Gottfried, alle
Knechte und Reisigen entfernen sich ebenfalls.)

Fünfte Scene.

Vorige, ohne die Genannten. Nidau steht mit verschränkten Armen, finster zu
Boden blickend, da.

Erlach (sich ihm nähernd, sehr warm, doch anfangs in gedämpftem Tone).
Vergib,
Wenn ich im Eifer für des Freundes Glück
Und Ehre dich verkannt, dich schwer gekränkt!
Aufatmend dank' ich dir aus tiefstem Herzen
Und stehe gern beschämt vor dir. Gelobt

Zweiter Akt.

Sei Gott! Die Wetterwolke, die so finster
Schon über deinem Haupte hing, zerstiebt —
Im Sand verlischt die Fackel, die, so vorschnell
Ins Land geworfen, wilden Brand ihm drohte.
Gelobt sei Gott!

Nidau. Ich aber — sage dir:
In Täuschung wiegst du dich. Nicht ungeahndet
Läßt Nidau die Verhöhnung seines Namens,
Weil er sie nicht an einzelnen gestraft.
Entschlossen, wisse, bin ich nach wie vor,
Den kecken Trotz zu brechen — doch sei ruhig! —
Als „Henker" nicht, als Mann und Held — entschlossen,
Das Nest ihm zu zerstören, drin er brütet,
Das Haupt ihm zu zertreten mit den Gliedern —
Entschlossen, sag' ich dir, zum Krieg mit Bern.

Erlach (aufs neue sehr erregt).
Nein, nein! so schnell nicht trübe mir die Freude,
So schnell nicht rüttle wieder auf die Sorge!

Nidau. Zur That schon ward die Feindschaft, schon ist Blut
Geflossen.

Erlach. Wahr!

Nidau. Meinst du, ich werde harren,
Bis Bern, gerüstet, Rechenschaft von mir
Begehrt auch für den Angstschweiß dieser Buben?
Und meinen Kopf verwett' ich: dieser edle
Und würdige Senat, er fordert sie.

Erlach. Komm ihm zuvor! Laß mich nach Bern und gönne
Des Streits Vermittlung mir!

Nidau (verbissen). Ich will sie nicht.

Erlach. Unseliger! Als Opfer gleichen Stolzes
Ist manches starke Herz zu früh gebrochen
Und manche Stirn von Eisen doch zerschellt
An Berns gewalt'gen Mauern. Köstlich Blut
Ward so in ungleich tollem Streit vergossen —

Nidau (einfallend). In ungleich tollem! — Nidau ist es heut',
Der Bern die Fehde kündet.

Erlach. Poche nicht
Auf deines Hauses Macht und Größe. Ob
Es herrsche auch im Turm zu Neuenburg
Und in des Jura viel verschlung'nen Thälern,
Am Rhein und an der Aar, wie zahlreich auch
Die Banner und die Helme, die ihm folgen —

Auch nicht vereint, nicht Mann an Mann vermag es
Im Kampfe zu bestehen wider Bern.
Nidau. Und wär' es auch so — es ist nicht; denn diesmal —
O dürft' ich reden! — doch ich sage: wär's!
Der Würfel liegt, die Ehre ist verpfändet.
Erlach. Des Wahns!
Nidau.   Und mit dem Schwert lös' ich sie ein.
Kein Wort mehr! Still! — Zum zweitenmale nicht
In einer Stunde duld' ich es, von dir
Behandelt mich zu sehn gleich einem Tollen.
Im Irrtum bist du diesmal auch, ich schwör's.
Der Himmel gebe, daß, erkennst du ihn,
Auch dann, wie eben erst, ein Lächeln des
Beschämten Mund umspiele, offenbarend:
Was gegen mich so weit dich hingerissen,
Der Eifer war es nur, der edle für
Des Freundes Heil und Ruhm!
Erlach.   Du zweifelst?
Nidau.   Still!
Die Stunde kommt, die es erproben soll —
Erproben mir dein Herz und deine Treue.
Der Himmel gebe, daß du sie bestehst!
Still, still! die Stunde kommt.

(Er geht in größter Bewegung ab.)

Sechste Scene.

Erlach, Elisabeth, Veronika, Bertha und Hugo.

Erlach (mit raschem Entschluß). Lebt wohl!
Veronika.   Wohin?
Erlach. Nach Bern, ihm in den starken Arm zu fallen,
Bevor er ausholt zum Vernichtungsschlage.
Veronika. O Gott!
Erlach.   Indes verglüht wohl Nidaus Zorn
Und weisern Sinnes —
Veronika.   Hofft Ihr?
Erlach.   Laßt mich hoffen —
Und lebet wohl!

(Er will forteilen. Da fällt sein Blick auf Bertha. Er sieht sie traurig an.)

Zweiter Akt.

     Sieh da, mein Kind! In Angst
Um ihn vergaß ich dein. — Ihr, meine Gattin
Und meine Tochter! rüstet euch zur Reise.
Den Kurt mit noch zwei Knechten send' ich euch;
Sie sollen euch geleiten.
Elisabeth.   Uns geleiten?
Wohin?
Erlach. In unsre Einsamkeit zurück
Nach Richenbach, wo wild die Aare schäumt,
Doch stillem Frieden günstig blüht die Flur
Und Waldesdunkel milde Schatten wirft
Auf zahme Halden. Dort ist schön zu weilen —
    (Mit einem Blick auf Bertha.)
Dort, hoff' ich, wird Genesung jedem Leid.
Ich wollt', ich wäre nie von dort gegangen!
Ich that's, ihr wißt es, ihm zuliebe, ungern,
Wie auch sein Wunsch mich ehrte und erfreute.
Gedrängt nicht hab' ich mich in seine Nähe —
Wir meiden sie, da heut' mein offnes Wort,
Mein unabhängig Thun ihm Eingriff dünkt
In seine Herrenrechte. Doch — er soll,
Indes ich die Gefahr vom Haupt ihm wende,
Erfahren auch zugleich, wie heilig mir
Der Friede seines Hauses ist.
Hugo.   Gott! Gott!
Versteh' ich die Bedeutung dieser Stunde,
So droht sie meinem Glück —
Erlach.   Still, Jüngling, bei
Dem Herzen, das vielleicht um dich verblutet!
Schweigt alle, so ihr Erlach ehrt!
    (Zu den Seinen.)
        Zieht heim
Mit Gott! In wenig Tagen folg' ich euch.
    (Er eilt hinaus.)
    (Der Vorhang fällt.)

Dritter Akt.

Halle zu Nidau.

Erste Scene.

Der Knabe Rudolf an einem Erkerfenster. Aus dem links anstoßenden Saale, dessen Thür eben geöffnet wird, indem Gottfried heraustritt, bringt Lärm von Zechenden und laut Redenden auf die Bühne. Im Hintergrunde gehen Diener ab und zu. Später kommen Nidau und Thurn aus dem Saale.

Gottfried (den Dienern zurufend).
Mehr Wein! Die Herrn erhitzen sich. Da werden
Im Nu die Becher leer.
(Starker Trompetenstoß des Thürmers.)
                    Oho! schon wieder?
Wie oft denn heute noch?
Rudolf.   Schau, Gottfried!
Gottfried.   Was?
Rudolf. Die neuen Gäste, die zum Thor herein
Da sprengen. O die herrlichen Gestalten!
Die prächt'gen Pferde! Schau den Rappen dort,
Wie er die Mähnen wirft, wild auf sich bäumt
Und in den Zügel knirscht!
(Thurn ist rasch aus dem Saale getreten und auf das Fenster zugeeilt.)
Nidau (ihm folgend).   Ist er's — Graf Gerhard
Von Valangin, des Kaisers Vogt?
(Da Thurn den Kopf schüttelt.)
                    Wer sonst?
Thurn. Der wackre Montenach mit Freunden aus
Dem Oberland. Sieh da — der alte Graf
Von Greyerz in Person mit seinen Neffen,
Vanel und Montsalvans! Glück auf! wenn schon
Dem Felsenhorste diese Geierbrut
Entfliegt, dann ist des Abels Ruf auch in
Das letzte, höchste Thal gedrungen.
Nidau.   Ihnen
Entgegen! kommt! (Er eilt mit Thurn durch die Mitte hinaus.)
Gottfried.   Hei! wie auf Nidau plötzlich
Die hohe Ritterschaft in Schwärmen kommt

Dritter Akt.

Gezogen! Nennt mich einen Schelm, wenn das
Nicht Krieg bedeutet.
Rudolf. Krieg? O welches Glück!
Gottfried. Ein Glück?
Rudolf. Vor kurzem erst versprach der Vater,
Das nächste Mal ins Feld mich mitzunehmen.
Nun halt' ich ihn beim Wort.
Gottfried. Sie kommen — und
Ich muß hinab.
Rudolf. Ich gehe mit. Will auch
Zum Stall, den schönen Rappen mir betrachten
Nach Herzenslust.

(Beide entfernen sich. Nidau und Thurn kommen zurück mit mehreren Rittern, den schon genannten neuen Gästen.)

Nidau (auf die Saalthüre deutend). Ich bitt' euch, tretet ein!
Der Herrn und Ritter viele findet ihr
Schon hier versammelt: außer meinen Vettern
Von Neuenburg und Aarberg, noch den Grafen
Von Kiburg und die Edlen von Raron,
Gesandte Freiburgs und der Bischöfe
Von Basel, Sitten und Lausanne — doch
Ihr werdet selbst ja sehn. Ruht aus vom Ritt
Und laßt euch einen Imbiß wohl behagen.

(Sie gehen alle in den Saal.)

Zweite Scene.

(Elisabeth und Bertha kommen von rechts.)

Bertha (sehr aufgeregt).
Nein, Mutter, nein! Wir haben hier zu weilen
Kein Recht mehr.
Elisabeth. Wie? Kein Recht mehr, da der Herr
Des Hauses selbst mit liebevoller Bitte
Zurück uns hält?
Bertha. Des Vaters Wille wies
Uns weit hinweg.
Elisabeth. Nicht tadeln darf er es,
Daß Nidaus Lächeln hier uns fest gebannt,
Da nur des Freundes Zürnen ihn bewog,
Uns zu entfernen.

Bertha. Auch dies Lächeln Nibaus,
Das seltsam oft um seine Lippen spielt,
Es ängstigt mich — wie alles um mich her:
Der Gräfin banges Schweigen, ihr von Sorge
Umflortes Auge, ja selbst des Geliebten
Unheimlich rätselhafte Zuversicht.
Und wie, o Mutter, soll ich dich verstehen? —
Als ich zum erstenmal, an deine Brust
Mich werfend, meine Liebe dir gestand,
Wie streng, ach, schaltest du dein armes Kind!
Wie warntest du vor eitler Hoffnung mich!
Und nun, da sie nach allzu kurzem Schimmern
Mir zu erlöschen schien, bist du es, die
Sie wieder wecken will in meiner Seele,
Mir wehrt, zu finden der Entsagung Mut.
Elisabeth. So wisse — und begreife meinen Eifer
Für deiner Liebe Glück: nicht dies allein,
Es gilt des Vaters Heil.
Bertha. Was sagst du?
Elisabeth. Wie —
Wenn heut' derselbe Pfad, der zum Altar
Dich führt, auch ihn des Ruhms, der Größe Bahn —
Ja wenn ein Schritt nur abseits, in die Tiefe
Ihn stürzen müßte rettungslos?
Bertha. O Himmel!
Mein Vater in Gefahr?
Elisabeth. In äußerster,
So er nicht Nibaus hellem Sterne folgt.
Drum gilt es, — alles aufzubieten, alles,
Daß keines Irrlichts Spuk ihn anders führe.
Auf dich auch zähle ich, mein Kind!
Bertha. Auf mich?
Elisabeth. Auf deiner Bitten, deiner Thränen Macht,
Ja, wenn es sein muß, auch auf deinen Trotz.
Bertha. Halt ein!
Elisabeth. Denn was vermöchte tiefer ihm
Das Herz zu spalten, als zu sehn, wie du,
Sein stilles, sanftes Mädchen, dessen Abgott
Er sich gefühlt, dich gegen ihn empörend —
Bertha. Mich gegen ihn empören — ich, gelenkt
Bis nun von seines Fingers leiser Regung,
Von seines Auges sanftem Winke — ich

Mit ungestümer Fordrung treten vor
Dies liebe Auge, seinen Blick ertragen,
Wenn er mich zürnend trifft? Ich frechen Muts
Versuchen, ihn zu lenken, ihn zu drängen —
Wohin? — ich weiß es nicht und will's nicht wissen.
Ich unter Thränen mir von ihm erbetteln,
Was er versagt, der immer ohne Zaudern,
Was er vermochte, mir gewährt, und so
Mit Qualen ihm vergelten seine Liebe?
Unmögliches begehrst du.
Elisabeth. Thöricht Kind!

Dritte Scene.

Vorige. Veronika, Hugo und Gottfried treten auf.

Veronika (noch im Hintergrund zu Gottfried).
Meld es dem Grafen schnell und insgeheim.
(Gottfried geht in den Saal.)
Veronika (vortretend zu Elisabeth mit einem Blick auf Bertha).
Habt Ihr sie eingeweiht, sie vorbereitet?
Elisabeth (unmutig). Noch hab' ich's nicht und wag' es auch nicht mehr.
Veronika. Die höchste Zeit ist's. Erlach kommt zurück.
Elisabeth. Was sagt Ihr?
Veronika. Konrad ist herein, sein Knappe,
Von ihm vorausgesandt. Es folgt der Herr
Ihm auf dem Fuße nach. Drum Fassung! und
Bedeutet sie!
Elisabeth. Sie will mich ja nicht hören.
Hugo. Und sie hat recht. Unwürdig ist dies Spiel,
Dies Schaukelspiel mit unsrer Liebe. Nein!
Man soll uns nicht mehr überm Abgrund halten
Im Hoffnungslicht. Nichts von Bedingungen,
Von Zweifeln mehr! Zu trunken schon vom Traum,
Dich zu besitzen, trotz' ich die Erfüllung
Dem feindlichsten Geschicke ab.
Veronika. Nicht so!
Versuche nicht den Herrn!
Bertha. Was sinnest du?
Hugo. Noch unentschieden unklar liegt es vor mir.
Eins fühl' ich deutlich nur: dir zu entsagen,

Gebricht mir jede Kraft — dich zu erringen,
Bin ich zu jedem Aeußersten entschlossen.

Vierte Scene.

<small>Vorige. Nidau tritt mit Gottfried aus dem Saale und schließt die Thüre
desselben sorgfältig hinter sich.</small>

Nidau (zu Gottfried).
Heiß du den Türmer diesmal schweigen!
<small>(Gottfried entfernt sich rasch. Nidau tritt zu den Frauen, die ihm halb entgegen-
kommen.)</small>
Nidau. Wißt
Ihr schon?
<small>(Da Veronika bejaht, nach einer kurzen Pause, etwas gepreßt.)</small>
Ich hätte sehr gewünscht, er wäre
Noch ausgeblieben diese Nacht, daß nicht
So plötzlich das Verhängnis vor ihn trete,
Dem er ja doch sich beugen soll und muß.
Und doch! Vielleicht ist's besser, wenn er selbst
Nun sieht und hört, was ihm zu wissen not,
Wenn es in feierlicher Stunde kund
Ihm wird, wenn er vereinigt sieht, was glanzvoll
Und groß und ruhmbedeckt in diesen Landen.
Bertha <small>(am Fenster ängstlich spähend, die Hand aufs Herz gepreßt).</small>
Wie es hier pocht! Nicht freudig ihm entgegen,
Wie sonst.
Nidau <small>(durch ihre Bewegung auf sie aufmerksam gemacht).</small>
Vom Fenster weg, mein Kind! Nicht so
Soll er zuerst dich sehn. Bedeutet sie —
Ich höre schon den Hufschlag seines Pferdes.
<small>(Während Elisabeth ihre Tochter vom Fenster weg und zu ihm hinführt.)</small>
Kommt, alle, kommt! und stellt euch um mich her
Im trauten Kreise. So! Dich, Mädchen, halt'
Ich schmeichelnd in den Armen. Du, mein Sohn,
Reichst mir die Hand. Ihr beiden steht beiseite
Und seht uns lächelnd an. So lächelt doch! —
Das erste Bild, das ihm ins Auge fällt,
Es sei ein freundlich rührendes. Nehmt euch
Zusammen doch! Horch! Schon durchschreitet er
Den Gang mit raschem Schritt. Da ist er!

Fünfte Scene.

(Gruppe der Vorigen. Erlach tritt durch die Mitte ein, schreitet rasch in den Vordergrund, plötzlich, da er die Gruppe erblickt, bleibt er betroffen und wie gefesselt stehen. — Ganz kurze Pause.)

Nidau (in echtem Herzenston, doch etwas erzwungener Laune). Erlach!
Sieh da — zurückgekehrt von deiner Fahrt?
Willkommen! — Gern möcht' ich die Hand dir bieten.
Doch sieh! ich bin gefesselt. Wie? Du schweigst?
Verschlägt es dir den Gruß?

Erlach. Vergib! — Ich bin
Ein wenig überrascht — ich leugn' es nicht.
Ich komme, dich zu sehen — froh gestimmt;
Denn gute Nachricht bring' ich dir. Doch Weib
Und Kind nicht dacht' ich hier zu finden.

Nidau. Nun,
Ihr Anblick wird die gute Laune dir
Wohl nicht verderben?

Erlach. War's mein Wille doch —

Nidau (lebhaft). Empfindlich mich zu kränken.

Erlach. Nein — bei Gott!
Wenn ich sie heimwärts sandte, so geschah es
Vor allem, dir genug zu thun. Doch laß
Mich davon schweigen jetzt! denn meines Auftrags
Mich zu entleb'gen drängt es mich.

Nidau. Dazu
Ist später Zeit.

Erlach. Nein! Höre, was dir Bern
Durch mich entbietet.

Nidau. Weiche mir nicht aus!
Gesteh es nur: dich rächen wolltest du
An mir — dich grausam rächen für die Haft,
Die ich im Unmut über dich verhängt —
Für manch ein böses Wort, das mir entfuhr —
In böser Stunde — von den Lippen weg,
Doch nicht aus Herzens Grund. Das hättest du
Erwägen sollen und — daß du auch — du
Mich schwer gereizt, — nicht stolz dich von mir wenden —
Nicht in dem Augenblick, da schon die Drohung
Damit mich packte wie mit kalter Faust,
Nicht in dem Augenblick, in dem du sahst,
Daß der Gedanke schon, dich zu verlieren,

Mir unerträglich. Sag nicht nein, weil so
Verschieden unser Sinn! Der Knabenzeit
Gedenk, in der wir traute Spielgenossen —
Des ersten Kampfs, in den wir jauchzend zogen.
Der bangen Nacht, die ihm gefolgt. Du lagst
Verwundet — schwer — zu Tode, schien's. Mich schirmend
Warst du gesunken in den Staub. Verzweifelnd
An deinem Lager wachte ich und hielt
Die liebe, treue, fieberheiße Hand
Und salbte sie mit meiner Thränen Tau.
Der Nacht gedenk! — und manchen Kampfes noch
Und mancher Lust, die wir geteilt, — des Tages,
Da, mein Gelübbe lösend, kreuzgeschmückt
Ich auszog in den fernen Maurenkrieg —
Mit leichtem Sinn, da ich in deiner Hut
Getrost die Meinen ließ. Denk an den Jubel
Des Wiedersehns! — und wie ich dann so oft
Geritten kam, den lieben Gast zu holen,
Bis ich ihn nicht mehr von mir ließ. So fest
Gewachsen ist mein Herz an deins, daß, risse
Sich dieses jemals von ihm los, es mir
Vielleicht verblutete. Und du — du wagtest
Um einer bösen Stunde den Versuch!!

Erlach (ergriffen). Verdien' ich es, daß du mich so empfängst?
War Trennung denn Entzweiung? Mußt' ich nicht
Des Kindes Heil auch wahren?

Nidau. Dieser Sorge
Entheb' ich dich — für immer, wenn du willst —
Wofern du nämlich unwillkommen nicht
Den Eidam nennst, den ich dir ausgewählt,
Noch geizest mit der M i t g i f t, die ich fordre. —
(feierlicher.)
Für diesen, meinen Sohn hier werbe ich
Um deines Mädchens Hand.

Erlach (der ihn mit wachsendem Erstaunen angehört).
Bin ich von Sinnen?
War's dein Gedanke nicht, die stolze Braut
Zu holen ihm aus fürstlichem Geschlecht?
Und nun? — Komm zu dir selbst und thue nicht
In deiner Großmut Regung, was dich reut.

Nidau. Mich reu'n — in meiner Grafenkrone Schmuck
Gesetzt zu haben diesen Edelstein?

Kein Fürstenkind, ja keines Königs Tochter
Vermöcht' ich dieser Jungfrau gleich zu achten,
Wär' sie auch nicht des liebsten Freundes Kind.
Schlag ein!
Elisabeth. Willst du gebeten sein?
Erlach (von freudvoller Rührung ganz übermannt). Ich? — Was —
Vermöchte ich, als freudig zuzustimmen —
Könnt' ich dran glauben nur — es glauben, daß
So plötzlich überall der Himmel blaut —
Daß e i n e Stunde so viel Segen spendet.
Denn wisset — ja, nun höre, bitt' ich dich,
Auch meine Botschaft — doppelt ist sie dir
Willkommen nun — gewiß —
Uldau. Noch nicht! — wir sind
Noch nicht zu Ende. Eines nach dem andern!
Vergiß die Mitgift nicht, von der ich sprach!
Erlach. Du scherzest wohl. Nimm alles hin, was mein.
Armsel'ger Brautschatz noch, den ich dir biete!
Uldau. Nicht will ich Gold, noch Gut — und doch viel mehr:
Dich s e l b s t mit Leib und Seele, deiner Treue
Erneuten Schwur, doch unverbrüchlich sie
Verbürgend, was auch komme!
Erlach. Kann ich geben,
Was schon dein eigen ist, mein Lehensherr!?
O nichts — nichts bleibt dem Freund, dem dankerfüllten,
Dir zu vergelten deine reiche Huld.
Doch wär' ich ledig jeder Pflicht und wäre
Nicht Frevel fast der neue Schwur, da nichts
Gelöst des alten Kraft, zu Gott aufhüb'
Ich diese Hand und —
Bertha (sich aus der Gruppe losreißend und auf Erlach zustürzend).
Vater! schwöre nicht!
Erlach (betroffen).
Was hat das Mädchen?
Bertha. Schwöre nicht! — sie wollen
Dir eine Falle stellen —
Elisabeth. Bertha!
Uldau (mit dem Fuße stampfend). Oh!
Elisabeth. Unsel'ge, schweig!
Erlach. Du warnst mich, meine Tochter?
Wovor?
Uldau (empört). Ich eine Falle ihm gestellt?

Ich — Nidau? Gottes Tod! Weil ich ein Unrecht,
An ihm begangen, gut zu machen brannte —
Weil eine schwere Pflicht ihm zu erleichtern,
Ihm zu versüßen all mein Streben war?
Weil ich des Freundes Herz ihm öffnen wollte,
Bevor sein Lehensherr gebietend spricht?
Darum in eine Falle ihn gelockt?
Wer wagt's und zeiht mich dessen? Dieses blöde,
Dies undankbare, toll gewordne Kind?
(Starker Trompetenstoß des Türmers.)

Nidau (aufhorchend). Wohlauf! dies ist das Zeichen der Entscheidung.
Willkommen nenn' ich sie. Die Stunde schlägt,
Die ich verheißen dir, o Erlach, die
Dich mir erproben soll.

Sechste Scene.

*Vorige. Auf einen neuen Trompetenstoß wird die Saalthüre ungestüm aufgerissen.
Thurn und Kiburg treten rasch heraus. Andere Barone und Ritter folgen ihnen.
Tumult im Saale sich auf die Bühne fortpflanzend.*

Erlach (sich umwendend). Wer naht? — Was seh' ich? —
Thurn! Kiburg! Montenach!

Thurn (der ans Fenster geeilt ist). Graf Gerhard ist's
Von Valangin! Nun wird es Ernst.

Kiburg. Gottlob!

Thurn. Entgegen ihm!

Mehrere. Entgegen!

(Thurn, Kiburg und andere eilen durch den Hintergrund hinaus.)

Erlach (der alle mit wachsender Ueberraschung und Unruhe gemustert hat, zu Nidau).
Wie? — der Vogt
Des Kaisers hier auf Nidau — und versammelt
Um dich all die geschwornen Feinde Berns?

Nidau. Ich sagte dir: der Würfel ist gefallen.
Du glaubtest nicht. Ich sagte dir, du seist
Im Irrtum, wenn du schwach mich wähnest. Blick
Um dich im Kreise — und gesteh': in stolzer
Umgebung tapfrer Freunde siehst du mich.

Erlach (rasch). Den Frieden bring' ich dir — denn edelmütig
Will Berns Senat die Unbill dir verzeihen,
Die du ihm zugefügt in seinen Bürgern,

Weil diese eigenmächtig, leichten Sinns,
Sich tollkühn selbst in die Gefahr gestürzt.
Den Frieden bring' ich dir und finde dich
Gerüstet wie zum Krieg.
Nidau. Weil es hier nicht mehr
Die kleine Sache Nidaus gilt.
Erlach. Was sonst?
Nidau. Vernimm es schweigend selbst!
(Zu Veronika, auf Elisabeth und Bertha weisend.)
Entferne sie
Und harre meines Winks!
(Er eilt rasch in den Hintergrund zur Begrüßung des Grafen Gerhard von Valangin, der eben mit Thurn, Kiburg und den andern, die ihm entgegengeeilt sind, eintritt. Die Frauen entfernen sich.)
Erlach (allein im Vordergrunde, bestürzt und in peinvoller Spannung).
Was werd' ich hören?

Siebente Scene.

Erlach und Hugo, der, abseits stehend, Zeuge der folgenden Scene bleibt. Nidau, Thurn, Kiburg und Gerhard von Valangin kommen in den Vordergrund der Halle, die sich allmählich ganz mit Gruppen von Rittern gefüllt hat.

Thurn. Glück auf, ihr Herrn! Wir haben gute Nachricht
Vom Hof des Bayern. Kaiser Ludwig zürnt
Den Bernern, huldvoll hört er unsre Klagen
Und billigt unsern Bund.
Valangin. Und dessen zum
Beweis erlaubt er mir, den seinen Vogt
Er hier im Lande nennt, mit euch zu ziehen
In diesen Streit und so des Adels Sache
Zu decken mit dem Reichspanier.
Thurn. O dann —
Dann haben wir gewonnen Spiel.
Kiburg. Dann steht
Der letzte Zweifelnde getrost zu uns.
Thurn. Und in die Grube, die sie andern grub,
Stürzt die verhaßte Stadt. Half sie uns zwingen
Einst unter Kaisermacht, so fühle sie
Nun eines Kaisers Zorn durch unsre Faust.
Kiburg. Hoch Ludwig!
Alle. Hoch!

Uldau. Wohlan! so hindert nichts
Uns mehr, ans große Werk zu schreiten. Doch
Laßt einmal noch den Feind ins Aug' uns fassen,
Den zu bekämpfen unser gutes Recht! —
An seinen Ursprung mahn' ich euch. Ein Denkmal
Des Unglücks unsrer Väter steht die Stadt.
In stolzer Unabhängigkeit einst lebten
Die Großen dieses Landes, fühlend kaum
Die schwache Hand des Königs von Burgund —
— Bis man des römisch-deutschen Reiches Adler
Uns pflanzte auf den Grund und das Geschlecht
Der Zähringer zu uns herein sich drängte,
Das, unter uns des Kaisers Amt verwaltend,
Uns herrisch zu gebieten sich vermaß.
Wir aber, ungewohnt des Druckes, bäumten
Uns auf und wieder auf. Da — uns zu zwingen —
Uns zu entzweien stiegen sie empor
Die Städte Zähringens — vor allen Bern.
Von ihren Wällen flatterte die Fahne
Des Reiches, weithin sichtbar und verlockt
Vom falschen Stolz, den Kaiser nun fortan
Zu wissen über sich, entzog ein Teil
Der Ritterschaft sich altgewohnten Banden,
Stieg von den Burgen nieder, buhlend nur
Um Bürgerehren mehr — nicht achtend, daß
Zugleich dem Pöbel an die Brust er sank,
Der hin in immer dichtern Haufen wallte.
Ein neu Geschlecht, entsprossen solchem Bunde,
Stand bald nun vor uns, feindlich, fremd — und scharte
Sich rasch um Zähringen, so oft ins Horn
Der Herzog stieß, ein grimmes Heer von Bürgern —
Voran das Bärenbanner Berns.

Thurn. Was mahnst
Du uns an Zähringens verhaßtes Haus?
Liegt nicht mit Helm und Schild bestattet längst
Sein letzter Sproß?

Uldau. Nichts frommte sein Erlöschen.
Umsonst verwaiste auch der Kaiserthron,
Umsonst war zweimal dann durch Doppelwahl
Gelähmt des Reiches Kraft. Zwar sahen in
Der Zeiten Wirrnis andre Städte sich
Nach anderm Schirme um und traten gern

In unsre Pflicht zurück. Doch Bern verschmäht,
Dies Los zu teilen. Auf sich selbst, sein Schwert,
Sein Glück sich stellend, blickt es stolzer noch
Umher vom Felsen, den die Aar umflutet,
Weist lecker noch den Gletschern seine Stirn.
Ja, gleich als wär's sein Erbe, nimmt es auf
Das Amt der Zähringer, des Reiches Ordnung
Zu wahren unter uns — die Ordnung, die
Ihm selbst gefällt! — mischt unberufen sich
In unsre Fehden, springt dem Schwächern bei,
Den Stärkern aufzureiben, wachsend selbst.
Pechkränzen gleich in unsre Gauen schleudert
Es ringsumher sein Bürgerrecht. Weh' uns,
Wofern wir dessen nicht in Vorsicht achten!
Denn, wider jedermann die Eisenfaust
Erhebend, der auch nur in einem das
Gemeine Wesen kränkt — so Zwietracht säend
Und nützend, rastlos um sich greifend, spielt
Der Städte jüngste lustig uns die Mär',
Die alte vor von Rom und seinem Volk.

Thurn. Das böse Beispiel ist's, das überall
Die bösen Triebe weckt und nährt. Seit jenseits
Des Brünig in den Waldstätten der Landmann
Des Eids am Rütli sich vermaß und ihn
Besiegelt hat in der Morgartnerschlacht —
Seit diesseits Bern in seinen Bund die Hirten
Des Haslithales aufgenommen, geht
Ein Geist des Trotzes gegen unsre Macht
Umher auf allen Wegen. Also wächst
Die ärgste der Gefahren uns heran:
Wenn Bürger erst und Bauer sich vereinen,
Dann, Herrlichkeit des Adels, gute Nacht!
Drum wahrlich ist zu handeln hohe Zeit.

Nidau. Und günstige wie keine mehr. In Gärung
Ist halb Helvetien heute gegen Bern.
Nicht nur die Ritterschaft und was dem Krummstab
Gehorcht, nicht nur des Sarnenlandes Bergvolk,
Das — heute noch — dem Ruf der Großen folgt,
Die stärkste Stadt im Uechtland auch nach Bern,
Nicht völlig unserm Einfluß noch entwachsen
Und eifersüchtig auf der jüngern Flor,
Auch Freiburg tritt in unsern Bund.

Erlach (der in wachsender Aufregung zugehört, mit halblautem, schmerzlichem Ausruf).
                              Auch Freiburg?
  Was hör' ich? Gott!
Thurn.   Noch mehr! Auch aus den Alpen
  Savoyens und den Thälern Hochburgunds
  Verheißen uns die Boten muntern Zuzug.
Kiburg. Ich bringe Habsburgs Gruß. Der junge Herzog
  Auf Lenzburg, Friedrich, heißt euch ihm vertrauen.
  Den Fürstenberg mit hundert Helmen läßt
  Zum Aufbruch er bereit sich halten und
  Den ganzen Aargau unter Waffen bringen.
Erlach (in großer Bestürzung vor sich hin).
  Es ist ein böser Traum.
Palangin.   Der Kaiser auch,
  Ich wiederhol' es euch, ist gegen Bern,
  Das ihn zu ehren säumt. Solang mit Habsburg
  Der Wittelsbacher um die Krone rang,
  That Eile mit der Huldigung nicht not.
  Doch auch dem Sieger weigert Bern die Pflicht —
  „Weil er im Bann der Kirche sei!" — In Wahrheit,
  Weil keinen Herrn es mehr erkennen will.
  Drum seid gewiß: mit euren Fahnen sind
  Des Kaisers Wünsche. Nicht von ihm besorgt,
  Daß er in den erhob'nen Arm euch falle!
  Die Stadt ist ohne Schirm.
Nidau.   Genug der Worte!
  Zu Thaten! — und sei dies, des Adels Rütli,
  Nicht minder ernst gemeint und treu gehalten,
  Nicht minder tapfer ausgefochten!
Stürmischer Zuruf.   Ja!
  Des Adels Rütli, ja!
Kiburg.   Zum Bundeseid!
Thurn. Und also laute er: Wir schwören Bern
  Den Untergang —
Viele Stimmen.   So sei es!
Thurn.   Keine Rast
  Der Waffen! — schwört — bevor es ganz in Schutt
  Und Trümmern liegt.
Alle (die Hände erhebend).   Wir schwören.
Erlach (seiner nicht mächtig mehr, in ihre Mitte stürzend). Haltet ein!
  Ihr lästert Gottes Majestät — zum Zeugen
  Fluchwürd'gen Frevels macht ihr euer Eid.

Thurn. Wer wagt es, so zu uns zu reden?
Nidau. Erlach!
　Was thust du? Mäß'ge dich. Dein scharfes Wort,
　Es trifft auch mich.
Erlach. Es treffe, wen es mag!
Kiburg. Wir alle fordern Rechenschaft.
Viele (die Hand an den Schwertgriff legend). Wir alle!
Erlach. Ich gebe sie: die Wahrheit schleubernd euch
　Ins Angesicht, den Selbstbetrug zerstörend,
　Womit in gleißend Recht ihr euer Unrecht,
　In Notwehr eure Rachelust verkehrt.
　Des Hasses Quell, womit ihr Bern verfolgt,
　Ist eure Herrschgier, eure Habsucht, euer
　Unbänd'ger Stolz. War nimmer eure Willkür
　Euch eure Freiheit, nimmer flüchtete
　Vor eurem Arm der Schwächere, ob edler,
　Ob niedriger Geburt, sich hinter Mauern
　Und suchte im Vereine stark zu sein.
　War nimmer heil'ger Ordnung ernst Gesetz
　Ein Greuel euch, nie mußte gegen euch
　Sein Wächter sich auf Bürgerheere stützen.
　Ist Bern entstanden und gewachsen, euch
　Zum Trotz und Schaden — euer ist die Schuld!
　Ward es durch Siege groß, ihr habt, ihm nie —
　Daß es bestand — vergebend, es gereizt
　Zu immer neuen Kämpfen. Ward es mächtig
　Durch seines Volkes Zahl und Liebe, ihr,
　Das eure drückend, machtet beide schwellen.
　So steht durch euer übles Wollen herrlich
　Die Stadt schon in der Jugend Blüte da:
　Der Freiheit Hort, des Unterdrückten Zuflucht,
　Die sichre Stätte eblen Bürgertums! —
　Und ihr, der Großmut bar, wollt sie zerstören,
　Mit Uebermacht, zehn gegen einen, sie
　Erdrücken, wollt die Perle unsrer Städte,
　Den Demant in Helvetiens Schmuck, zertreten
　Mit plumpem Fuß? Verruchter Brudermord
　Ist euer Sinnen — einem Blut mit euch
　Entsprang dies Volk, das ihr vernichten wollt. —
Nidau. Bei meinen Ahnen! wer des Brudermords
　Uns hier zu zeihen wagt, ben straf' ich Lügen.
　Dem Vatermord nur kommen wir zuvor —

Denn dieses Volkes Väter waren wir.
Wir haben diese Wildnis ihm gezähmt,
Wir seine Wohnungen gebaut, die Kirchen,
Darin es Gott verehrt, wir es beschirmt
Mit tapfrem Schwert vor jeglicher Gefahr —
Wir es geliebt, solang es den Gehorsam,
Die Ehrfurcht uns gezollt, die uns gebühren.
Nur seinen Undank heute strafen wir.
Erlach. Ja denn! es schlägt in diesem Kreise auch
Manch edles Herz — und Zeiten waren einst,
Die euch als Väter sahen dieses Volks.
Warum doch grollt ihr ihm, da es gereift
Zu männlichem Bewußtsein, anders nun
Euch gegenüber steht, als in den Tagen,
Den fernen seiner Kindheit, nicht mehr will
Getrost an eurem Gängelbande gehen?
Seid stolz auf dieses Volk, das ihr erzogen,
Ja, das ihr noch — so ihr nur wollt, es nicht
Verschmäht, die ersten Bürger nur zu sein
In seiner Mitte, lenken mögt wie einst
Als seine Häupter.
Thurn (verächtlich). Die auf Zeit gewählten,
In Amtes Pflicht, zur Rechenschaft bereit!
Kiburg. Verdammt, um des Gemeinen Gunst zu buhlen!
Valangin. Um bald vielleicht — seht hin auf Zürich und
Luzern! — mit ihm in Würden uns zu teilen.
Thurn. Freund Krämer! kommt, mit uns im Rat zu sitzen;
Seid ja in Kniffen jeder Art gewandt! —
He, Meister Knieriem! Waffenbrüderschaft
Schließ' ich mit Euch; seid ja ein Held, dieweil Ihr
Euch derber Fäuste freut. An meine Brust,
Du fremder Lump! ich frage nicht, wo man
Dich ausgepeitscht, bevor du Bürger wardst.
Kiburg. Um solchen Preis, wie Ihr und Euresgleichen,
Verschmähen wir's, zu sein des Pöbels Götzen.
Erlach. Und schneidet toll die Wipfel ab vom Stamme
Und wähnt, wenn der nun fällt, daß jene grünen!
Schon drängen euch die nahen, stolzen Häuser,
Die sich zu übermächt'gem Glanz erhoben —
Dort Habsburg, hier Savoyen. Pflichtig schon
Ist ihnen mancher unter euch. Noch mehr
Wird sich der Ring um euch verengen. Bald

Habt keine Wahl ihr mehr, als: wenn ihr **ganz
Euch unterwerfen wollt.** Und ihr — ihr ruft
Sie selbst herein in unsern Zwist. — Wir, die
Gefahr erkennend, schließen treu dem Volk
Uns an; ob auch nur Freunde ihm und Führer,
Ob auch nur Bürger, besser dünkt uns, mit ihm
Zu bleiben freie Männer, als mit euch
Zu werden Fürstenknechte.

Thurn. Besser uns,
Wenn es verhängt, in Ehrfurcht aufzublicken
Zu einem einzigen, gekrönten Haupte,
Als tief im Schlamm, wie Ihr, dem Ungetüm
Mit tausend Köpfen unterthan zu sein.

Palangin. Das keinem Zügel mehr sich will bequemen,
Auch dem nicht in des Kaisers Hand.

Erlach (zu ihm gewendet energisch). Des Kaisers,
Der uns zu schirmen heute nicht vermag
Und morgen nicht gewillt — des Kaisers, den
Wir heut' im Kampfe mit dem Gegenkaiser —
Als unseren Bedränger morgen sehn —
Des Kaisers, dem das Haupt man heute salbt
Und morgen schon verflucht — des Kaisers lernten
Entbehren wir in kaiserloser Zeit.
Die Kraft, die längst wir ohne ihn erprobt,
Zum Heile diesem Land, nicht wollen wir
Sie nun auf seinen Wink versplittern, ihm,
Der unsichtbar in unsrer Not gewesen,
In seinen tausend Nöten beizustehen,
In eitlen Kämpfen ihm den Siegesruhm,
Den Glanz ihm seines Thrones mit zu wahren.
Wir wollen nicht — und tadl' es, wer da mag! —

Thurn. Wo sind wir denn? War's unser großer Zweck,
Im heißen Wortgefechte uns zu üben,
Das Loblied Berns zu hören?

Palangin. Hat man ihm
Mit uns zugleich den Anwalt herbestellt?

Thurn. Den Späher, den Verräter, sagt!

Kiburg. Wenn er
Das ist, dann stoßt ihn nieder schonungslos.

(Thurn, Kiburg und andere machen Miene, auf Erlach einzudringen.)

Nidau (dazwischen tretend).
Zurück! ihn schützt das Gastrecht meines Hauses.

Thurn. Den Berner?
Nidau. Meinen Freund und Lehensmann,
Mit dem zu rechten meine Sache. — Seid
Beruhigt, sag' ich. Wie auch könnt ihr jetzt
Verrat noch fürchten? Tritt nicht unser Wollen
Von dieser Stunde aus des Brütens Dunkel
Hervor aufs sonnenhelle Feld der That?
Thurn. Ich sage: Fort! Wenn auch die Freunde Berns
An seinem Feuerherde Nidau hätschelt —
Hinaus dann, unter freiem Himmel, wie
Am Rütli jene Bauern, uns die Hand
Gereicht zum Bund!
Nidau (mächtig). Er ist geschlossen, denk' ich.
Alle. Ja! ja! er ist! er ist!
Thurn (mit einem drohenden Blicke auf Nidau). Und Jedem — Tod,
Der ihn verletzt!
Nidau (wütend). Gilt mir die Drohung, dann
Veracht' ich sie, wie den, der sie gewagt!

(Thurn fährt auf. Andre treten dazwischen, halten ihn zurück und führen ihn halb gewaltsam in den Hintergrund.)

Nidau. Es möge jeder denken nur und handeln
Wie Nidau — dann getrost — ans Werk!
Valangin. Ans Werk!
Kiburg. Ans Werk! zu Pferd! ins Feld!
Alle. Zu Pferd! ins Feld!
Valangin. Den Fehdebrief nach Bern!
Nidau. Und wir wie Sturmwind
Ihm nach mit unserm schnell vereinten Schwarm!
Valangin. So sei's! und Laupen unser Stelldichein,
Die Feste Berns.
Alle (unter Zeichen der Zustimmung). Zu Pferd!
Nidau. Auf Wiedersehn!
Alle. Vor Laupen, ja! vor Laupen!

(Allgemeiner Aufbruch. Nidau drückt den ihm zunächst Stehenden die Hände und gibt ihnen bis zum Ausgange das Geleit. Dann kommt er gleich zurück.)

Achte Scene.

Nidau, anfangs noch im Hintergrunde. Erlach sehr aufgeregt im Vordergrunde auf und nieder schreitend. Hugo, abseits stehend, in Spannung. Veronika tritt aus dem Nebengemach. Elisabeth und Bertha folgen ihr.

Veronika. Kommt und seht!
Sie brechen auf. O nun muß alles sich
Entscheiden. Kommt!
(Sie eilt, ihn erblickend, auf Nidau zu.)
Erlach (die Seinen gewahrend). Ihr da? Zur rechten Zeit!
Wir müssen fort von hier.
Elisabeth. Was sagst du?
Erlach. Fort!
Und gleich. Es brennt der Boden unter mir.
Verpestet ist die Luft, die ich hier atme.
Bertha. O Mutter!
Nidau (der eben wieder vorkommt, zu Veronika).
Hörst du ihn?
Veronika. Blick nicht so wild,
Mein Gatte! denk der Mäßigung, die du
Gelobt — dir selbst und mir!
Nidau. Es ist vorbei —
Ist aus. Es treibt ihn fort aus unsrer Nähe,
Uns vor die Füße wirft er unser Herz.
Veronika. Des Sohnes denk, der holden Braut, die du
Ihm auserwählt!
Nidau. Des Sohnes Braut? — Sie war's.
Kein Bündnis kann mehr zwischen uns bestehen,
Da er die Mitgift mir nicht geben will,
Die ich gefordert.
Erlach. Sag: nicht geben kann.
Nidau. Nicht kannst! — ja, ja! nicht kannst! Wie könntest schöpfen
Du aus der Liebe Schatz, an Lieb' zu mir
So bettelarm!?
Erlach. Ich wollt', ich wär's. Ich ginge
Nun lachend, nicht aus tiefer Wunde blutend
Von dir hinweg. Leb wohl!
Nidau. Zieh hin!
(Er läßt ihn ein paar Schritte gegen den Ausgang hin thun, dann ruft er ihm mit starker Stimme nach:)
Doch höre,
Bevor du gehst, die Mahnung noch: vor Laupen

Dich einzustellen, wenn mein Banner weht,
Und wohl gerüstet, Mann und Roß! —
              Was starrst
Du so mich an? — Ins Feld ruf' ich dich auf,
Wie alle, die mir Dienst in Waffen schulden.
Erlach (einen Augenblick wie vom Donner gerührt).
Und das — vermagst du auch zu denken nur!
Ich könnte dieses Schwert beflecken mit
Der Bürger Blut, an die mein Bürgereid
In Not und Tod mich knüpft?
Nidau.   Und schwurst du nicht
Auch mir, dem Lehensherrn?
Erlach (gepreßt).   Ich that es — ja! —
Mit Vorbehalt doch meiner andern Pflichten.
Nidau. Mit gleichem Vorbehalte schwurst du Bern.
Erlach. Mach mich nicht rasend —— O mein Gott! —— Bei all
Den heiligen Erinnerungen, die
Du heut' geweckt —
Nidau.   Umsonst geweckt!
Erlach.   Beschwör'
Ich dich: gönn eine letzte Wohlthat mir!
Entlaß mich meiner Lehenspflicht — und dankbar,
Ja, einmal noch dich segnend will ich scheiden.
Nidau. Ich aber sage: Nein!
Erlach.   Das könntest du —
Unwürdig schnöden Zwang mir drohn, da alles
Mich von dir scheucht, mich drängt —
Nidau.   Dich Bern zu weihn!
Sprich es nur aus!
Erlach.   Bei Gott!
Elisabeth (außer sich, auf Erlach zustürzend). Das darfst du nicht —
Nein, nein! Du darfst in falscher Großmut nicht,
Dich opfernd einer schon verlornen Sache —
Erlach. Elisabeth!
Elisabeth (in atemloser Hast fortfahrend). Die Zukunft selbst zerstören,
Die Gott dir zugedacht, der Gaben Füllhorn
Ergießend über dich. O daß er dir
Die eine nur versagt hat: zu erkennen,
Wie sie dich mahnen, kühn emporzustreben,
Dir wehren, zu versinken in die Tiefe,
Eh' herrlich sie geglänzt auf lichten Höh'n.
Erlach. Schweig still — bei meinem Zorn!

Elisabeth. Ich wage ihn.
Enttäuschung war mein Los — ja, wisse, was
Ich still bis jetzt in mir verbarg — — Enttäuschung,
Seit ich dir angehöre. Großer Hoffnung
Und deines hohen Wertes übervoll
Trat ich an deiner Hand zum Traualtare —
Ja, sah im Geist mich stehen schon am Eingang
Der stolzen Bahn, die du mich führen solltest.
Du aber führtest mich — nach Richenbach,
In stiller Landluft zu verträumen nicht
Die Honigmonde nur — nein, halb dein Leben!
Zu Zeiten nur emporgescheucht, wenn Nidau,
Wenn Bern, wenn dich ein Freund in seiner Not,
Wenn irgend ein gerechter Streit dich rief —
Doch, ob auch Großes dann dein Arm vollbracht,
Nie deines Ruhms dich freuend, nie dich sonnend
In seinem Strahl — nein! immer schnell im Dunkel
Dich wieder bergend, immer schon daheim,
Wenn es des Sieges Frucht zu teilen galt —
Daheim und froh, die Hausfrau zu umarmen,
Dein Kind zu herzen, im bequemen Wams
Durch Feld und Wald zu streifen, deine Knechte
Zur Arbeit anzufeuern, ja wohl selbst,
Ein Beispiel ihnen, hinterm Pflug zu schreiten —
Zuletzt in ihrem edlen Kreise dich
Beim Mahl des selbst erlegten Wilds zu freuen.
Das war dein Ehrgeiz, das dein Glück!

Erlach. O Schmerz,
Dich schmähn zu hören, dich, mein trautes Heim,
Die frohen Tage, die wir dort geteilt —
Und die vielleicht nun nimmer wiederkehren!

Elisabeth. Sieh, wie du fühlst, daß du verloren bist!

Nidau. Verloren, — ja, er ist's, geb' ich ihn frei.
Warum sonst hätt' ich heute, meinen Stolz
Bezwingend, fast darum gebuhlt, daß er
Nicht von mir gehe? Doch wohl nicht zu sichern
Mir seinen Arm für diesen Streit, zu dem
An tausend Helme meinem Winke folgen?
(Gezwungen auflachend.)
Doch nicht um dieses einen Mannes Arm? —
Warum bestünd' ich noch so starren Sinns —
Auch jetzt noch auf mein gutes Recht an ihn?

Erlach (nach heftigem inneren Kampfe mit großer Entschlossenheit).
Umsonst! denn ich — mag Gott mich richten! — ich
Zerhaue diesen Knäuel, löset nicht
Ihn deine Hand.
Nidau. Der Felonie dann zeih'
Ich dich.
Veronika. O haltet ein! Wenn Eid dem Eid
Entgegensteht und Pflicht der Pflicht, selbst Neigung
Sich spaltet: keinen Eid dann, keine Pflicht
Erfüllen, scheint mir Tugend. Nicht den Lehnsherrn,
Den Freund, nicht Bern bekämpfe Erlachs Schwert!
Es bleibe festgebannt in seine Scheide
Bis dieser Krieg zu Ende hat getobt —
Und feire!
Erlach (mit hoher Glut). Während in der höchsten seiner
Gefahren, ja vielleicht in Todesnot
Das Vaterland nach allen seinen Söhnen
Verzweifelnd ruft und auch der letzte Arm,
Der schwächste sich bewehrt? Beim Himmel, nein,
Wo die Entscheidungsschlacht entbrennt, die Wohlfahrt
Und Freiheit kommender Geschlechter rettet —
Wo nicht, begräbt, soll Erlach nimmer fehlen,
Zu wagen mit das Aeußerste — — denn Schande —
Ja Schande wär's, nicht gegen Euch zu stehen,
In feiger Sicherheit vielleicht zu schauen,
Kein Glied bewegend, Euren Sieg — den Sieg
Des Unrechts, der Gewalt und Tyrannei!
Nidau (tief getroffen, mit sich aufbäumendem Stolze).
O dann — dann geh! — dann schenk' ich dir — und gern
Den Dienst — mit eigner Hand das letzte Band
Zerreißend, das an mich dich knüpft; denn Gott
Sei vor, daß den ich halte, dem auch nur
Nicht gegen mich zu stehen Schande dünkt!
Zieh hin — und tritt — du willst es ja! — nur mehr
Als Feind gerüstet wieder mir vor Augen —
Ja bohre, wenn ich, zaubernd dich zu treffen,
Den Arm erhoben halte, rasch das Eisen
Mir in den Leib ein, wo die Schiene klafft!
Dazu die volle Freiheit geb' ich dir.
Erlach. Hab Dank! Ob du auch nur im Unmut mir
Gewährst, was meiner Bitte du versagst —
Hab dennoch Dank! — — Den einen Mann, den du

Mich schaltest, stets als Mann sollst du ihn finden —
Im Schlachtgewühl auch, dessen sei gewiß! —
Doch treulos nie vergessend, was du einst
Ihm warst und galtst — vor deinem Haupte nur
Die blut'ge Waffe senkend.

Nidau. Dieser Großmut
Entschlage dich nur auch; denn sie auch wäre
Verrat an Bern.

Erlach. Fahr wohl denn!

Bertha (ihm folgend). Mutter, komm!

Elisabeth. Ja, komm und laß uns teilen sein Verderben!

Bertha (mit einem Blick zurück auf Hugo).
Leb wohl auf ewig!

Hugo. Nein! auf Wiedersehen!

Nidau. Was soll das? Toller Knabe, her zu mir!

(Erlach wirft einen letzten Blick auf Nidau; da dieser finster zu Boden starrend stehen
bleibt, bezwingt er diese Regung und eilt hinaus. Die Seinen folgen.)

(Der Vorhang fällt.)

Vierter Akt.

In Bern. Offener Platz vor dem Rathause.

Erste Scene.

Volksgruppen, größtenteils bewaffnet, erfüllen die Bühne. Darunter Rust, Neunhaupt, Brugger und Pfirt. Sobald der Vorhang sich erhoben hat, entsteht
Lärm und Aufregung im Hintergrunde. Landleute, die eben hereingekommen sind,
werden umdrängt.

Neunhaupt (hinzueilend).
Was sagen sie?

Rust. In höchster Not sei Laupen,
Vom Adelsheere hart bedrängt.

Neunhaupt. Und wir
Da auf die Hellebarden faul gelehnt,
Statt in die Rippen sie dem Feind zu stoßen!
Die Köpfe schüttelnd über die Gefahr
Der Brüder, statt beherzt sie 'rauszuhauen!
Ertrag es, wer da mag! ich länger nicht.

Rust. Noch ich!
Pfirt. Noch irgendwer von uns.
Neunhaupt. Hinaus —
Und drauf und dran!
Der ganze Haufe. Hinaus! und drauf und dran!
(Großer Lärm.)
(Der Altschultheiß Johannes von Kramburg tritt aus dem Rathause.)
Kramburg. Was für ein Lärm? — Versammelt ist zu ernster
Beratung der Senat. Könnt ihr in Ruhe
Nicht der Entscheidung harren, schwärmt umher,
Füllt mit Geschrei die Luft, klirrt mit den Waffen,
Daß oben man sein eigen Wort nicht hört?
Ich will euch Sitte lehren und Geduld!
Rust. Zum Henker die Geduld!
Neunhaupt. Wie lang noch währt es,
Bis an der Kreuzgasse das Bärenbanner
Sich zeigt, der Sturm ergeht?
Pfirt. Wann endlich bildet
Das freie Fußvolk seinen Harst?
Neunhaupt. Wo sind
Die Venner, ihn zu führen — wo?
Kramburg. Sie werden
Zur Stelle sein und ihres Amtes walten,
Sobald sie Auftrag haben — eher nicht,
Noch später — keinen Augenblick!
Neunhaupt. Unleidlich
Schon wird uns unsrer jungen Ritter Spott,
Die draußen vor den Thoren halten und,
Mit Unmut nur die muntern Rosse zügelnd,
Auf uns ob unsrer Trägheit weidlich schelten.
Pfirt. Sie drohen, fortzusprengen und allein
Den Strauß vor Laupen auszufechten.
Rust. Eh wir
Das dulden — Element! — eh reißen wir
Herab sie von den Pferden.
Kramburg. Ruhig! Keiner
Soll sich vom Platze regen, eh' es Zeit.
(Auf die Landleute deutend, die indessen auch weiter vor gekommen sind.)
Wer sind die Männer da?
Neunhaupt. Landleute, Herr!
Von Laupen hergekommen.
Kramburg. Nun begreif' ich.

O dieser Hiobsboten, die uns immer
Dieselbe Mär' doch bringen: wie vor Laupen
Die Flut des Feindes unaufhörlich schwillt —
Von all den tausend Helmen, die dort blinken —
Von Böcken, Büffeln, pochend, daß es dröhnt,
An Thor und Mauern — von gewalt'gen Steinen,
Geschleudert aus den Blyden in die Burg —
Von Breschen und von Stürmen! — Lautet's nicht so?
Hab' ich sie nicht im Kopf, die Litanei
Von Schreckensposten, die man vor uns leiert
Nun Tag für Tag? — Kleinmüt'ge! wüßten sie,
Die dort so unerschütterlich den Feind
Bestehn, daß ihr an ihnen schon verzagt —
O wahrlich, schamrot würden sie für euch.
Wozu denn zogen sie hinaus und schwuren,
Den alten Römern gleich, vor euren Augen
Mit aufgehobnen Händen: auszuhalten
Bis auf den letzten Tropfen Blut? Auf daß
Der Mut dem Volk nicht sinke, noch es treibe
Zu übereilter That.

Rust.   Wer gab ein Vorrecht
Sich aufzuopfern ihnen?

Neunhaupt.   Ungerecht
War der Beschluß, daß von zwei Söhnen nur,
Zwei Brüdern einer ausziehn dürfe.

Rust.   Pest!
Man durfte keinem wehren, mitzugehn.

Kramburg. Habt ihr es gar so eilig denn, ihr Bleiben,
Dahin zu streben, wo es Schläge setzt?

Pfirt. Die haben, Herr, der Beulen nie genug.
Man sagt, daß, kaum dem Strick entronnen jüngst,
Sie gleich einander weiblich durchgebläut.

Kramburg. Das thaten sie, sich wieder warm zu machen,
Vor Schrecken ganz zu Eis erstarrt.

Neunhaupt.   Nicht ich!
Der da vielleicht! der winselte im Staub.
Ich hielt den Nacken steif.

Rust.   Solang du an
Den Ernst nicht glaubtest, ja!

Neunhaupt.   Das lügst du!

Rust.   Prahlhans!
Ich leugn' es nicht: mir wurde sonderbar

Zu Mut, als mich der stolze Graf mit Augen
Wie eines Tigers maß.
Pfirt. Da überlief dich
Die Gänsehaut, nicht wahr?
(Alle lachen.)
Rust. Ich nehm' es auf
Mit jedem unter euch. Doch so zu stehen
Wie unterm Galgen mit gebundnen Händen —
Ein gottverflucht Gefühl das! In den Grund
Der Hölle den, der mich es hat gelehrt!
Neunhaupt. Wir nehmen ihn aufs Korn, wir beide in
Der ersten Schlacht. Schlag ein!
Rust. Topp, Bruder, topp!
Daß er mich hängen wollte, soll ihn reuen.
Neunhaupt. Nein! reuen soll ihn, daß er mich nicht gehängt.
O ging' es doch schon los! Was stecken die
Da droben ihre Köpfe noch zusammen?
Wozu noch Rat? die Thore auf! und dahin
Gestürmt, wohin des Feindes Hörner rufen.
So war das Kriegen Berns bis nun. Warum
Nicht heute auch?
(Alle durcheinander.)
Ja! ja! so war's. Warum
Nicht heut'?
Kramburg. Weil die Gefahr von heute die
Von sonst so mächtig überragt wie euren
Verstand die Weisheit des Senats — das heißt:
Wie 's Finsteraarhorn einen Maulwurfshügel.
Zu sammeln gilt es unsre ganze Kraft.
Und dann — wollt ihr hinaus gleich einem Rudel
Entlaufner Hunde — ziel= und führerlos?
Auch eines Feldherrn Wahl beschäftigt den
Senat. Drum nochmals, haltet Ruhe mir
Und faßt euch in Gedulb!
Neunhaupt. Ist eine schwere
Geburt da oben!
Rust. Ja, gehn sonderbare
Gerüchte um.
Kramburg. Was für Gerüchte?
Pfirt. Nun,
Man sagt, sie können über ihren Mann
Nicht einig werden.

Ruft. Weil sich keiner traue,
Feldhauptmann uns zu sein in diesem Kriege.
Neunhaupt. Unglaublich ist's. Ich kann mir eher denken,
Daß sich die Tapfern zanken um den Ruhm
Und keiner will dem andern weichen.
Pfirt. Nein!
Es heißt, daß sie in bittrer Sorge sind
Ob dieser Wahl.
Neunhaupt. Begreif' es, wer da mag!
Ruft. Herr Kramburg, redet Ihr! Ist's, wie man hört,
Ist's nicht?
Kramburg (bärbeißig zwischen den Zähnen hervor).
Und wär's! — Ein Feind davon zwar bin ich,
Euch etwas an den dicken Kopf zu werfen,
Dran, was vernünftig ist, so leicht zerschellt —
Doch mehr noch bin ich jeder Lüge Feind.
Nun denn — ja! ja! und dreimal ja! in Sorge
Ist der Senat ob dieser Wahl — und wahrlich,
Sie ist ihm rühmlich, euch die volle Bürgschaft:
In gute Hand nur legt man euer Los. —
Habt ihr was dran zu tadeln, he? — — Ihr freilich —
Wenn ihr zu wählen hättet, fertig wärt ihr
Im Nu! Da ging' es, heißa, lustig her.
Ein jeder drängte sich dem andern vor
Und schriee heiser sich von seinen Thaten,
Ja, risse wohl das Wams auf, Wunden zeigend,
Die er in schnöder Händelsucht empfing
Nach einem Saufgelag. Wer irgend ein
Scharmützel leidlich nur bestanden, priese
Sich als erfahrnen Kriegsmann laut. Und ihr —
Was gilt's, der Prahler und der Schreier ärgsten,
Ihr riefet jubelnd ihn zum Führer aus. —
Wie anders in dem edlen Kreise, der
Da oben tagt! Da lächelt keiner thöricht
Die Sorge sich hinweg. In ernster Miene
Trägt jeder ausgeprägt ein tief Verständnis,
Daß so entscheidend groß wie der, so nun
Uns droht, noch nie ein Tag für Bern gekommen.
Da greift nicht einer dünkelvoll und keck
Behende nach dem Feldherrnstab, da prüft
Sich jeder lang und wohl, ob ihn zu führen
Ihm inne wohne auch die volle Kraft?

Dafür auch seid gewiß: wenn endlich einer
Aufsteht und sagt: „Ich unternehm's!" dann ist's
Der rechte Mann auch — ebenso besonnen,
Als kühn, weil Ruhmsucht nicht, nicht Eigendünkel
Ihn treibt, sein Opfermut nur, seine Liebe
Zum Vaterland. Und wer in solchem Sinne
Sich eines Amtes unterwindet, dem
Wird Gott dazu den Geist auch geben. Amen!
Neunhaupt.
Herr Kramburg! Hört. Wie wär's, wenn Ihr versuchtet —
Kramburg. Ich! — Was?
Neunhaupt. Feldhauptmann uns zu sein.
(Kramburg sieht ihn verblüfft an.)
Pfirt. Bei Gott!
Kein schlechter Einfall das! Ich stimme zu.
Rust. Ich auch.
Mehrere. Wir alle.
Kramburg. Seid ihr toll?
Neunhaupt. Hoch lebe
Der Kramburg, unser Führer!
Der ganze Haufe. Hoch!
Kramburg. Ob ihr
Gleich schweigen wollt! Ich will euch lehren, Possen
Mit mir zu treiben.
Neunhaupt. Possen? Ernst, Herr Kramburg!
Die andern. Ja, unser Ernst.
Kramburg. Seht ihr nicht silberweiß
Vom halb schon kahlen Schädel Bart und Locke
Mir blinken?
Neunhaupt. Thut nichts. Alter ist ja Weisheit! —
Und daß auch muntrer Geist, daß Jugendmut
Noch in Euch spukt, das schäumt Euch von den Lippen
Wie unterm Eis hervor die Gletschermilch.
Und kurz und gut: die Eigenschaften alle,
Die Ihr vom rechten Mann uns aufgezählt,
Ihr habt sie. Da Ihr sonst auf Gott vertraut,
Kann der nicht Euch wie jedem andern helfen?
Kramburg. Ich euer Feldherr! Hahaha! Ein Anblick,
Das Herz dem Feinde zu erheitern, säh' er
An eurer Spitze auf den Stock gestützt
Mich hergehumpelt kommen! Ja — könnt' ich
Aufs Roß mich schwingen noch —

Neunhaupt.   Laßt Euch drauf binden.
  Nicht Eure Reiterkünste brauchen wir,
  Nur Eure Kriegserfahrung. Seid Ihr einer
  Der letzten nicht, die unsern größten Kampf
  Am Donnerbühl noch mitgefochten?
Kramburg.   Still!
  Und mahnt mich daran nicht. Ich könnte sonst,
  Der Jahre Last vergessend, wirklich noch
  Hinaus mich wagen, es den Rüstigsten,
  Den Jüngsten gleichthun wollen. — Einen Tag
  Wie den am Donnerbühel wünscht' ich euch —
  Und einen Feldherrn auch, wie den, der damals
  Uns siegen lehrte gegen Uebermacht.
  O, daß du heut' noch lebtest, wackrer Held!
Brugger (ein älterer Bürger).
  Beim Himmel! ja, das war ein Mann, der Ulrich
  Von Erlach!
Kramburg.   Doch was fasl' ich? Lebst du nicht
  In deinem Sohne fort, der von der ersten
  Zur letzten jede deiner Tugenden
  Von dir geerbt? O, daß ich heute ihn
  Vermissen muß im Kreis der Edlen Berns
  In seiner schwersten Stunde!
Brugger.   Mit Verlaub —
  Vermißt Ihr ihn, dann hat er keine von
  Des Vaters Tugenden. Der hat sein Alles
  Gesetzt an unsre Not. Der Sohn hält lichtscheu
  Sich irgendwo verborgen oder zeigt
  Vielleicht noch gar sich in des Feindes Lager.
Neunhaupt (auffahrend).
  Im Feindeslager — Erlach!?
Brugger.   In dem unsern,
  So viel steht fest, verweilt er nicht — und zwar
  Aus guten Gründen, wie man hört.
Neunhaupt.   Ich glaub's nicht,
  Was auch verlaute.
Rust.   Schwer zu glauben ist's.
Brugger. Ihr beide, ihr laßt über ihn nichts kommen,
  Weil er den Hals euch aus der Schlinge zog.
Pfirt. Ein böses Zeichen bleibt es, daß er fehlt.
Neunhaupt. Er kommt auch noch.
Brugger.   Als allerletzter — gelt?

Neunhaupt. Habt ihr es nicht gehört, daß er von Nidau
Zur Stunde aufgebrochen, da sie dort
Sich gegen uns verschwuren?
Brugger. Geht mir, geht!
Seit er den Hengst zum Thore da so hitzig
Hinausgespornt hat, hätte hundertmal
Ein Hinkefuß am Stabe Bern erreicht.
Doch er — wo blieb er? Weib und Kind nur hat er
Ins Nest gebracht auf Richenbach. Er selbst
Verschwindet plötzlich aus der Welt — und zwar
Gerade da der Feind im Feld sich zeigt —
Verschwindet! — Hört ihr? — weiß kein Mensch, wohin?
Pfirt. Höchst seltsam, in der That!
Brugger. Und höchst verdächtig!
Neunhaupt. Verdächtig! Was? Muß jeder, der verschwindet,
Auf schlimmen Pfaden gehn?
Brugger. Die Sorge — freilich —
Um manch ein Schlößlein, manch ein schönes Gut
Geht über die ums Vaterland.
Neunhaupt. Das wäre
Unwürdig seines großen Sinnes.
Pfirt. Nein —
Das wäre schlecht.
Viele Stimmen. Ja, schlecht!
Brugger. Das ist die Frucht
Der dicken Freundschaft zu dem stolzen Herrn,
Der immer uns mißachtet.
Pfirt. Ja, die hat
Mir nie gefallen.
Ruß. Schade wär's um ihn!
Neunhaupt. Herr Kramburg! Kommt mir doch zu Hilfe. Sagt
Es ihnen, derb, wie Ihr gewohnt.
Kramburg (in großer schmerzlicher Bewegung). Was soll
Ich sagen — was, da ich es selbst nicht fasse,
Vergeblich selbst mir sage, daß er anders
Nicht könne, daß die Lehenspflicht ihn hindre,
Mit uns zu stehn in diesem Streite, daß
Ihn vorschnell zu verdammen sündlich Wagnis!
Ihn, den so oft gerecht und groß gesinnt
Erprobten! — Wie auch dieses treue Herz
Mir wehrt an ihm zu zweifeln, mir verbürgend:
Was er auch möge thun, sei wohl gethan —

Vierter Akt.

Mein störrig alt Gehirn — nein — auch mein Herz,
Mein thöricht schwankend Herz läßt es nicht gelten —
Und meint, wie groß und heilig auch die Pflicht,
Die an den Freund ihn knüpft, die gegen Nidau
Die Hand zu heben ihm verwehrt — — es müßte
Gott Vater selbst herunter aus den Wolken
Ihm zugerufen haben: „Ich enthebe
Dich ihrer — steh zu Bern und seinen Bürgern!
Hau zu fürs Vaterland — und sähest du
Dir gegenüber unter Feindesbannern
Auch meine Engelsscharen und mich selbst
An ihrer Spitze — haue zu und frag nicht,
Wohin es trifft!" O, Erlach! deinetwegen
Möcht' ich mit dem da oben grollen, daß
Er so nicht sprach in deiner Brust; denn was
Sie auch bewegen mag, dein Handeln leitend —
Nicht in ihr Innres bringt des Volkes Auge,
Nur deine That, nicht ihren letzten Grund
Erblickt es — und so hoch es dich verehrt,
So tief verwirft es dich.

Brugger. Und das mit Recht.
Wer viel Vertrauen täuscht, täuscht doppelt bitter.

Kramburg. Entweiht, geschmäht, von Haß getroffen geht
Dein edler Name auf die Nachwelt über,
Die, wenig prüfend, nur der Sage horcht,
Die traurig mit gebrochner Bürgertreue
Auf immer ihn verknüpft. O Erlach! Erlach!
Dagegen schriee ich vergebens mir
Die Lunge wund. Es muß, wer dich geliebt,
Fortan, wenn er dich nennen hört, vorüber
Sich schleichen schweigend und gesenkten Blicks.

(Kurze Pause, dann großer Lärm und Freudengeschrei hinter der Scene)

Kramburg (auffahrend).
Was gibt's? Was dort?

Neunhaupt. Auf! laßt uns sehn!
(Er eilt mit andern nach der Richtung des Tumults.)

Ruß. Das strömt
Vom Thore her.

Brugger. Seht über dem Gedräng
Die vielen Federbüsche schwanken.

Pfirt. Das

Sind unsre jungen Ritter, die zur Stadt
Zurückgekehrt sind.
Kramburg. Element! Wer hieß sie
Absitzen und von ihren Posten weichen?
Brugger. Wer ist der Mann zu Pferd, den sie umringen
Und mit so argem Lärm begrüßen?
Rust. Kaum
Erwehrt er ihrer sich. Es scheint, sie wollen
Ihn aus dem Sattel heben.
Kramburg. Altes Auge!
Was gaukelst du mir vor? Mir ist, als sollt' ich
Des Mannes Haltung und Gebärde kennen.
Rust. Nun springt er ab und bricht sich Bahn; doch schließt
Sich hinter ihm die Flut und rollt ihm nach.

(Stürmischer Ruf hinter der Scene:)

Hoch, Erlach! Erlach, hoch, der Sohn des Siegers
Am Donnerbühl!
Rust. Hört ihr den Ruf?
Kramburg. Gott! jetzt nur
Laß nicht verrückt mich werden!
Neunhaupt (der atemlos zurückgelaufen kommt). Hollaho!
Gesellen! Brüder! auf! und stimmt die Kehlen
Zum Jubelruf. Herr Kramburg, lobt den Herrn
Und bittet ihm die Lästrung ab. Er ist's!
Er kommt. — Rust! alter Kerl, laß dich umarmen.
Freut alle euch mit mir. Ohohoho!

(Zu Brugger.)

Wer lacht zuletzt, wer lacht am besten nun?
Kramburg.
Der lacht — und ich — ich altes Weib! — was soll das?
Ich glaube gar, ich weine.
Brugger. Erlach wär's?
Neunhaupt (ihn herumdrehend).
Da! da! seht hin und glaubt es Euren Augen.
Hoch Erlach! hoch!
Alle. Hoch! Hoch!
Kramburg. Von Herzen hoch!

Vierter Akt.   119

Zweite Scene.

Vorige. (Erlach ist im Hintergrunde erschienen; junge Ritter und andre Volks-
haufen drängen ihm nach und stimmen in den Hochruf ein.)

Erlach. Was thut ihr? Freunde! Bürger! gönnt mir, daß
Ich Atem hole. Wollt ihr mich erdrücken?
Womit verdien' ich solcher Liebe Zeichen?
Wer bin ich, daß ihr so mich grüßt? Kein Götze,
Beim Himmel! und ihr sollt auch keinen haben.
Geht, geht und zwinget mich nicht zu erröten
Zum erstenmale vor mir selbst und euch.

Kramburg. Laßt sie gewähren, laßt! Wie sollten sie
Sich fassen und beherrschen? Bin ich selbst
Wie trunken doch vor Freude, Euch zu sehen,
Den wir verloren schon geglaubt.

Erlach.   Was hör' ich?
Man hat an mir gezweifelt! Tief gekränkt
Bin ich im selben Augenblick, in dem
Ihr thöricht mich umjubelt. Ist es dahin
Gekommen, daß man einen Mann so schwer
Vermißt, so schnell verdammt — und, stellt er ein
Sich endlich, ihm den Saum des Kleides küßt?
So hoch gestiegen ist, so schmerzlich wird
Empfunden unsre Not?

Kramburg.   Ein Erlach wird
Vermißt zu jeder Zeit. Doch scheltet nur.
Weil Ihr nur da seid, wir Euch wieder haben!
Lauf' einer doch von euch hinauf und meld'
Es dem Senat! Ich brächte gleich ihn selbst,
Wenn ich ihn erst umarmt nach Herzenslust.

Erlach (gerührt die Arme öffnend).
Freund meines Vaters!

Kramburg (ihm an die Brust sinkend, und ihn mit fast kindischer Freude liebkosend).   Meines Freundes Sohn!

Neunhaupt (der während der letzten Reden mit den andern geflüstert hat, von
Gruppe zu Gruppe eilend und dabei mit Blick und Gebärde immer auf Erlach
deutend, tritt vor).
Herr Kramburg, hört! mich dünkt, mit Rat und Wahl
Sollt' es nunmehr zu Ende sein. Wir haben
Gewählt schon, wir, das Volk. Doch ja — Ihr könntet
Mich mißverstehn von wegen unsres Spaßes
Da vorhin. Nehmt's nicht übel, Herr! — mit Euch
Ist's nichts mehr. Da steht unser Mann. Drum geht

Hinauf und sagt es dem Senat: den Erlach,
Sonst keinen wollen wir zum Feldherrn.
Stürmischer Ruf des Volks. Ja!
Den Erlach! keinen sonst!
Ein junger Ritter (auf Neunhaupt zutretend). Vorlauter Bursch,
Der du das Wort mir von den Lippen nimmst!
Ihr edlen Freunde, redet! War's nicht das,
Was alle uns durchzuckt', bei seinem Anblick?
Sahn wir nicht schon im Geist, von ihm geschwungen,
Das Bärenbanner wehen?
Pust. Sucht es, schleppt es
Herbei, daß wir es in die Hand ihm drücken!
Neunhaupt. Hebt ihn empor und tragt ihn auf den Schultern
Durch alle Gassen!
Pfirt. Ja, und ruft ihn aus!
Alle (Erlach umringend). Hoch Erlach, unser Feldherr! hoch!
Erlach (die Hand am Schwert). Zurück!
Bei meinem Zorn! Den ersten, der mir naht,
Schmettr' ich zu Boden mit des Schwertes Knauf.
O Schmach und Greuel! Find' ich so mein Volk
In dieser Zeit voll Ernst? Der Ordnung Bande
Zerfetzt! der wilde Haufe Herr und Meister!
Auf offnem Markt, durch wüst Geschrei erkoren
Der Führer, in des Augenblickes Laune.
Ohnmächtig das Gesetz! O armes Bern!
Erlebst du dies, dann lege Trauer an,
Nicht Waffen — unabwendbar ist dein Fall. —
Gebt Raum! Die Männer such' ich auf, die sonst
Mit Kraft euch zu gebieten wußten. Fänd'
Ich die auch schwachen Sinns, wie diesen Greis,
Der, solchen Unfugs Zeuge, lächelnd in
Die Hände klatscht — bei Gott! nicht ich ergriffe
Die Zügel, euch zu lenken — nein! — von dannen
Zög' ich zur Stunde wieder, meinen Schmerz
Und mich auf ewig zu verbergen.
Kramburg. Mann
Von Gold! mißacht mich nicht; ich kann nicht anders,
Ob ich auch weiß, ich fehle. Wie auch sollt' ich
Sie schelten, da die Lust mich stark befällt,
Sie alle zu umhalsen. Braves Volk!
Die Zunge beiß' ich gleich mir ab, wofern
Sie dich noch einmal dumm und vorschnell schmäht!

Dritte Scene.

Erlach eilt, Unmut kundgebend, an Kramburg vorüber, dem Rathause zu, aus welchem in eben dem Momente der Schultheiß Johannes von Bubenberg mit den Herren des Senates heraustritt. Einige davon, die Aeltesten, sind in schwarzen Gewändern, die andern in kriegerischer Rüstung.

Kramburg (Erlach zurufend).
Verweilt! Denn seht nur, seht — sie kommen Euch
Entgegen: unser würd'ger Schultheiß selbst
An des Senates Spitze.
Johannes von Bubenberg.   Hoch willkommen
In unsern Mauern, Erlach, denen nie
Ein Mann genaht, wie Ihr, zur rechten Stunde!
Wir kommen, Euch zu grüßen, Euch zu sagen:
Des Volkes Wahl bestätigt der Senat.
(Erlach weicht betroffen ein paar Schritte zurück. Bubenberg fährt fort.)
Doch nein! Das Volk bekräftigt unsre Wahl.
Nicht vorgegriffen hat es uns — beim Himmel!
Denn wie nur Euer Name klang im Saal,
Da sprach es leuchtend Aug' zu Auge: Euch
Gebühre, Euch, der Feldherrnstab, den zu
Ergreifen jede Hand bis nun gescheut —
Euch habe Gott ihn aufbewahrt. Und wie
Berührt von seinem unsichtbaren Finger,
Zugleich aufsprangen alle wir und sanken
Einander in die Arme tief bewegt.
Da erst traf unser Ohr des Volkes Ruf.
Und so bekleid' ich feierlich vor allen
Mit des Feldhauptmanns Würde Euch und lege
Vertrauend Berns Geschick in Eure Hand.
(Alles bricht aus in den Ruf:)
Hoch unser Schultheiß und Senat! Hoch! Hoch!
Erlach. Bei allem, was euch heilig, haltet ein!
Ihr seht mich überrascht, bestürzt, erdrückt
Von all der Ehren Bürde, die ihr häuft
Auf dieses mein unwürdig Haupt. O nehmt
Sie wieder von mir! Diese Hand, die nichts
Begehrt, als treu für euch ein Schwert zu führen,
Sie sollte sich vermessen, euch zu lenken
In der Entscheidungsschlacht?
Bubenberg.   Wie? Erlach! Ihr —
Ihr könntet uns verweigern?

Erlach. Was denn mehr,
Als Beßere vor mir, Ihr sagt's, gescheut
In des Gewissens Angst?
Kramburg. Wollt Ihr das Eure
Damit belasten, daß durch Eure Schuld
Der Mut uns allen sinke? — denn was Erlach
Sich nicht getraut, wird keiner unternehmen —
Und ohne Haupt bleibt Bern in der Gefahr.
Erlach. Ich bitt' euch — schonet mein!
Bubenberg (mit kraftvoller Würde). Ich aber sage:
Das Haupt, das Bern sich gibt, es darf nicht fehlen.
Kein Zaudern trägt die Stunde mehr. Es ruft
Das Vaterland Euch auf.
Erlach. Das Vaterland?
Wann bliebe taub mein Ohr je diesem Rufe?
Bubenberg. Gebieten kann es Euch. Auf denn! und steht,
Wohin es Euch gewiesen, oder gebt
Des Ungehorsams folgenschweres Beispiel.
Ihr habt zu wählen. Wählt!
Erlach. Befiehlt es mir —
Dann freilich kann ich — darf ich mich nicht sträuben —
Dann will ich euer Hauptmann —
(Da allgemeiner Jubel ausbrechen will.)
Haltet ein
Im Jubel! hört mich aus! ich will es sein;
Doch nur, wofern auch ihr, was ich begehr'
Mir zugesteht.
Bubenberg. Laßt hören, was Ihr fordert.
Kramburg. Es ist Euch schon gewährt.
Bubenberg. Erklärt euch!
Erlach. So
Wie ich mich beuge eurem Machtgebote —
So müßt auch ihr euch mir nun unterwerfen
Von heut' bis ganz der Feind zu Boden liegt.
Denn das — das fühl' ich: darf ich nicht mir sagen,
Es regt in meinem Heere jedes Glied
Nach meinem Winke sich und strebt dem Ziele,
Das ich gesetzt, mit allen Kräften zu —
Nicht führ' ich's aus zum Heile. Nur die Wucht
Der Willenseinheit kann die Zahl ersetzen —
Gebrochne Ordnung ist verlorner Sieg.
Nur der bewahrt der Freiheit heilig Gut,

Vierter Akt.

Der zu gehorchen weiß zur rechten Stunde
Und wem er soll. Bin ich der Mann, dem ihr
Vertraut, daß er Vertrauen nie mißbrauche —
Dann fordr' ich auch uneingeschränkte, volle
Gewalt von euch.

Bubenberg. Der billigen Bedingung
Beug' ich der erste mich. Blind handelnden
Gehorsam schwör' ich Euch.

Kramburg. So thu' auch ich.

Ein Senator. So thun wir alle.

Der junge Ritter. Nicht dem Alter weicht
Die edle Jugend Berns. Gebt uns das Zeichen
Und in den Schlund der Hölle stürzen wir.

Neunhaupt. Das können wir Plebejer auch.

Ruß. Hier gilt
Kein Rang, kein Unterschied.

Pfirt und Brugger. Wir alle schwören
Gehorsam Euch bis in den Tod.

Allgemeiner Ruf. Gehorsam
Ja! ja! bis in den Tod!

(Man hat indessen das Banner Berns gebracht. Bubenberg reicht es Erlach hin.)

Erlach (es fassend). So will ich denn
Mit Gott und euch den Streit bestehn. Hier Banner!
Hier Erlach! Steht zu mir! —

(Von einem plötzlichen Gedanken erfaßt, nach oben blickend.)

Geist meines Vaters!
O sieh herab! Groß ist und rein mein Wollen,
Wie deins. Gib deinen Segen meiner Kraft!

(Zum Volk gewendet.)

Ihr aber — sehet zu, daß ihr euch wert
Der Ahnen zeigt, die einstens ihm gefolgt.
Nicht euch gilt dies mein Wort, die ihr ergraut
Im Kampf — an euch, ihr Jünglinge von edler
Geburt, doch allzu keckem Mut, die ihr
So froh zum ersten auszieht oder auch
Den heut'gen leicht wie den von gestern wähnt —
An euch ergeht mein Ruf: Nehmt euch zusammen!
Des unbefleckten Namens denkt, der Thaten,
Von denen euer Wappenschild erzählt —
Der Holden, die mit feuchtem Aug' euch folgen
Ins Feld und schon die Kränze winden, die

Euch Liebe zugedacht, doch Schamerröten
Verweigern wird —; denn nur der Tapfre ist
Des Lohnes würdig aus der Schönheit Hand.
(Sich rasch zur Gruppe wendend, in der sich Neunhaupt und Rust befinden.)
An euch sodann, Gesellen dort vom Handwerk!
Die ihr so trotzig blickt, weil Trotzen Stärke
Euch dünkt, ihr dort, die ihr so hurtig seid
Zur Hand, wo immer es ein Schaugepräng,
Ein tolles Spiel, ein wüstes Treiben gibt,
Wo Becher klirren, Würfel rollen, Dirnen
Im Kreis sich drehn — ich will euch dahin führen,
Wo's anders klirrt und rollt, euch tanzen lehren
Von anderm Schweiß benetzt auf glühndem Boden
Nach meines hochgeschwungnen Schwertes Takt.
Ihr Unruhstifter, die ihr gern den Frieden
Des frommen Bürgers stört in stiller Nacht —
Euch Helden dünkt, wenn ihr am strupp'gen Bart
Den Juden zerrt, den heulenden — — daß euch
Geheul des Feindes minder nicht gefalle!
Aus euch bild' ich die Schar, die ich voran
Den andern sende oder in Person
Zum letzten Sturme der Entscheidung führe.

Neunhaupt. Uns recht! Was? Nicht?
Rust.　　　　　　　　　　Gewiß!
Pfirt.　　　　　　　　　　　　　　Hoch Erlach!
Der ganze Haufe.　　　　　　　　　　Hoch!
Erlach (mit kraftvoller Weihe).
Ihr aber — höret meinen Eid —: So wie ich
Dies Banner schwinge, will ich hoch es halten,
Mit starkem Arme, hoch, bis er gebrochen
Mir niedersinkt — es tragen hoch und schwingen
Am Tag der Siegesfeier auch — wo nicht,
Nur drein gehüllt als Leiche wiederkehren —
Tod oder Untergang ist meine Losung.
Alle (die Hände erhebend, begeistert).
Tod oder Untergang!

Vierter Akt. 125

Vierte Scene.

Vorige. Hugo, der schon früher im Gedränge erschienen ist, tritt nun hervor.

Hugo. Vergönnt auch mir,
Mit euch zu stehn, zu fallen! Nehmt mich auf
In euren Bund!
Erlach. Wen seh' ich?
Gemurmel des Volks. Wer — wer ist's?
Hugo. Der Sohn des Mannes, der euch tödlich haßt,
Des stolzen Grafen Nidau, steht zu euch
In diesem Kampf —
(Sensation.)
denn siegend hat belehrt
Ihn dieses Helden Mund, daß hier nur Ehre
Und Ruhm zu ernten sei. O hättet ihr
Gehört, wie er inmitten eurer Feinde
Begeistert ein für eure Sache stand!
Er hat mich euch gewonnen, seinem Stern,
Dem hell und rein erglänzenden zu folgen,
Trieb mich ein Gott.
Erlach. Was muß ich hören?
Ein Senator. Ein
Ereignis ohnegleichen!
Bubenberg. Gegen Nidau
Empört sich Nidaus eignes Blut.
Kramburg. Wie er
Doch alle Herzen zu gewinnen weiß!
Neunhaupt. Ein wackrer Bursch, von hohem Wuchs, und stark!
Der junge Ritter. Kein edler Haus als seins!
Hugo. O sagt mir: darf
Ich hoffen, daß ihr mich willkommen heißt?
Neunhaupt. Das will ich meinen.
Der junge Ritter. O gewiß — und gern!
Bubenberg (da auch andere sich zu Hugo drängen und ihn freudig begrüßen, Erlachs finstere Miene gewahrend).
Gemach! Und greift nicht unserm Feldherrn vor.
Ihm steht es zu, im Heere aufzunehmen,
Wen er für tauglich hält.
Erlach. Wenn dem so ist —
Dann, schnell entschlossen, weis' ich diesen hier
Von uns hinweg!

Hugo (bestürzt). Um Gott! — Ihr — Erlach — könntet —
Erlach. Dir zürnen, ehrvergeßner Knabe du!
Ob dieses Frevels wider die Natur.
Hugo (nach Worten ringend).
Bin ich der erste denn, der Eltern, Brüder —
Der alles läßt, der Sache sich zu weihn,
Die er für edel und gerecht erkannt?
Erlach. Unglücklicher, der du dich selbst belügst!
Den Stern, der dich hierhergeführt, den kenn'
Ich besser. Ha! entfärbst du dich? — Thor, der
Gewähnt, er würde hell noch leuchten auch
Dem Jüngling ohne Pflichtgefühl, dem schnöden
Verräter an des Vaters heil'gem Haupte,
Dem Ueberläufer, der in jedes Lager
Sich wirft, wohin die Leidenschaft ihn treibt,
Dem Schwächling, der kein andres Banner kennt,
Als seines Mädchens Schleier nur, ein Sklav'
Des Windes, der da wehend mit ihm spielt!
Und des empörenden Gedankens: ich,
Der ich nur mit unendlich tiefem Schmerz
Mich losriß von dem Edlen, dessen Freundschaft
Mich stolz gemacht, den ich als Feind noch ehre —
Ich würd' es loben — ich, daß du, der Sohn,
Dich waffnest gegen ihn, den zu beschirmen
Dich mahnen sollte jeder Tropfen Bluts,
Den zu verlassen dich kein großes Wollen,
Kein groß Erkennen treibt.
(Da Hugo widersprechen will.)
So schwöre doch
Mit heil'gem Eid — beim Schoße deiner Mutter!
Daß du hier stündest auch, hätt' ich dir nicht
Die Braut entführt. So schwöre doch!
(Da Hugo zerschmettert sich abwendet und das Gesicht verhüllt.)
Du schweigst.
Hinweg! und dahin, wo du hingehörst!
Hugo. O so stürzt ein, ihr Berge und begrabt
In Schutt die namenlose Schmach! Hinweg
Gepeitscht vom Ort, wohin das Herz mich zog!
Erbärmlich da gescheitert, wo den Hafen
Die trügerische Hoffnung für mein einzig
Ersehntes Glück mir vorgespiegelt! Ich
Ertrag' es nicht.

Vierter Akt.

(Ein dumpfes Gemurmel der Unzufriedenheit und des Mitleids mit Hugo wächst nun zu lautem Murren an.)

Erlach (mit strengem Auge um sich blickend).
Wer wagt es da, zu murren,
Sich aufzulehnen? Ha! Gedenkt ihr so
Des Eids? Besteht ihr so die erste schon
Der Proben des Gehorsams?
Bubenberg. Ruhe! Ruhe!
Kramburg. Gedenket eures Schwurs!
Senator. Still! und gehorcht!

(Tiefe Stille.)

Erlach (zu Hugo in milderem Tone).
Erhebe, armer Jüngling, dich und finde
Der Reue edlen Mut. Zieh hin und sage
Ihm, dem ich sende den verlornen Sohn,
Wie du mich fandest gegen ihn gesinnt.
Er möge meinetwillen dir verzeihen.
Hugo (mit wilder Entschlossenheit).
Nur einen Ausweg, eine Rettung gibt's —
Sonst keine mehr! Gebt Raum!
Erlach. Bewahre vor
Verzweiflung deine Seele!
Hugo. Raum! gebt Raum!

(Er drängt sich durch das Volk und flieht.)

Fünfte Scene.
Vorige ohne Hugo.

Erlach (ihm nachsehend, sorgenvoll).
Laß ihn sich wiederfinden, Allbarmherz'ger!
Mir bangt um ihn. — Ich bitt' euch, folget ihm
Und seht, wohin den Schritt er lenkt —

(Er ist bei diesen Worten unwillkürlich ein paar Schritte zurückgegangen, plötzlich aufhorchend bleibt er stehen.)

Doch still!
Was hör' ich? Still!
Kramburg. Was habt Ihr?

Erlach.   Horchet auf!
Vernehmt ihr?
Kramburg.   Was?
Erlach.   Wie fernher tönenden
Gesang.
Bubenberg. Ja, ja! nun hör' ich's deutlich auch.
Kramburg. Und zwischen durch ein seltsam rauher Klang,
Lang hingezogen —
Bubenberg.   Eines Hornes Ruf!
           (Im Hintergrunde läuft das Volk zusammen.)
Kramburg. Seht, wie die Menge in Bewegung kommt!
Bubenberg. Was ist?
Neunhaupt.   Da kommen Bursche atemlos
Hereingelaufen. Wollen an der Straße,
Die längs der Aar vom Thunersee herab
Sich senkt, auf einen Haufen fremden Volks
Gestoßen sein, der wohlbewaffnet näher
Und näher zieht.
Kramburg.   Wär' es der Feind?
Bubenberg.   Von daher?
Unglaublich fast — und dennoch —
       (Diese Worte veranlassen Unruhe und Bewegung des Volkes.)
Erlach (gebieterisch die Hand ausstreckend).   Ruhe! Ruhe!
Ein jeder Laut verstumme, daß wir hören!
(Man hört den früher nur schwach vernehmbaren Gesang schon viel deutlicher, ebenso
                           das Horn.)
Bubenberg. Derselbe Hornruf wieder, nur verstärkt!
Erlach (freudig). Ja, ja! sie sind's. Das ist das Horn von Uri.
Nicht Feinde, Freunde nahen.
Kramburg.   Wie? Das Horn
Von Uri? Sagt —
Erlach.   So höret und erfahrt,
Warum zu kommen ich so lang gesäumt.
Erdrückt von schwerer Sorge, wie ich Hilfe
Euch brächte, mächt'gere als diesen Arm,
Erblickt' ich plötzlich sie vor mir im Geist.
Und statt zum Schwert greif' ich zum Wanderstabe —
Auf rauhen Pfaden übersteig' ich das
Gebirg, nach Sarnen komm' ich und zur Bucht
Von Alpnach an den See. Von Waldstatt eil' ich
Zu Waldstatt hin, von leichtem Kahn getragen.
Das Volk der Eidgenossen ruf' ich auf,

Uns beizustehn, auf daß auch ihm dereinst
In seiner Not nicht Freundesbeistand fehle.
Und wie ein Feuerbrand fällt meine Rede
In ihre Seelen, hoch auf lobern sie.
Ich fühle ihrer schwiel'gen Hände Druck,
Vernehme tief bewegt ihr Wort: „Zieht hin
Getrost nach Bern! Noch eh' den Staub ihr von
Den Schuhen schütteln könnt, sind da auch wir." —
Und horch! mir auf den Fersen folgen sie.
Schon sind sie da. Weit auf die Thore! Heil
Und Segen ihrem Einzug!
Alle.   Heil und Segen!

Sechste Scene.

Alles drängt nach dem Hintergrunde. Man hört nun ganz deutlich und nah den

Schlachtgesang der Eidgenossen.

Das Landbanner wehet —
Des Hornes Getön
Erwecket das Echo,
Es lauschen die Höhn.

Herab von den Triften,
Ihr Hirten voll Mut!
Laßt grasen die Herden
In himmlischer Hut.

Vom Fels auch ihr Jäger!
Herab ins Gefild!
Laßt fort noch des Lebens
Sich freuen das Wild.

Ihr Fischer auch, schaukelnd
Auf flüssiger Bahn,
Vernehmet den Hornruf,
Laßt Netze und Kahn!

Es gilt unsre Freiheit —
Greift alle zur Wehr!

Der Feind sie bedrohet,
Schon zieht er einher.

Am Morgartnerwald auch,
Da brach er herein —
Im Morgartnerfelde,
Da bleicht sein Gebein.

Des Tages Gedächtnis,
Es stähl' euch den Arm,
Wer immer euch drohe
Mit Knechtschaft und Harm!

Seid einig, seid standhaft,
Seid stark und bereit,
Zu wahren die Freiheit
Ans Ende der Zeit.

(Unter diesem Gesange rücken die Eidgenossen in den Hintergrund der Bühne ein und dann allmählich, vom Berner Volk umdrängt, bis in die Mitte vor.)

Stürmischer Jubelruf des Berner Volks.
Heil! Segen eurem Einzug! Seid willkommen!
Ein Hoch den Eidgenossen!
Ruf der Eidgenossen. Gott mit Bern!

(Der Schultheiß Johannes von Bubenberg eilt auf den Führer der Eidgenossen zu, reicht ihm die Hand und sinkt ihm, von unwillkürlicher Bewegung übermannt, in die Arme. Bei diesem Anblick entsteht allgemeine Verbrüderung. Alle drücken sich die Hände, werfen sich einander an die Brust.)

Erlach (in die Mitte der Bühne vortretend in hoher Begeisterung).
O sieh herab und segne diese Stunde
Und lächle diesem Schauspiel, Herr! — Hervor
Aus dem Gebirge bringt der Strom der Freiheit
Und rauscht zu Thal, befruchtend ihre Saaten.
Treuherzig reicht der Hirt die Hand dem Bürger,
Der Edle, seines Stolzes sich begebend,
Will nichts als einer mehr der Ihren sein.
So halten sie als Brüder sich umschlungen,
Vereint zu stehn im Sturm. O löse nichts,
Auch nicht des Glückes, nicht des Friedens Sonne
Den Bund, den Großmut mit der Not geschlossen! —
Gib deinen Segen ihm, o Herr, auf daß
Ein Volk erstehe, ganz dir wohlgefällig.
Wie einst dein auserwähltes, keinen Herrn
Erkennend außer dir, doch immerdar

Mit weiser Mäßigung sich selbst beherrschend —
Nicht namenlos verloren in der Menge,
Der blind gehorchenden, doch nie genannt
Mit jenen, die auf ewig blut'gen Pfaden
Sich nichts erkämpft als eitlen Ruhmesglanz —
— Ein Volk, gering an Macht, das nimmer Macht
Begehrt, in stiller Freiheit seine Würde,
In stiller Freiheit findet all sein Glück —
Ein harmlos Volk; in Waffen dennoch furchtbar,
Doch nur, sich selbst zu schützen vor Gefahren,
Nie mit Gewalt bedrohend fremdes Recht.
O schwört, dies Volk zu werden, schwört! — Dies Volk —
O Herr! gewiß, du willst, daß es erstehe —
Du kannst nicht wollen, daß es untergeht.
Darum getrost zum Kampf in deinem Namen!

(Er steht, das Banner hoch erhebend, den Blick nach oben, aufgerichtet da. Ein Teil des Volkes kniet, der andre steht in andachtsvollen Gruppen. Die Eidgenossen stimmen die letzte Strophe ihres Gesanges wieder an. Abendröte.)

(Der Vorhang fällt.)

Fünfter Akt.

Erlachs „Landlust auf Richenbach", ein einfaches Schloß in einsamer Gegend unweit Bern an der Aar, im Vollmondscheine.

Erste Scene.

Auf einem Balkon des Schlosses steht Bertha, an das Geländer gelehnt, und blickt träumend in die Nacht hinaus. Hugo kommt rasch aus dem Hintergrunde.

Hugo. Ich bin am Ziel. Nun hülle dich in Wolken,
Du freundlich Himmelslicht, das mich geleitet!
Dem Raubgesellen gleich muß ich nun bringen
In der Geliebten Haus.

(Bertha erblickend.)

Und doch — hab Dank!
Du zeigst mir, was ich suche — habe Dank!

Du scheuchtest ihr den Schlummer von den Augen,
Du locktest sie heraus. Doch nun lisch aus!
Daß sie nicht bebe vor dem Bräutigam,
Der sie zu holen kommt, wenn sie ihm schaut
In die verstörten Züge!

(Mit halb gedämpfter Stimme.)

Bertha!

Bertha (zusammenzuckend). Horch!
Mir war's, als riefe wer —
Hugo. Wach auf, wach auf
Aus deinen Träumen!
Bertha. Himmel! Welche Stimme!
Hugo. Dein Hugo ruft.
Bertha. Du hier auf Richenbach?
Was willst du?
Hugo. Dich! Herab zu mir!
Bertha. Du kommst
Von Bern?
Hugo. So weißt du —?
Bertha. Alles. O wär' nie
Die Kunde mir gekommen! Das — das also
War deine Zuversicht, darauf dein Pochen?
O unglückfel'ger Jüngling!
Hugo (sehr heftig). Schmäh mich nicht!
Nicht du auch! Ich ertrag's nicht. — Nicht den Weg
Zur Hölle hätte ich gescheut, dich zu
Gewinnen. O ich fühl's nun und verwünsche
Die Maske, die ich vornahm vor mir selbst —
Dein Vater riß sie mir vom Angesicht.
Ja denn — bei allen finstern Mächten — ja!
Dir galt, nur dir die That, die mich geschändet
Vor dieser Welt. Ich lache ihres Urteils.
Was ist mir Bern, was mir des Adels Sache?
Der Liebe Banner nur weht mir voran,
Der Liebe Banner, das noch wehen wird
Und in den Tod selbst glühnde Herzen reißen,
Wenn längst die letzte Adelsgruft und Bern
Zerfallen liegt. An deinen Busen flüchtet
Sich der Geächtete. O komm herab! — —
Du zauderst — ha! — du schämst dich mein! — O dann —
Zurück in dein Gemach! die Thüre zu!

Fünfter Akt.

Den Riegel vor! — Von meinem Blut bespritzt
Sollst du die Schwelle finden, wenn es tagt.
Bertha. O heil'ge Jungfrau! schütz ihn vor sich selbst!
Hugo (das Schwert entblößend, wild).
Herab zu mir! Im Augenblicke sonst
Zerreißt mein Schwert im Herzen mir dein Bild.
Bertha. Halt ein! ich komme — komme schon —
(Sie verschwindet vom Balkon und kommt gleich darauf aus dem Schlosse.)
Hugo (ihr entgegeneilend und sie stürmisch umfangend). Hab Dank!
Nun halt' ich dich, um nimmer dich zu lassen.
Bertha (erbebend).
Entführen willst du mich?
Hugo. Bei Gott!
Bertha. Und wähnst,
Daß ich dir folge?
Hugo. Alles hab' ich dir
Geopfert. Gib auch du nun endlich den
Beweis mir deiner Liebe!
Bertha (in höchster Verzagtheit, doch mit innigstem Gefühl). Wehe mir!
Vermag ich's nicht, an dich geschmiegt, jetzt um
Dich weinend, da dich alle hart verdammen —
Vergessend Zeit und Ort und keusche Sitte,
Von tiefer Angst um dich erfaßt, dich so
Umfangend, so mit zärtlich weichen Händen
Die Locken, die so wüst sie überhangen,
Dir streichelnd aus der lieben heißen Stirn —
Sie küssend —
Hugo. Bertha!
Bertha. Nur ein einziges,
Ein erst und letztes Mal nur —
Hugo. Nein!
Bertha. Dich zu
Besänftigen, zum stillen Mute der
Entsagung dich zu führen —
Hugo. Hoff es nimmer!
Berührt von deinen Lippen, mehr noch dürst' ich
Nach deinem Vollbesitz.
Bertha. Ohnmächtig dann,
Dir zu genügen, siehst du mich.
Hugo. Es harrt
In naher Waldkapelle schon der Priester,
Den ich gewann, zu segnen unsern Bund.

Bertha. O dürft' ich vor ihm stehn! — Ein Leben durch
Dir den Beweis zu geben meiner Liebe —
Ja, das vermöcht' ich — ja! denn meine Liebe —
O Gott! Wie darf ich hoffen, daß du jetzt
Ihr Wesen faſſeſt? — Wie ein mildes Licht
Vermöchte sie, vom trauten Herbe dich
Erwärmend, alles um dich her erhellend,
Dich zu beglücken neu mit jedem Tag —
Ja, noch ein Stern des Trostes dir zu glänzen
In herbſter Prüfung Nacht. Nur eins vermag
Sie nicht: ein wildes Feuer, alles zu
Verzehren, was von dir mich trennt.
Hugo. Dann nichts
Vermag sie. Zeigst du mir das Ziel — und willst
Den Weg nicht gehn?
Bertha. Beträt' ich dieſen, ſchnell
Verſänke unſer Ziel. O glaube mir —
Denn ich empfind' es tief: Nicht blühen kann
Des Glückes Pflanze, mit Gewalt gerissen
Ab von der Wurzel aus dem Muttergrunde —
Nur, ſorglich ausgenommen, wohl verſetzt
In gute Erde von berufner Hand.
Wie könnt' ich froh dir je ins Auge ſehen,
Trät' ich mit Füßen all die heiligen
Erinnerungen, die der Kindheit Bild
Mir wiederſpiegeln, — ließe ſie, die mir
Das Leben gaben, ſorgend es bewahrt,
Vom Haupte fern mir hielten jeden Harm —
Ach ſie, die mich ſo ſehr geliebt, mir zürnend,
Um die Verlorne weinend hinter mir?!
Hugo. Weh mir! Verwünſchen lehrt mich dieſe Stunde,
Was je an deiner lieblichen Erſcheinung
Mich hoch entzückt, dein Wesen mir verklärt:
Des Auges ſanften, ewig feuchten Strahl,
Die rührende Gewalt der weichen Züge,
Die holde Züchtigkeit, dein ſchnell Erröten,
Die fromme Demut der geſenkten Stirn.
Denn unter dieſer zarten, keuſchen, leiſe
Nur atmenden, nie hoch geſchwellten Bruſt
Barg ſich ein mutlos Herz.
Bertha (erregter, wie mit plötzlicher Verſuchung kämpfend).
O glaub es nicht!

Fünfter Akt.

Ich fühl' es — jetzt erst, jetzt, da alles Blut
Zu Kopf mir siedend strömt: von mir auch könnte
Mein guter Engel weichen — ich auch könnte
Mich blind ergeben dem, der mich gewann,
Ihm folgen — auch in Unglück, Schuld und Schmach — —
Wär' ich die Tochter Erlachs nicht!

(Gleichwie an diesem Namen sich wieder aufrichtend immer fester und edler.)

            Doch wo
Ein Edelster, wie er sich zeigt auf Erden,
Ein Mann und Held, so groß, so selbstvergessen,
Die Freude aller, Tausenden ein Hort — — —
Da wird zum ärgsten Frevel jede That,
Die ihn verriete, jede Kränkung, ihm
Bereitet, jeder Wunsch, der ihn betrübte —
Da in dem Kreis, den er durchwandelt, sinken
Die Pflichten alle vor der einen Pflicht:
Nicht unwert seiner, ihm genug zu thun.
So fühlt sein letzter Knecht. Und ich, sein Kind,
Ich sollte Schande bringen über ihn,
Sollt' ihn in Kummer stürzen, jetzt, da er
Hinauszieht in Gefahr und Kampfesnot?
Um keinen Preis der Erde!

Hugo.   Bertha! — — — Er!
Und immer er! — — der mich hinweggestoßen,
Der mich beschimpft. Nur er besitzt dein Herz.
O, Fluch ihm! Fluch!

Bertha.   Halt ein!
Hugo.   Um seinetwillen
Jagst du mich von dir und ins Verderben.
Ich habe keinen grimmern Feind als ihn —
Ich fühl's an diesem Haß, der gegen ihn
Mich plötzlich wild durchglüht.

(Bertha ringt verzweiflungsvoll die Hände.)

Hugo.   Wie Sturmwind faßt
Es mich und treibt mich fort — ins Schlachtgewühl.
In heißen Thränen bade dich, begegnet
Mein Schwert dem seinen dort!

Bertha.   Entsetzlicher!
Hugo. Doch nein! Um mich ja weinst du keine Thränen.
Ha! wie in Angst um ihn du mich verkennst.
Sein Heil, es ist gewahrt — denn ungerüstet

Wie ich von dir nun eile, stürz' ich ihm
Entgegen, achtlos meines Lebens, nur
Mit scheinbar töblichem Begehr nach seinem —
Ihn zwingend, mich zu töten. Küsse bann
In Ehrfurcht fort die Hand, die den erschlug,
Der über alles dich geliebt.
(Er stürzt fort.)

Bertha. Mein Hugo!
Verweil und höre mich! Umsonst! Mir ist,
Als wären es die Schatten ew'ger Nacht,
Die da vor meinen Augen ihn verschlingen.
Zu viel! Ich unterliege.

Zweite Scene.

Bertha. Elisabeth tritt aus dem Schlosse.

Elisabeth. Bertha! Bertha!
Wo bist du?
Bertha. Mutter — du?
Elisabeth. Ich suche dich.
Bertha. Du hier?
Elisabeth. Nicht minder ruhelos, als du.
Wer könnte ruhen heut'? Hast du vernommen?
Schon ziehen sie hinaus, des Weges, der
Nach Laupen führt.
Bertha. Wer, Mutter, wer?
Elisabeth. Die Berner,
Ihr Banner hoch in deines Vaters Hand!
Man hat im Vollmondscheine sie gesehen
Hinan die Hügel klimmen. Ihre Waffen
Und Helme blitzten drohend durch die Nacht,
Bis Waldesdunkel ihren Marsch verbarg.
Die nahe Schlacht verkünden diese Zeichen.
Bertha. O Herr im Himmel, schirme ihn — und ihn!
Elisabeth. Ja, laß uns beten, Kind, für deinen Vater
Und seinen Sieg! Werd' ich ihn wiedersehen?
O daß ich ihn im Unmut scheiden ließ —
Daß er den Vorwurf sah in meinem Blick!

Fünfter Akt.

O wie beneid' ich dich! Um wie viel sichrer
Hat kindlich fromme Einfalt dich geleitet,
Als mich verwegner Ehrgeiz, den ich nun
Verachten lernte! Toll nur für ihn schwärmend,
Begriff ich seine wahre Größe nicht.
Verwandelt ist mein Wesen, seit der Tag
In Bern sie aller Welt geoffenbart.
O alle, die davon auch nur erzählen,
Vergießen Thränen der Begeisterung.
Wie klein, von ihm zu fordern, daß er buhle
Um dieser Großen Gunst, um Fürstengnade —
Er — er, der nur zu zeigen sich gebraucht,
Der Erste eines Volks zu sein! — — Und ich,
Die es verdroß, im Dunkel ihn zu wissen,
Was will ich mehr? Auf ihn gerichtet sind
Die Augen aller nun. Wo fänd' ich je,
Was ich so sehr gesucht: gerechtern Grund
Zum Stolz auf ihn? — O könnt' ich es ihm sagen,
Eh' die Entscheidung fällt! daß nicht im Tode
Er mir noch grolle, nicht als Sieger wähne,
Sein Glück nur habe mich bekehrt. O dann,
Wenn ihn ein güt'ger Gott uns wieder schenkt,
Leg Zeugnis ab für mich, du meine Tochter!

Bertha (sie umarmend). Ich will es, Mutter!

Elisabeth. Und nun folge mir!

Bertha. Wohin?

Elisabeth. In der Kapelle schon versammelt
Ist das Gesinde. Uns geziemt es, ihm
Ein Beispiel, zu durchwachen auf den Knieen
Den Rest der bangen Nacht. Der Morgen bringt
Uns höchste Freude oder tiefsten Schmerz.

(Sie gehen ab ins Schloß.)

Verwandlung: Lager des Adels vor Laupen. Morgendämmerung.

Dritte Scene.

Nidau tritt auf und eilt mit raschen Schritten auf ein Zelt im Vordergrunde zu. Zwei seiner Ritter begleiten ihn.

Nidau (den Vorhang lüftend, der den Eingang des Zeltes schließt).
Der Morgen graut, die Pferde stehn bereit;
Die Reisigen, die euch geleiten, sind
Im Bügel schon. Brecht auf!

(Veronika tritt mit den beiden Knaben Rudolf und Jakob aus dem Zelt.)

Veronika. So muß ich doch
Nun wieder fort? — Nur diesen einen Tag
Laß mich verweilen noch in deiner Nähe!
Nidau. Nicht eine Stunde mehr!
Veronika. Mir ist so bang,
Mir wird der Abschied, ach — so schwer! Was auch
Verschlägt es dir? Die Waffen ruhen heute —
Nidau. Weil du es nur verbürgst!
Veronika. Der Feind in Laupen
Ist noch erschöpft vom Sturm, den gestern er
Mit Not nur abgewehrt. Die Berner sind
Noch nicht im Feld. Und hier im Lager rüstet
Man sich zu festlichem Turnier. Geladen
Sind aus den nahen Schlössern edle Damen.
Mich sendest du hinweg.
Nidau (finster). Ich selbst gedenke
Dem Lärme fern ins Zelt mich einzuschließen.
Gelüstet's dich, mein Weib, zu schwelgen in
Des Festes eitlem Glanz?
Veronika. Nicht seinetwegen,
Du weißt es wohl, kam ich herüber, nahm
Es nur zum Vorwand, dich zu sehen. Laß
Mich heut' noch bei dir sein. Bleib nicht allein
In deiner bösen Stunde! Unmut herrscht
In deiner Brust, dich quälen böse Zweifel,
Seit sie im Kriegsrat jüngst dich überstimmt
Und deinen Rat mißachtet.
Nidau. Wolle Gott,
Daß sie es bitter nicht bereu'n! Du aber —
Mach endlich fort!
Veronika. Und auch den Sohn nicht soll

Fünfter Akt.

Ich sehen mehr, nicht wissen, wo er weilt,
Bevor ich scheide?
Nidau. Hugo? — Wünsche nicht,
Zu schauen, wie ich ihn empfange, der,
Nicht achtend meines Rufs, dem Lager fern
Umher sich treibt — Gott weiß, auf welchen Pfaden? —
Küß beinen Knaben und Abe! — Was säumst
Du noch?
Veronika. Laß beide Knaben mit mich nehmen!
Nidau. Nein! Rudolf bleibt.
Veronika. Er sehnt sich heimzukehren.
Nidau. Was? heimzukehren? Sonst, gab's einen Strauß,
Hat er mich stets gequält, ihn mitzuführen.
Und nun ich endlich seinen Wunsch erfülle,
Nun sehnt er sich zurück ins Nest. Ich will
Nicht hoffen, daß ihn Angst befiel.
Rudolf. Nein, Vater!
Gewiß nicht Angst.
Nidau. Was sonst? Nur Laune, Laune!
Und wieder Laune! Still!
Rudolf. Ich will nicht, daß
Du glaubst, ich fürchte mich. Enttäuscht nur bin ich;
Denn anders dacht' ich einst mir auszuziehen
Zum erstenmal — nicht nur an beiner Seite,
Auch unter Erlachs Augen —
Nidau (peinlich berührt). Still! schweig still!
Rudolf. Und nun ich gar ihn weiß uns gegenüber,
Hab' ich nicht Freude mehr an diesem Krieg,
Als wär's ein Unrecht —
Nidau (die Hand erhebend). Bube!
Veronika. Nidau! laß —
Nidau. Fort! nimm ihn fort mit dir! Aus meinen Augen!
Veronika. Nicht so!

(Da er mit einer entschiedenen Bewegung sie von sich weiset, resigniert.)

Leb wohl!

Vierte Scene.

Vorige. Veronika will gehen. Graf Gerhard von Valangin, Kiburg, Thurn und andre treten auf und ihr in den Weg. (Es ist völlig Tag geworden.)

Valangin.   Verweilet, edle Gräfin!
Kiburg. So ist es wahr? Verlassen wollt Ihr uns?
Valangin. Am Tage, den wir froh zu feiern denken
 Mit Kampfspiel, Minnesang und Festgelag?
Veronika. Verzeiht — doch mein Gemahl —
Valangin.   Ich will nicht hoffen,
 Daß er Euch gehen heißt.
Kiburg.   Er würde schwer
 Uns kränken.
Nidau.   Denkt darüber, wie Ihr mögt!
Thurn. Und seht Ihr nicht, daß er Euch kränken will?
Nidau. Nie hab' ich es verhehlt und wiederhol'
 Es Euch ins Angesicht: ein Greu'l ist mir
 Dies Festgepräng im Feld, dies Spiel mit Waffen,
 Da uns der Waffen Ernst so drohend nah.
Thurn. Wir sollen wohl in Sack und Asche trauern?
 Worüber denn? Der Feind soll merken, daß
 Wir wohlgemut und unsrer Sache sicher.
Nidau. Bei Gott! Wir haben zu frohlocken Grund,
 Da noch mit Erde kaum bedeckt die Leichen
 Vom letzten Sturm, der uns mißlang!
Thurn.   Was gilt's,
 Der nächste glückt!
Nidau.   O Wahnsinn! Statt aufs Ziel
 Mit aller Macht gerade loszustürmen,
 Bern zu umklammern mit den Eisenarmen
 Und so es zu ersticken in sich selbst —
Kiburg. Die Laupner uns im Rücken?!
Nidau.   Was vermochte
 Dies Häuflein wider uns im freien Felde?
 Nur hinter diesen Mauern trotzt es uns,
 Indessen Bern vollendet seine Rüstung.
Thurn. Es rüste, wie es mag, uns ist es nicht
 Gewachsen, waffnet's auch den letzten Mann.
Valangin. Uns gilt es gleich, ob Laupen fällt, ob nicht.
 Die Berner nur soll ihrer Brüder Not
 Heraus uns locken in das Schlachtgefild.

Kiburg. Dann um so besser, wenn in voller Zahl
Sie kommen, daß mit einem Schlage wir
Die ganze Brut vernichten.
Thurn. Eins nur fürcht' ich.
Ob ihren Brüdern auch die Kehlen wir
Zusammenschnüren, nimmer finden sie,
Mit uns zu messen sich, den Mut. Und klug,
Beim Himmel, thun sie, bleiben sie uns fern.
Valangin. Dann immer ist es Zeit noch, sie zu suchen.
Nidau. Nicht darum sorgt, Ihr, sonst so sorglos doch!
Es wird sich dieser Feind gewiß Euch stellen,
Sobald es gut ihm dünkt. Ihr gönnt ihm ja
Der Stunde Wahl.
Thurn. Wir heißen ihn willkommen
Zu jeder Zeit — Euch, scheint es, bangt vor ihm.
Nidau. Mir bangt? — Tod und Verdammnis! — Wem gab je
Der Nidauer ein Recht, von ihm zu denken,
Er könne zagen. Ja, wenn Heldensinn
Nur einzig wäre seinen Feind verachten,
Gebührte freilich Euch des Mutes Palme.
War dieser so verächtlich ganz und gar,
Nie zog ich gegen ihn mein gutes Schwert.
War's Thorheit nicht, den großen Bund zu schließen
Und aufzubieten unsre ganze Kraft,
Galt's einem furchtbar'n Gegner nicht? Vor allen
Nicht Euch geziemt's, der Berner heut' zu spotten,
Vor denen Ihr so oft gebebt, nicht ich!
Thurn. Darf er auch das uns bieten ungestraft?
Kiburg. Ein unerhört Betragen!
Thurn. Länger nicht
Bezähm' ich meinen Grimm. Den Handschuh werf'
Ich ihm ins Antlitz.
Nidau. Wagt es!
Kiburg. Mir auch soll
Er Rede stehn.
Nidau. Euch allen!
Valangin. Haltet ein!
Kraft meines Amts als Feldherr mahn' ich euch
Zur Mäßigung — vor allem Euch, Herr Graf!
Nidau. Zu spät kommt Eure Mahnung. Hat mich dieser
Zuerst mit scharfem Worte doch verletzt!

Thurn. Eh Euch mein Wort, traf Euer böser Blick
Beleidigend uns alle schon.
Valangin.   Gesteht
Es immer zu: der üblen Laune nur
Habt Ihr gefrönt, die Euch beherrscht, weil jüngst
Nicht Eure Meinung durchgedrungen.   Habt
Ihr vordem doch die Zuversicht geteilt,
Die uns erfüllt, auf unsre Tapferkeit
Nicht minder, als auf unsre Ueberzahl.
Nidau. Ob Mut und Zahl uns frommen? — dran zu zweifeln
Hab' ich gelernt, seit ich den Geist erkannt,
Der sie zu lenken sich vermißt.
Valangin (nun auch erregter).   Der Eure
Scheint Euch allein berufen wohl zum Werke?
Zu Tag nun tritt es deutlich: Euer Hochmut
Erträgt es nicht, daß mich, nicht Euch die Wahl
Getroffen, dieses Bundes Haupt zu sein.
Nidau. Dem Ueberlegnen neidlos beug' ich mich.
Doch nur mit Widerstreben dem, den nur
Der äußern Würde, nicht der Thaten Glanz
Dem Besseren vorangestellt.   Wär't Ihr
Der Vogt des Kaisers nicht, und schiene nicht
Durch Eure uns zu lenken *seine* Hand,
Nie hätten Euch sie auf den Schild erhoben.
Doch fürcht' ich sehr: weil uns ein Kaiser lächelt,
Wird finster blicken uns der Schlachten Gott.
Valangin. Habt Dank, daß Ihr mich warnt vor Eurem Sinne,
Auf daß ich nicht zu viel Euch anvertraue,
Wenn der Entscheidung Stunde schlägt.   Ihr möchtet
Versucht Euch fühlen, den Beweis zu liefern,
Wie schlecht ich mich verstehe auf den Krieg.
Nidau. Ihr wagt auch den Gedanken nur? — O nun
Besteh' ich drauf, dahin gestellt zu werden,
Wo die Gefahr den Besten, Kühnsten heischt.
Thurn (zu dem während des letzten Wortwechsels zwischen Nidau und Valangin ein Bote aus dem Hintergrunde gekommen ist, nun vortretend und mit triumphierender Miene).

Wir wären Thoren, ließen wir es zu —
Da offenbar nunmehr der *wahre* Grund
Der schnöden Zweifelsucht, der Tadelslaune,
Womit er unsern Schritten geifernd folgt,

Fünfter Akt.

Der hohen Meinung, die von Bern so plötzlich
Er hegt. Ist doch sein Herz im Feindeslager!
(Nidaus Auffahren nicht achtend.)
Den Führer hat er huldvoll Bern gestellt —
Den eignen Sohn ihm schleunig nachgesendet.
Drum seht Euch vor, daß er nicht nächstens selbst
Verrätrisch folgt mit allen seinen Fahnen!

Nidau. Bin ich hier unter Tollen?

Thurn. Hört nur, hört!
Soeben traf die Kunde ein: den Erlach,
Des Grafen Busenfreund und Waffenbruder,
Den Lehensmann, den gnädig diesmal er
Der Pflicht enthob — die Verner haben ihn
Zum Feldherrn ausgerufen — und — horcht auf!
Zur selben Stunde hat sich Nidaus Sohn
Vor allem Volke laut für Bern erklärt
Und sich dem Heer des Feindes angeschlossen.

Valangin. Was sagt Ihr?

Kiburg. Unerhört!

Nidau (in Wut und Schmerz sich vor die Stirne schlagend). Ha! Gottes Tod!
(Kurze Pause der allgemeinen Ueberraschung.)

Thurn (zu Nidau).
Steht Ihr vernichtet nun? Straft mich doch Lügen,
Wenn Ihr es könnt!

Nidau. Mein Seelenheil dafür,
Daß ich es könnte! Doch in tiefster Brust
Sagt eine Stimme mir: er spricht die Wahrheit!
Und so verstummen muß ich und erröten
Vor diesen hier, die höhnend mich umstehn.
Verflucht die Stunde, da ich ihn gezeugt!
Geschändet ist durch ihn mein Wappenschild.
Verflucht sein ehrvergeßnes Haupt!

Veronika (entsetzt vorstürzend). Halt ein!

Nidau. Verflucht der Tag auch, da ich dich gefreit!
Denn treulos dünkt mich deine ganze Brut.
Wohin dein Erstgeborner floh, dahin
Zieht alle mächtig euch der Seele Drang.
Des einen Buben keckes Wort verriet,
Was auch des andern traurig Schweigen kündet —
Und diese Angst, die heute dich verzehrt,
Weil dir der Schutzgeist fehlt an meiner Seite!
Zum Götzen allen euch ist er geworden —

Durch meine Schuld. Was hab' ich ihn gehätschelt
An warmer Freundesbrust vor euren Augen,
Als jeder Tugend Vorbild ihn gepriesen —
Was selbst so oft mich seinem Wort gebeugt?
Sein Dank: daß er von mir sich losgerissen,
Sich feindlich gegenüber mir gestellt.
Nein! Damit nicht zufrieden, auch den Sohn
Verlockt er mir zu schnöder Fahnenflucht —
Nimmt mit sich fort die Herzen all der Meinen.
O Erlach! Erlach! unsre Jugend auch
Verfluch' ich und das Keimen unsrer Liebe —
Heraus nun reiß' ich ihre letzte Wurzel,
Zertrete sie in Staub.

(Hinter der Scene ist Lärm entstanden, der bereits die Aufmerksamkeit der Ritter von Nidau ab und auf sich gezogen hat. Jetzt wird er stärker. Zugleich ertönen Trompeten und Trommeln.)

Valangin.   Was für ein Lärm?
Kiburg. Seht hin! Die Krieger stürzen aus den Zelten
Und greifen zu den Waffen.
Thurn.   Ja. In Aufruhr
Gerät das ganze Lager schon.
Valangin.   Was soll das?
Ist Meuterei im Werke?

(Er will mit den andern nach der Richtung des Lärmes hineilen.)

Ein Ritter (atemlos auf die Bühne stürzend tritt ihm in den Weg und ruft:)
                Steht und hört!
Zum Kampfe rüstet euch! Der Feind ist da.
Nidau. Der Feind? — willkommen mir, wenn je, so nun!
Valangin. Der Feind? Ist er von Laupen ausgefallen?
Der Ritter. Die Berner sind im Feld. Schon aus dem Walde
In dichten Haufen brechen sie hervor.
Drum auf, ihr Herrn! und eilt, das Heer zu ordnen,
Eh sie zum Angriff schreiten!
Valangin.   Auf! Es gilt.

(Er eilt in den Hintergrund. Alle folgen ihm.)

Nidau. Hab Dank, Geschick, daß du ein Ringen bietest
Auf Leben oder Tod. Wie hätt' ich sonst
Ertragen dieser nächsten Stunde Pein?
Nun preis' ich sie. In Blut nun wasch' ich rein
Den Wappenschild und züchtige den Knaben —
Die Rechnung schließ' ich ab — mit dir, o Erlach!
Und euch — euch allen, meinen Widersachern.

Sinkt diese Sonne, lach' ich eurer oder
Mein Ohr ist taub, hört nimmer euren Hohn.
Veronika. O Nidau! gehe **nicht** in diesen Kampf!
Mir ahnet Unheil.
Nidau (zu seinen Rittern). Fort mit ihr! Bringt sie
In Sicherheit.
(Fortstürzend.)
Mein Schlachtroß! Meine Waffen!

Verwandlung: Freie Gegend vor Laupen. Schlachtmusik. Kriegslärm hinter der Scene. Trompeten und Trommeln.

Fünfte Scene.

Auf einem Hügel, der sich im Vordergrunde links herabsenkt, erscheint Hugo.

Hugo. Glück auf! Mit Kämpfenden bedeckt das Feld,
Wohin ich blicke. Recht geleitet hat
Mich der Trompete Klang. Die Stunde der
Erlösung schlägt. Nun noch erspähe mir,
Mein Auge, wo am dichtesten der Wald
Von Lanzen starrt, die Wurfgeschosse sausen,
Am ärgsten wüten Schwert und Morgenstern,
Hinab dann und hinein! — — —
        Doch was — was muß
Ich sehn? — Komm' ich zu spät? — Geschlagen **weicht**
Der Heere eines schon — ja löst sich auf
In wilde Flucht. Das sind des Adels Fahnen,
Die in den Staub sich senken oder wie
Vom Sturm gepeitscht von dannen flattern. Neidisch
Geschick! willst du den Tod selbst mir versagen? —
Nein! — Hier noch tobt die Schlacht. — Ha! dieses Banner,
Das wie im Wogendrange schwankt und schwankt —
Nun ganz zu sinken droht — ich soll es kennen.
Hinab, zu fallen unter seinen Schwingen,
Eh' sie ermattend enden ihren Flug!

(Er eilt vom Hügel herab, dem Schlachtfeld zu.)

Sechste Scene.

Johannes von Bubenberg mit mehreren Rittern und einem Haufen Berner Volks aus dem Hintergrunde.

Bubenberg. Der Tag ist unser. Gebt die Siegeszeichen!
Ein junger Ritter.
  Ist's nicht zu früh? Seht, dort noch kämpfen sie.
Bubenberg. Nur eine Schar — die tapferste von allen,
  Die sich entgegen uns gestellt — die letzte,
  Die sich noch hält. Sie kämpft umsonst. Nur sterben,
  Nicht mehr den Sieg entreißen kann sie uns.
  Der grimme Nidauer ist's, der nicht wanken,
  Nicht weichen, nimmer sich ergeben will. —
  Wo ist der Feldherr?
Der Ritter. Seht! verhängten Zügels
  Dort übers Feld hin sprengt er, grade los
  Auf jenen Kampfesknäu'l.
Bubenberg. Das muß ich tadeln,
  Wie es mich heut' auch drängt, ihn zu bewundern.
  Was sucht er dort? Nicht seiner würdig ist
  Die Schlächterarbeit, die sich dort vollzieht.
  Daß irgend ein Verzweifelter uns noch
  Gefährde, was so wunderbar Gott der
  Allmächt'ge heut' beschirmt: sein kostbar Leben!
Der Ritter. Besorgt nichts mehr. Der Knäuel löst sich auf.
  Die Waffen senken sich. Der Kampf ist aus.
Bubenberg. Wen bringen sie auf einer Bahre da
  Getragen todeswund?
Der Ritter. Viel edle Ritter
  Geleiten trauernd sie.
Bubenberg. Auch Erlach geht
  Zur Seite ihr gesenkten Haupts.
Der Ritter. Das ist
  Der Graf von Nidau, den sein Los ereilt!
Bubenberg. Erbarme Gott sich seiner armen Seele!

Siebente Scene.

Vorige. Nidau wird auf einer Tragbahre gebracht. (Er liegt wie leblos mit geschlossenen Augen. Erlach, mehrere Ritter des Grafen und ein Kriegshaufe der Berner folgen; darunter Neunhaupt und Rust.

Erlach. Er regt sich nicht. Kalt ist und starr die Hand,
Die eben noch so tapfer schlug — die einst
So oft die meine warm gedrückt. O Nidau!
Gemieden hab' ich dich im Kampfgewühl —
Als ich dich endlich suchte, dich zu retten,
Da war's zu spät. — Nein! — nicht zu spät. Noch sah
Ich hoch zu Rosse dich und unbezwungen,
Ob blutend auch, dich wehren wie ein Leu.
Schon bin ich nah — mit mächt'ger Stimme schon
Ruf' ich die Meute, die dich rings umdrängt,
Von dir zurück — schon läßt sie ab — schon seh' ich
Dein Heil gewahrt — schon jubelt meine Seele —
Da — Hohn des Schicksals! — da, zu Tod getroffen,
Brichst du vor mir zusammen in den Staub. —

(Zürnend zu Neunhaupt und Rust.)

Ihr wart es, ihr, die achtlos meines Rufs
Nicht von ihm ließet, wilden Bestien gleich,
Verbissen in das Opfer eures Grimms.
Geht! geht! Ihr traft auch eures Feldherrn Herz.

Neunhaupt. Das thut mir leid, Herr! Doch verzeiht, ich höre
Auf diesem einen Ohre schwer — das andre
Hat mir der Schlachtlärm auch vielleicht betäubt —
Und so —

Erlach. Schweig still! und fort aus meiner Nähe!
Mit Rachgier habt ihr dessen Tod gesucht,
Der euch geschont, da ihr in **seinen** Händen.

Neunhaupt. Nein! — ich — ich hab' es gut gemeint, ich dachte
Mich dankbar ihm zu zeigen, da ich hart
An ihn mich drängte. Halten es doch auch
Die Ritter so, daß den zumeist sie **ehren**,
Den sie vor allen suchen im Gefecht!

Rust. Was Ritterbrauch! ich leugn' es nicht, mit Lust
Hab' ich den letzten Streich auf ihn geführt.
Hieb er zusammen doch vor unsern Augen
Uns mehr als einen braven Kameraden!
Sollt' er uns heilig gelten? Alle Teufel!

Ich habe meine Schuldigkeit gethan
Und trage keinen ungerechten Tadel.
Uidau (der während dem zu sich gekommen ist und die Augen aufgeschlagen hat, mit schwacher Stimme).
Sie haben recht, ganz recht!
(Zu Erlach, der sich rasch zu ihm gewendet hat.)
                Was schiltst du sie?
Dankst du den Sieg doch solcher Kampfeswut!
Ich aber danke ihnen, daß ich nicht
Dem stolzen Sieger danken muß.
Erlach.   Dem stolzen?
Du glaubst es nicht. Blick mir ins Angesicht!
Nur Wehmut wird es dir und Liebe künden,
Nicht Stolz. Laß nicht ein finster grollend Wort
Die alte Freundschaft enden. Einmal noch
Laß uns vergangner Tage denken und
Versöhnt zum letztenmal die Hand uns reichen!
Uidau. O still! das ist der Ton, der einstens mir
Umstrickt die Seele, daß in deinen Banden
Sie lang gefangen lag. Mißbrauche nicht
Die Schwäche eines Sterbenden! — Frei will
Empor sie streben — doch auch ohne Groll.
Nicht, weil im Taumel selbst des Sieges noch
Du mein gedacht, zu retten mich gestrebt!
Nicht hätt' ich diese neue Zeit ertragen,
Mit meiner Fahne gern stürz' ich dahin.
— Du aber — du hast doch das Aergste nicht
Mir angethan, um das ich dir gegrollt —
Das Aergste nicht!
(Sich halb emporrichtend.)
              Wo ist mein Sohn? — Nur mehr
Nach ihm begehrt mein Herz. Ihr schweigt. Er ist
Hinüber — mir voran?
Erlach.   Er lebt. Man fand
Bewußtlos ihn, verwundet — doch gottlob!
Nicht töblich, dir zur Seite hingestreckt.
Uidau. Bringt mich zu ihm.
Hugos Stimme hinter der Scene.
              Mein Vater!
Uidau.   Seine Stimme
Erlach. Er kommt.

———

Achte Scene.

Vorige. Hugo erscheint im Vordergrunde, mit verbundenem Haupte, von zwei Rittern geführt und gestützt. Später Veronika, Rudolf und Jakob.

Hugo. Wo ist mein Vater?
(Ihn erblickend, reißt er sich los.)
Laßt mich! laßt mich!
(Auf die Bahre zustürzend, wankt er und sinkt an ihr in die Kniee.)

Nidau (erschrocken und freudig zugleich, nun ganz aufgerichtet ihn mit den Armen umschlingend).
Mein Sohn! mein teurer Sohn, den ich so vorschnell,
So ungerecht verflucht! vergibst du mir?

Hugo. O würdig nicht bin ich mit dir zu sterben,
Drum tief genug nicht drang des Feindes Stahl.
Jetzt erst zerknirscht, sieh mich zu deinen Füßen!

Nidau. Nein! ich — ich bin beschämt — und selig doch,
Von dir beschämt zu sein.
(Im Hintergrunde tritt Veronika mit beiden Knaben auf. Erlach, darauf aufmerksam gemacht, eilt ihr entgegen.)

Veronika. O Gott sei Dank,
Daß ich Euch finde, Erlach, ein Gerücht
Schwirrt übers Feld hin, Nidau sei gefallen.
Ist wahr, ist falsch der Ruf? o sprecht —

Erlach (auf die Bahre hindeutend). Seht hin!

Veronika. O Himmel!

Rudolf und Jakob. Unser Vater!

Veronika (hineilend). Mir auch, Nidau,
Noch einen Blick! auch diesen deinen Segen!

Nidau. Ja! kommt, ihr Meinen alle! kommt und teilt
Die letzte Freude, die so wunderbar
Wie keine je noch diese Brust durchzieht.
Sieh deinen Sohn! seht euren Bruder, Knaben!
Und liebt ihn doppelt, wenn ihr mein gedenkt!
Durch ihn hat Gott sie mir bereitet. Er —
Kein Ueberläufer, kein Verräter! treu
Der Kindespflicht — sieht seiner Ahnen Banner,
Bricht mit dem Schwert zu ihm sich Bahn — erscheint
In höchster Kampfesnot, dies Haupt zu schirmen,
Macht mir zum Schild den unbewehrten Leib.
Nicht, eh' er blutend niedersinkt, vermag
Der Todesengel mir zu nahen. Segen!
O Segen über ihn!

Hugo (in lautes Schluchzen ausbrechend). Ich trag' es nicht.
O diese Milde, sie zerschmettert mich.
Gott! Gott! Wenn ich es denke, wie so nah,
So furchtbar nah ich war, mir einen Fluch
Von diesen heil'gen Lippen zu verdienen!
O wenn ich stehen müßte jetzt vor ihm,
Dem Sterbenden, in des Bewußtseins Qual,
Das Schwert geführt zu haben gegen ihn!
Wenn ich in Groll und Schmerz die teuren Züge
Verzerrt jetzt müßte sehn von mir gewandt!
O blutet, blutet, meine Wunden! Nicht
Genug hab' ich bezahlt die Himmelsgnade,
Die mich davor bewahrt. — O Vater! dank es
Dem Freunde, daß den Sohn du nicht verloren. —
O laßt mich hin zu ihm, die strenge Hand
Zu küssen, die so rauh zurück mich stieß
Vom Abgrundsrand. O helft mir hin zu ihm!
(Er macht den Versuch, sich zu Erlach hinzuschleppen.)

Erlach (hintretend und es hindernd).
Was willst du thun? Warum um meinetwillen,
O Jüngling, schmälerst du den besten Teil
Der Freude ihm, den vollen Stolz auf dich?

Nidau (mehr und mehr überwältigt).
Du — Erlach — hättest wieder mir geschenkt
Den Sohn — du ihn auf diesen Pfad gewiesen —
Du mir bereitet dieser Stunde Trost? —
O dann — hab Dank! — Dann hast du gut und edel
An mir gehandelt — dann — o Erlach! Erlach!
Dann hast du doppelt heut' mich überwunden —
Und vor dem Sieger doppelt beug' ich mich.

Erlach. O Nidau!
Nidau. Deine Hand!
Erlach. Mein edler Freund!
Nidau. O vollends nun geht mir die Seele auf.
Alle, die ich geliebt, ich hab' sie wieder,
Wenn auch nur einen kurzen Augenblick.

Bubenberg. Seht, unser Feldherr weint.
Nidau. Ich sag' es euch:
Mehr als des heut'gen Tages Lorbeer ziert
Ihn diese Thräne treuer Freundesliebe.
An dieser Thräne ganz erkenn' ich ihn.
Und da — ich fühl' es — meine Frist gemessen —

Fünfter Akt.

Bestell' ich rasch mein Haus. Mir bangt, es könnte
Im allgemeinen Sturz zusammenbrechen,
Geb' ich ihm eine feste Stütze nicht.
Des Adels Blüte sank. Erschlagen liegen,
Gefangen oder auf der Flucht sind all
Die Freunde, die so schlecht sich mir bewährt.
Nimm du, o Erlach, dieser nun bald ganz
Verlassenen dich an.

Erlach.   Bis in den Tod!

Nidau. Sieh dies, mein Weib, im Witwenschleier bald!
Sei Anwalt ihr. Sieh die verwaiste Jugend!
Sei Schirm und Bildner ihr. Sieh diesen Jüngling!
In deinen Händen liegt sein höchstes Glück.
Laß mich für ihn noch einmal bei dir werben.

Hugo. Nein! wert nicht bin ich mehr des Glücks der Liebe.

Erlach. Veredeln soll es dich, daß du fortan
Dich zeigest seiner wert.

Hugo.   Nein! jetzt nicht Hoffnung!
Ich trage nicht ihr Licht.

Nidau.   O Erlach! Erlach!
Des Worts muß ich gedenken, das ich einst
Vor meiner Kreuzfahrt sprach zu dir: „Ich gehe
Getrost entgegen ungewissem Los —
Kehrt' ich auch nimmermehr — gut aufgehoben
Und wohlverwahrt weiß ich bei dir die Meinen."—
Ich wiederhol' es nun, zur Fahrt mich rüstend,
Dahin, von wannen keine Wiederkehr —
Es wiederholend mehr' ich deinen Ruhm.
In Schlachten Sieger waren viele schon
Vor dir und werden viele nach dir sein.
Doch leicht nicht wird der zweite Mann sich finden,
Dem sterbend der erschlagne Feind die Kinder,
Ihr Gut, ihr Heil, ihr Alles anvertraut —
Und leichtern Herzens drum — die — Augen — schließt.

(Er sinkt sterbend zurück mit dem Rufe:)

Lebt wohl! lebt alle wohl!

Veronika.   Mein Gatte!

Hugo, Rudolf und Jakob.   Vater!

Erlach. O Nidau!

(Gruppe der Trauernden. — Pause.)

Neunhaupt (vor sich hin). Fast nun kommt mich Reue an.

Rust. Die Pest! Säh' man im Geiste vor dem Schlag
Die Seinen schon um den Erschlagnen weinen,
Es fiele keiner je.
Ein Kriegshaufe der Berner (von der Verfolgung zurückkehrend, stürmt in den Hintergrund mit dem Rufe):
Sieg! Sieg! Hoch Bern!
Hoch unser Feldherr! hoch!
Erlach. Verstummt und ehrt
Die Sterbenden, daß euer Jubelruf
Sie nicht zu höhnen scheine, daß versöhnt,
Nicht grollend ihre Seelen aufwärts schweben.
Und wollt ihr freuen euch des Sieges — freut
Euch still mit mir, wie ich die Kniee beugend
Vor dem Allmächt'gen, der ihn uns geschenkt —
Und schließt, gleich mir, in euer Dankgebet
Wie Christen ein auch die erschlagnen Feinde.

(Er kniet an Nibaus Leiche nieder. Alle folgen seinem Beispiele. Das Orchester spielt die Melodie des Schlachtgesanges der Eidgenossen, doch in gedämpftem Tone und minder kriegerischem, mehr feierlichem Tempo.)

(Der Vorhang fällt.)

Ein zweites Leben.

Phantastische Komödie in drei Abteilungen und vier Akten.

———

Personen der ersten Abteilung in zwei Akten.

Quirinus Tresan, Handlungsreisender.
Hubmann.
Oehlzweig.
Möller.
Palm, dessen Begleiter.
Therese, Kellnerin.
Mephisto.
Ein Kellner.
Ein Herr.
Ein armes Weib.
Ein Gerichtsdiener.
Gäste, Kellner, Gerichtsdiener, Volk.

Personen der zweiten Abteilung in einem Akt.

Quirinus Tresan.
Dorothea, sein Weib.
Hubmann.
Oehlzweig.
Mephisto.
Erster ⎫
Zweiter ⎬ Bürger.
Dritter ⎪
Vierter ⎭
Ein Offizier.
Ein Spion.
Soldaten. Volk.

Personen der dritten Abteilung in einem Akt.

Quirinus Tresan.
Dorothea, sein Weib.
Fritz, ⎫
Karl, ⎬ ihre Kinder.
Laura, ⎭
Crispin, Mündel des Quirinus.
Hubmann.
Oehlzweig.
Mephisto.
Ein junger Mann.

———

Erster Akt.

Gasthof einer Poststation an der Landstraße. Ein geräumiges Gastzimmer, rechts und links einige numerierte Thüren zu den Passagierzimmern. Mehrere Tische. An einer Seitencoulisse hängt ein Bild, welches Faust und Mephisto vorstellt. — Abend.

Erste Scene.

Mehrere Gäste. Kellner. Therese. (Ein Posthorn ertönt; mehrere eilen in den Hintergrund mit dem Ausrufe: „Die Post! Die Post!" Quirinus Tresan, Hubmann, Oehlzweig, sämtlich in Reisekleidern.

Quirinus. Ich hab' Erfahrungen gemacht in meinem Leben! merkwürdige Erfahrungen! großartige Erfahrungen! — Ich bin heut' sechsundfünfzig Jahre alt geworden und wer das von sich sagen kann, der hat schon allerhand und ganz kuriose Dinge in der Welt gesehen und gehört.

Hubmann. Ich hab' wieder gar nichts durchlebt. Mein ganzes Leben enthält eigentlich nur **drei Elemente**: Essen, Trinken und Schlafen. Ich bin aber bis dato noch nicht dahinter gekommen, welches eigentlich das Hauptelement ist.

Oehlzweig. Ich hab' wieder nur **einen** hohen Beruf — ich wirke für die Wohlfahrt der ganzen Welt — ich bin Vereinsmitglied des ewigen Friedens.

Quirinus. Ich bin niemals Mitglied eines Vereins — Resultat meiner Erfahrungen! — Die Menschen sind niemals einig — wie also können sie sich vereinigen?

Oehlzweig. Ich schwärme für den ewigen Frieden; in ihm allein liegt das Heil. Diese Ueberzeugung ist in mir gereift durch eine lange Reihe von Erlebnissen; von jener ersten Beule, die ich im jugendlichen Handgemenge mit Schusterbuben erhielt, bis zur letzten Ohrfeige, die meine Frau mir applizierte.

Quirinus. Herr! der ewige Frieden ist ein Unding — Resultat der Erfahrung.

Oehlzweig. Diese letzte Ohrfeige war es eigentlich, die mich zum Vereinsmitglied gemacht hat. Das Gleichgewicht in der Ehe herzustellen, mußte ich dem kriegerischen Elemente meiner Frau ein Element des Friedens entgegenstellen; und ich versichere — nie bin ich lebhafter durchdrungen von der Begeisterung für meine Sache, als wenn ich meiner holden Barbara ins zorngerötete Antlitz blicke; denn ich weiß dann nichts, was ich ihr eigentlich wünschen soll, als — den ewigen Frieden.

Hubmann. Alle Millionen Teufel! Kellner!

Quirinus. Ruhig, mein Bester! ein Kellner läßt niemals länger warten, als wenn man anfängt, sich über sein Ausbleiben zu ärgern: Resultat meiner Erfahrungen! (Klingelt.)

Therese. Sie befehlen? (Tritt näher an Quirinus.)

Quirinus. Apage Satanas! Drei Schritt vom Leibe, weibliche Sirene! — nichts von dir; man schicke mir ein männliches Individuum.

Therese. Na, schaut der Herr, daß ich ihm etwa gar zu schlecht bin.

Quirinus. Ich hasse die Weiber — alle — Resultat meiner Erfahrungen!

Therese. Der Herr haßt die Weiber? sieht mir gerade danach aus! mir scheint, die Weiber hassen ihn!

Quirinus. Mit nichten! ich bin vielmehr von jeher das Ziel ihrer Verführungskünste gewesen. Aber schon seit Jahren schrecke ich sie alle durch den catonischen Ernst meiner Miene zurück.

Therese (spöttisch). Glaub's wohl!

Hubmann (der inzwischen einem Kellner die Speisen abgenommen, ein Stück Fleisch verschlingend). Erstes Element!

Quirinus. O, ich hab' dieses treulose falsche Geschlecht kennen gelernt! ich will gehängt werden, wenn je ein junger Einfaltspinsel so bei der Nase herumgeführt wurde durch diese Circenbrut — wie ich.

Therese. Glaub's wohl!

Hubmann (trinkt). Zweites Element!

Quirinus. Aber all ihre Gewalt hat sich an meinen Erfahrungen abgestumpft. Mich verführt keine mehr im Leben; denn all ihre Reize rühren mich nicht mehr.

Therese. So? — da fällt mir die Geschichte ein vom Fuchs und den Trauben, die er auch verschmäht hat, weil er s' nicht hat kriegen können.

Erster Akt.

Quirinus. Eitelkeit der weiblichen Jugend!

Therese. Na, ich wollt's auf die Prob' nicht ankommen lassen, der Herr wär' auch nicht der erste alte Geck, dem ich den Kopf verrückt hätt'.

Quirinus. Was unterfängt Sie sich?

Therese. Auf einen groben Klotz gehört ein grober Keil.

Oehlzweig (sich zwischen beide stellend). Friede, Friede, ewiger Friede! und sintemalen allbieweilen der Versöhnungskuß das Siegel des Friedens ist, so bin ich bereit, als außerordentlicher Botschafter und Stellvertreter die Besiegelung entgegen zu nehmen. (Nähert sich Theresen schmachtend.)

Therese. Dem Herrn da zum Trotz — ja! und das ein ausgesuchtes Busserl, daß ihm die Zähn' danach wässern sollen. (Sie küßt Oehlzweig. Er umschlingt sie.)

Oehlzweig. Göttliche Eintracht!

Therese (schnippisch zu Quirinus). Wohl bekomm's, Herr Fuchs!

Quirinus. Lächerlich! (Er ergreift ihre Hand und führt sie an seinen Puls.) Was fühlt Sie?

Therese. Nichts.

Quirinus (führt ihre Hand an seine Brust). Was fühlt Sie?

Therese. Noch weniger.

Quirinus (führt ihre Hand an seine Stirne). Was fühlt Sie?

Therese. Aber schon gar nichts.

Quirinus. Alles in vollkommener Ordnung — kalt und ruhig — Resultat meiner Erfahrungen!

(Therese hüpft lachend davon.)

Zweite Scene.

Vorige ohne Therese.

Quirinus. Nur zugelacht! geniert mich nicht im geringsten. Man ist nicht umsonst sechsundfünfzig Jahre alt geworden. Man ist Philosoph und weiß gewisse Dinge im Stolze des Bewußtseins zu verachten. Nein, es ist doch jammerschade, daß der Mensch nicht noch einmal jung werden kann. Was nützt einem, frag' ich, die ungeheure solonische-salomonische Weisheit, zu der man gelangt ist, für die miserablen paar Jahre, die einem noch überbleiben in dem irdischen Jammerthale? Ein halbes Jahrhundert lang hat

man sich mit dem Schicksale blau, krumm und lahm geboxt —
endlich hat man Gewandtheit genug erlangt, ihm auch ein
paar Püffe in die Magengegend zu versetzen, da — auf ein=
mal — aus ist's mit der Boxerei! Es ist perfid von der
Weltenordnung — pfui Teufel!

Hubmann (erhebt sich gähnend). Drittes Element! es ist Zeit
zum Schlafengehen. (Er dehnt sich.) Gute Nacht!

Oehlzweig. Ich werd' mich auch in Morpheus' Arme
werfen — 's ist ein göttlicher Kerl, der Morpheus — der erste
Friedensapostel auf der Welt.

Hubmann. Ich bin doch neugierig, was mir heut'
träumen wird.

Quirinus. Was, Sie glauben an Träume?

Hubmann. Und wie!

Quirinus. Thorheit, sag' ich Ihnen. Träume treffen
niemals ein. Mir hat auch einmal geträumt, ein Onkel von
mir, der nach Amerika gegangen und verschollen ist, wäre
zurückgekommen als Millionär und hätt' mich zum Universal=
erben eingesetzt. Und à conto dessen hab' ich fidel in den
Tag hinein gelebt, bis ich eines schönen Morgens im Schuld=
turm aufgewacht bin und die boshafte Welt gesagt hat, ich
sei ein Lump. Seitdem sag' ich immer: Träume — Schäume.

Hubmann. Meine Träume treffen immer ein; denn ich
träum' nur vom Essen und Trinken.

Oehlzweig. Die meinigen auch, denn ich träum' immer
von Friedensstörungen in Gestalt von unliebsamen Reibungen
zwischen meinen Wangen und der Hand meiner Frau. Gute
Nacht! und ewigen Frieden.

Hubmann. Gute Nacht!

(Beide begeben sich auf ihre Zimmer. Ein Kellner leuchtet voran. Alle Gäste haben
sich früher entfernt.)

Dritte Scene.

Quirinus (allein. Er nimmt das einzige Licht, welches stehen geblieben ist).
So, und jetzt schreiten wir zur Untersuchung des Ortes, der
heute der Schauplatz meiner Nachtruhe zu werden bestimmt
ist. Ich unterlasse das niemals, wo ich fremd bin, seit ich
einmal in einer Herberge einen verdächtigen Kerl unter meinem

Bette gefunden habe. Na, mir geschieht bei meiner Vorsicht gewiß nichts zum zweitenmal. Es ist merkwürdig, wenn man nimmt, was für ein Esel ich in meiner Jugend gewesen, daß ich so grundgescheit worden bin. Pures Resultat meiner Erfahrungen. Ja, ja, wenn ich an die vielen dummen Streiche meines Lebens denke, dann komm' ich immer wieder auf den Wunsch zurück: wenn ich nur wieder jung sein könnte — mit der Erfahrung! und noch einmal alles durchmachen. Ich wollt' der Welt ein Licht aufstecken, daß ihr die Augen übergehen sollten. (Er leuchtet in sein Zimmer hinein und kommt endlich auch an das Bild im Gastzimmer.) Was ist denn das für ein spaßiges Bild? ja so! — das ist der Faust und neben ihm der Mephistopheles. Ja, das waren noch andre Zeiten, wo man den Kerl hat mir nichts, dir nichts aus der Höll' herauscitieren können. Wenn's heutzutag ging', ich glaub', ich thät's, nur um noch einmal jung werden zu können mit der Erfahrung. Wie mich der Herr Mephistopheles anglotzt, als wenn er sagen wollt': Ruf mich! Na, so komm in drei Teufels Namen, wenn du Courage hast — herauf mit dir aus der Unterwelt! (Ein Donnerschlag, das Licht erlischt.)

(**Mephisto**, von Flammen umzückt, tritt aus dem Bilde.)

───

Vierte Scene.

Mephisto. Wer ruft?

Quirinus. Alle guten Geister loben — das hab' ich bei all meinen Erfahrungen noch nicht erlebt.

Mephisto. Was willst du von mir?

Quirinus. Fassung, Quirinus! (Er nähert sich ihm.) Erlauben Sie, mit wem habe ich die Ehre?

Mephisto. Ich heiße Mephistopheles und bin das böse Prinzip.

Quirinus. So? schön! das kann ich glauben oder bleiben lassen. Glauben Sie vielleicht, weil Sie aus dem Bilde da herausgekommen sind; — dergleichen Witze kennen wir. Man hat Herrmann, Döbler, Bosco gesehen! man hat Satanella gesehen! Wer weiß, was Sie für ein Subjekt sind, das sich einen Jux mit mir machen will.

Mephisto. Mit dir? — wäre der Mühe wert!

Quirinus. Sollten Sie aber wirklich der Herr Mephistopheles sein, so hätt' ich große Lust, einen Kontrakt mit Ihnen zu schließen.

Mephisto. Mit mir? Du — mit mir? so sehen die Teufelsbeschwörer aus!

Quirinus. Ja, so sehen sie aus!

Mephisto. Hahaha! saubere Acquisition das! Seit dem großen Johann Faust sitze ich thatenlos in der Unterwelt und leid' am Spleen — und harre vergebens auf einen Ruf auf die Oberwelt zum Gespötte aller Dämonen, Furien und bösen Geister. Endlich wird mir ein solcher Ruf hinabtelegraphiert — ich erscheine — und eine solche Vogelscheuche steht vor mir!

Quirinus. Was? Grobheiten? Sie urteilen sehr vorschnell, find' ich. Wie können Sie im Finstern beurteilen, ob ich eine Vogelscheuche bin?

Mephisto. Ich sehe im Finstern am besten.

Quirinus. Und übrigens, der gewesene Doktor Johann Faust wird auch nicht wie ein Adonis ausgeschaut haben, bevor Sie ihn jung gemacht haben. Probieren Sie's halt auch mit mir.

Mephisto. Noch einmal jung willst du werden? wozu?

Quirinus. Wozu? — was das für dumme Fragen sind. Wozu? — aus meinen Erfahrungen Nutzen zu ziehen und der Welt das Beispiel einer Lebensmethode zu hinterlassen, daß die Systeme aller Philosophen gar nichts dagegen sind.

Mephisto. Das willst du? Tropf, der du bist!

Quirinus. Der wird immer gröber! — überhaupt, ich sag' immer Sie zu ihm und er zu mir immer d u.

Mephisto. Hahaha! Das sollte noch aufkommen, daß die Menschen Nutzen aus ihren Erfahrungen zögen. Da kämen sie am Ende dahinter, daß sich alles Böse zuletzt selbst bestraft und würden tugendhaft aus Egoismus. Nutzen aus seinen Erfahrungen ziehen? Wer zieht Nutzen aus seinen Erfahrungen? Niemand! Die Geschichte aller Zeiten ist nur eine Erfahrungspredigt. Bekehrt sie jemanden? Nicht die klügsten der Sterblichen. Die weisesten der Philosophen reden noch immer in denselben Phrasen, die sich längst als lächerlich erwiesen; die Philanthropen bauen immer wieder Systeme zur Menschenbeglückung, die sich längst als unpraktisch erwiesen. Die Staatsmänner und Politiker schießen immer wieder dieselben Böcke und lassen sich immer aufs neue bei der Nase herumführen. Und du, erbärmliches Insekt

mit dem kleinen Gehirn — du willst Nutzen aus deinen Er=
fahrungen ziehen? Das reizt die Hölle zum Lachen — hahaha!

Quirinus. Jetzt hab' ich die Spöttereien und Grob=
heiten satt! jetzt besteh' ich auf dem Abschluß des Kontrakts.

Mephisto. Sollst ihn haben, und zwar in folgender
Fassung: Ich versetze dich in deine Jugend zurück, du beginnst
von heute an dein Leben noch einmal. So du es besser
nützest, als das erste und — merk wohl auf — bis zu dem
Alter, in welchem du heute stehst, nicht ebenso viele dumme
Streiche gemacht hast, als in deinem ersten Leben, so will ich
kein Recht auf dich haben — und du bist frei!

Quirinus. Charmant! auf die Art bin ich vollkommen sicher.

Mephisto. Meinst du? nun, wenn du dich gar so sicher
fühlst, will ich dir noch eine Konzession machen. Ja — wenn
du nur aus einer großen Frage deines zweiten Lebens
ruhmreich hervorgegangen bist, durch die Erfahrungen deines
ersten — so lach mich aus.

Quirinus. Charmant! charmant! (Beiseite.) Ist das ein Esel!

Mephisto. Wo nicht, so bist du mein.

Quirinus (ihm die Hand reichend). Topp! (Eine Wanduhr schlägt.)

Mephisto. Horch, wenn es wieder an deinem sechsund=
fünfzigsten Geburtstag diese Stunde schlägt, erfüllt sich der
Vertrag. — — So sei denn wieder jung; der erste Tag
deines zweiten Lebens bricht an. Beim ersten dummen Streich,
den du begehst, sehn wir uns wieder. (Er versinkt. Es wird Tag.)

— — —

Fünfte Scene.

Quirinus (hat sich in einen jungen Menschen verwandelt). Was ist
denn das? ich fühl' mich auf einmal so wohl, so wonnig, so
leicht! ich könnt' tanzen, ich könnt' springen! mein Aug' ist
so hell und mein Herz hüpft so lustig und eine Kraft fühl'
ich in meinen Armen — eine Kraft — zehn Ochsen sind
nichts gegen mich. Ich bin jung — wieder jung! Donner=
wetter! wie heiß das Blut durch meine Adern läuft. Ich
fang' an zu schwitzen wie eine gedämpfte Hammelskeule.
Weg mit dir, tuchener Glühofen! (Er legt seinen Oberrock ab.) Weg
mit dir, wollene Wärmmaschine! (Er wickelt seinen Shawl herab, knöpft
Rock und Weste auf und geht ans Fenster.) Komm her, frische Morgen=
luft, laß dich umhalsen! (Plötzlich erschreckend.) Um Gottes willen!

und mein Rheumatismus! unbesonnener junger Mensch, willst du mit einemmal die ängstliche Sorgfalt vergessen, mit welcher du seit deinem fünfzigsten Jahre deine Gesundheit bewacht? (Er hat währenddem alles wieder angezogen.) Es ist eine Wonne, jung zu sein — mit der Erfahrung — noch keinen Bart und schon die Weisheit des Lebens zu besitzen. — Uff! uff! ich halt's nicht aus — mich trifft der Schlag! zum Teufel mit dem Plunder! (Wirft wieder alles von sich.) — Aaah! was für Gefühle regen sich in meiner Magengegend? welche ungewohnten Konvulsionen! — Da haben wir's: eine Verkühlung! thörichter Junge! da haben wir die Folgen deiner Unvorsichtigkeit. Ich bin krank. Aber nein — ich glaub' gar, das ist Hunger — unerhörte Begegnung! ja richtig, ich bin wieder jung! ich muß nur gleich nach einem Frühstück sehen. (Er geht ins Nebenzimmer.)

Sechste Scene.

Möller und ein Begleiter von einem Kellner geführt. Während des Monologes hatten sich einige Gäste eingefunden, später Quirinus.

Möller. Da soll ich ihn also finden? bin recht neugierig, ihn kennen zu lernen. Aber ja mit keiner Silbe verraten, wer ich bin. Ich will ihn erst beobachten und prüfen, bevor ich mich ihm entdecke. Setzen wir uns! (Sie setzen sich.)

Quirinus (ein Fläschchen in der einen, ein kleines Gläschen in der andern Hand, kommt zurück und setzt sich an einen Tisch im Vordergrunde). So, ein kleines Gläschen Roten zur Magenstärkung und ein Biskuit. (Er schenkt sich ein und zieht ein Päckchen Biskuit aus der Tasche.) Das ist mein Morgenimbiß seit sechs Jahren.

Möller. Der ist's? dumm genug sieht er aus. Die Physiognomie macht der Familie grad' keine Ehre.

Quirinus (der sein Frühstück ganz verblüfft anstarrt). Ja, was soll ich denn damit anfangen? das ist ja grad' auf einen hohlen Zahn.

Möller. Thut aber nichts, wenn der Bursche nur sonst brav ist und das Herz auf dem rechten Flecke hat.

Quirinus. Ja, soll ich denn in meinen alten — das heißt jungen Jahren Hunger leiden? Ah, so haben wir nicht gewettet. Heda! Kellner!

Kellner. Befehlen?

Quirinus. Gabelfrühstück! Her da mit allem, was da gut und teuer ist! (Sich besinnend.) Aha, jugendliche Gefräßigkeit! verstumme vor den Resultaten meiner Erfahrung! Mäßigkeit erhält die Gesundheit, Sparsamkeit das Vermögen! (Zum Kellner.) Ist schon gut — später! — (Kellner geht.) Das nenn' ich Selbstüberwindung!

Siebente Scene.

Vorige. Mephisto als Bruder Lustig mit einer Suite von jungen Leuten stürmt singend herein.

Mephisto (singt):
Zum Teufel, wer, ein blöder Thor,
Da hängen läßt sein langes Ohr!
Zum Teufel, wer da seufzt und weint!
Zum Teufel, wer, sein eigner Feind,
Die Jugend nicht genießt!

Chorus.
Zum Teufel, wer, sein eigner Feind,
Die Jugend nicht genießt!

Quirinus. Kreuzelement! Ist da eine lustige Kompanie beisammen. Das Herz hüpft einem, wenn man sie ansieht. (Sich fassend, gezwungen, gravitätisch.) Nichts da! Tagediebe sind's, Pflastertreter, Krakeeler, Stänker und Vagabunden.

Mephisto. Holla! Wirt! Wirtin! Kellner und Kellnerinnen! besonders hübsche Kellnerinnen — heraus mit euch! ich halt' alles frei!

Quirinus. Gottlose Jugend das! Quirinus, solider Junge, laß dich nicht verführen!

Mephisto (setzt sich ohne Umstände mit seinen Gefährten an den Tisch zu Quirinus). Nichts für ungut!

Quirinus (für sich). Die machen weiter keine Umstände. Gottlose Jugend!

Mephisto. Wein her! ich halt' alles frei. (Indem er Quirinus auf die Schulter schlägt.) Dich auch, Bruderherz! (Schenkt allen ein.)

Quirinus. Was der Wein für Aroma hat.

Mephisto. Stoßt an! (Singt):
Zum Teufel, wer nicht liebt den Wein,
Jahraus, jahrein will nüchtern sein!

Zum Teufel, wen philisterhaft
Ein tücht'ger Rausch verdrießt!
Zum Teufel, wer in Rebensaft
Die Jugend nicht genießt!
(Der Chor wiederholt die letzten zwei Strophen.)
(Zu Quirinus.) Trink, Bruderherz!

Quirinus (für sich). Ja, was will der Mensch thun? Der Kerl ist im stand, er prügelt mich. (Laut.) Auf Ihr Wohlergehen! (Er leert das Glas in gierigen Zügen.)

(Mephisto schenkt sogleich wieder ein. Ein Kellner bringt indessen Braten.)

Quirinus (für sich). Was ist denn das für ein köstlicher Geruch?

Mephisto. Zugegriffen! ich halt' alles frei. Die Gastfreundschaft soll leben! Stoßt an!

Quirinus. Ja, Bescheid muß ich thun. (Leert abermals sein Glas.) Nein, wie der Braten duftet!

Mephisto. Zugegriffen, Donnerwetter!

Quirinus (für sich). Die Lebensklugheit gebietet eigentlich, nichts zurückzuweisen, was ein andrer bezahlt. Ich bin so frei! — (Indem er zugreift und gierig ißt.) Es ist eine Wonne, jung zu sein mit der Erfahrung!

Mephisto. Allen guten Köchen und Köchinnen!

Quirinus (trinkend). Dem Verdienste seine Krone! wie wohl mir wird — es ist eine Wonne!

Achte Scene.

Vorige. Therese.

Therese (nähert sich Mephisto). Befehlen Sie noch etwas?

Quirinus (aufspringend). Kreuzelement! ist das ein sauberes Mädel! (Sich fassend und schnell wieder setzend.) Nichts als ein Exemplar ihres Schlangengeschlechtes!

Mephisto (Theresen den Hof machend). Ein Küßchen, mein schönes Kind!

Therese. Kann nicht dienen damit.

Quirinus. Teufelmäßig hübsch ist die Schlange. Wo hab' ich nur meine Augen gehabt? Und wie er sie um die Mitte nimmt! ich könnt' ihn ohrfeigen, den Kerl — so — so — empört bin ich über die Gottlosigkeit der Jugend!

Mephisto. Dageblieben, mein Engel, und nichts für ungut, und uns Bescheid gethan.

Therese. Wenn Sie hübsch anständig sind —

Mephisto. Topp! (Schenkt ihr ein.)

Quirinus. Die Augen! und der Mund! ein Küßchen von dem Mund —

Mephisto. Die hübschen Mädchen hoch!

Quirinus. Sollen leben! (Für sich.) Donnerwetter noch einmal, Quirinus! Schlingel! Taugenichts — was soll denn das heißen? Ich weiß gar nicht, was mir das Mädel auf einmal so reizend erscheinen läßt.

Mephisto (mit seiner Mephistostimme scharf). Dein junges Blut, Tropf!

Quirinus (zusammenfahrend). Was war denn das? Hat jemand was gesagt?

Mephisto (singt):
Zum Teufel, wen ein hübsch Gesicht
In Feuer setzt und Flammen nicht!
Zum Teufel, wer die Weiber haßt,
Nicht gerne liebt und küßt!
Zum Teufel, wer in toller Hast
Die Jugend nicht genießt!

(Der Chor wiederholt die letzten zwei Verse.)

Quirinus (stimmt lallend in den Gesang; aufspringend). Wahr ist's — und ein Philister, der's anders meint! (Zu sich selbst.) Halt's Maul, alter Griesgram übereinander! mir wird's jetzt zu toll! Für was bin ich denn wieder jung geworden? um gute Lehren anzuhören? O nein, grauhaariger Pedant — ich will meine Jugend genießen!

Mephisto. Der Kerl ist verrückt!

Therese. Oder betrunken!

Quirinus. Betrunken! Das sollst du mir büßen, du kleiner Schelm — mit einem Kuß sollst du mir das büßen. ((Er geht auf sie zu, sie sucht ihm zu entschlüpfen.) Ich muß einen Kuß haben — trotz aller sechsundfünfzigjährigen Moralisten in mir — einen Kuß!

(Therese gibt ihm einen leichten Stoß — er fällt der Länge nach hin, sie hüpft davon.)

Quirinus (sich erhebend). Entsetzlicher Fall! mir thun alle Rippen weh. — Ha, falsches, treuloses Geschlecht! warum hab' ich meinen Erfahrungen nicht gefolgt? (Zu Mephisto, der eine höhnische Lache aufgeschlagen.) Was? ich glaub' gar, Sie lachen mich aus? Schickt sich das für einen anständigen Menschen?

Mephisto. Haha! Sie wollen mir etwa Unterricht in der Wohlanständigkeit geben? — Sie?

Quirinus. Sie? Ja ich. — Sie könnten überhaupt mehr Respekt vor mir haben.

Mephisto. Was? vor so einem Gelbschnabel? hahaha!

Quirinus. Gelbschnabel? Herr, Sie sind ein Ignorant.

Mephisto. Sie scheinen Händel zu suchen.

Quirinus. Händel? wer? ich? ich suche nie Händel. Ein Mensch von meinen Erfahrungen, Händel?

Mephisto. Hahahahaha!

Quirinus (der immer halb lallend und schwankend spricht und von Zeit zu Zeit ein Glas leert). Ob Sie jetzt einmal aufhören mit Ihrem hölzernen Gelächter?

Mephisto. Hahahahaha!

Quirinus. Ruhig, Quirinus! laß dich nicht aus deiner — deiner Kaltblütigkeit bringen!

Mephisto. Kaltblütigkeit! neueste Benennung für Mangel an Courage!

Quirinus. Was? Sie zweifeln an meiner Courage? ich sag' Ihnen, reizen Sie mich nicht! ich weiß nicht, was mich so ganz aus meiner gewohnten Ruhe bringt.

Mephisto (mit Mephistostimme). Dein junges Blut und der Wein im Kopfe — Tropf!

Quirinus. Alle Mordelement — jetzt wird's mir zu toll!

(Er packt Mephisto bei der Brust, dieser stößt ihn zurück. Die Gäste erheben sich tumultuarisch.)

Oehlzweig (der eben eingetreten ist, stellt sich zwischen Quirinus und Mephisto, die wieder aufeinander losgehen wollen). Friede, Friede, ewiger Friede!

Quirinus. Einen Tropf hat er mich genannt. Das fordert Satisfaktion! Laßt mich! ich muß den Kerl ohrfeigen.

Mephisto. Probier's!

Oehlzweig. Ruhe! Friede! nehmt meine Vermittlung an.

(Quirinus, der sich von einigen Gästen, die ihn hielten, losgemacht hat, stürzt auf Mephisto los. Oehlzweig, der sich vor Mephisto stellt, empfängt statt ihm eine Ohrfeige.)

Oehlzweig. Erlauben Sie, das war meine Wange!

Mephisto. Gleichviel! mir hat die Ohrfeige gegolten. Das laß' ich nicht auf mir sitzen, er muß sie zurückbekommen.

(Er geht auf Quirinus los; Oehlzweig, der abermals unglücklich zu stehen kommt, erhält eine Ohrfeige auf die andre Wange.)

Oehlzweig. Ah! da mag der Teufel Friedensvermittler sein!

(Mephisto und Quirinus haben sich bei der Brust gepackt, die Gäste reißen sie auseinander.)

Quirinus. Abfangen muß er was!

(Er ergreift ein Messer vom Tische und wirft es nach Mephisto, dieser sinkt getroffen zusammen.)

Möller. Um Gottes willen — er blutet —

(Mephisto wird weggebracht.)

Quirinus (halb trunken, halb von Entsetzen erfaßt). Was ist das? Wer blutet? mir wird blau, grün und gelb vor den Augen. Ein Mensch von meinen Erfahrungen! Verfluchter Mephistopheles — wer hat mir das Messer dorthin gelegt? den bring' ich um!

Möller. Das muß ich erleben und mit anschauen! Ein Trunkenbold, ein Raufer, vielleicht ein Mörder!

Quirinus. Mörder?

Möller. Die ganze Nachbarschaft ist in Alarm. Unglückseliger! da kommen sie schon, ihn abzuholen.

(Gerichtsdiener treten ein.)

Quirinus. Wen? mich? ich bin unschuldig — ich bin betrunken — (Sie fassen ihn.) O meine Erfahrungen!

(Indem sie ihn abführen, erscheint:)

Mephisto (in seiner eigentlichen Gestalt, höhnisch lachend). A revoir!

Ende des ersten Aufzuges.

Zweiter Akt.

Ein öffentlicher Platz. Auf einer Seite ein Kaffeehaus, vor demselben mehrere Gäste.

Erste Scene.

Möller und Palm treten auf.

Möller. Nun, was haben Sie für Nachrichten?

Palm. Gute, wir haben ihn heraus, er ist frei. Die Sache ging ohne große Schwierigkeiten vor sich. Der junge Mensch war zum Glück nur leicht verletzt und ließ sich für ein rundes Sümmchen gerne bestimmen, auszusagen, was ich

für gut fand, ihm zu diktieren. Die Zeugen thaten das
ihrige, dazu die festgestellte Trunkenheit — genug — die
Sache ist vertuscht.

Möller. Gott sei Dank! mir fällt ein Stein vom Herzen.
Der Bursche kann von Glück sagen, mit einer kurzen Haft
davongekommen zu sein.

Palm. Ohne Sie wär' er es vielleicht nicht.

Möller. Verdient hat er wahrhaftig nicht, was ich für
ihn gethan habe; ein Trunkenbold, ein Raufer! — Aber doch
immer das Kind meiner geliebten Schwester. Und dann, die
Jugend — die Jugend! Mein Gott, wir müssen nicht allzu
strenge sein. Wer erinnert sich am Ende keiner übereilten
Handlung in seinem Leben? Er kann bei alledem ein seelen=
guter Junge sein — wir wollen ihn nicht zu schnell ver=
urteilen. Kommen Sie!

Palm. Mild und menschenfreundlich, wie immer!

(Beide ins Kaffeehaus ab.)

Zweite Scene.

Quirinus (tritt von der entgegengesetzten Seite im Nachdenken auf).
Schöner Anfang das! sich zu betrinken, sich in Schlägereien
einzulassen! gleich beim Beginne der Laufbahn ins Krimina=
lische hineinzufallen! es ist unbegreiflich! der Mensch könnte
an seinen Erfahrungen irre werden! Aber nein, nein! — das
ist mir nur in der ersten Betäubung begegnet; 's war so eine
Art von Ueberrumpelung! Der Uebergang war zu rasch, der
Temperaturwechsel zu grell. — Und dann — wer weiß, was
der Wirt in den Wein hineingemischt hat? — diese Wirte
sind durchtriebene Chemiker — sagt die Erfahrung! und gegen
Zufälligkeiten im Leben nützt auch die größte Erfahrung nichts.
Grad' so gut könnt' ich von ihr verlangen, sie soll mich davor
sichern, daß mir nicht von irgendwo ein Ziegel auf den Kopf
fällt. — In den gewichtigen Fragen des Lebens erst spricht
sie ihr großes, entscheidendes Wort. — Sammle dich, Quirinus!
die erste von diesen Fragen ist da; eine Frage, gewichtiger
als alle orientalischen und occidentalischen zusammen genommen.
Was soll ich werden? Welchem Stande soll ich in meinem
zweiten Leben angehören? So viel steht fest: Handlungs=
reisender werde ich nicht mehr, das habe ich mir schon lange
vorgenommen, wenn ich je wieder auf die Welt kommen sollte.

Das könnte mir abgehen, die Hetze wieder anzufangen, von einem Ort zum andern, in jeder Jahreszeit, in jedem Wetter mich mit allen christlichen und jüdischen Schacherern und Krämerseelen herumzubalgen und zuletzt doch immer nichts recht zu machen — das werd' ich einmal nicht mehr! Aber was sonst? das fordert Ueberlegung, da heißt's alle eigenen und fremden Erfahrungen kompilieren. Welcher Stand macht den Menschen mit seinem Lose zufrieden? — Da wäre vor allen der Beamtenstand. So eine Anstellung wär' gar nicht übel; ist ein recht ruhiges Brot wenigstens — man geht täglich ganz gemütlich in sein Bureau, holt sich jeden Monat seinen Gehalt — (schnell) besonders das letzte hat eigentümliche Reize für sich).

Dritte Scene.
Vorige. Mephisto.

Mephisto (als Beamter, im Gespräch mit einem Herrn, spricht mit schnarrender Stimme). Es gibt doch auf Gottes Erdboden kein geplagteres Geschöpf als einen Schreibersknecht. Meinem Todfeind möcht' ich nicht wünschen, einer zu sein — meinem Todfeind nicht! Am frühen Morgen — um neun Uhr — ins Bureau; am späten Abend erst — um drei Uhr — aus dem Bureau. Also von neun bis drei Uhr im Bureau! Heißt das nicht einem Menschen mehr aufbürden, als er zu tragen im stande ist? Das wird aber alles nur so — als Pflicht gefordert. Und will man für einen Tag zu Atem kommen und entschließt sich einmal vierzehn Tage nichts zu arbeiten und setzt das Ding nur ein halbes Jahr so fort, gleich wachsen einem im letzten Vierteljahre die Aktenstücke über den Kopf, daß es ein Graus ist. Nun verlangen sie noch obendrein, daß man das alles einbringen soll! ungerechte Forderung! Wachsen einem einmal die Aktenstücke über den Kopf, so weiß man nicht, wo man sie zuerst anpacken soll — infolgedessen packt man sie wieder gar nicht an und die Folge dieser Folge ist — eine Nase — und was für eine Nase! eine Nase, die vom Chef bis zum Accessisten und Diurnisten herunterreicht.

Quirinus. Nasen! lange Nasen! hm! hm! die werfen einen bedenklichen Schatten auf meine Vorstellung.

Mephisto. Und dann gibt's noch andre Dinge —

Quirinus. Was? nebst den Aktenstücken und Nasen noch andre Dinge?

Mephisto. O ja, aber man darf nicht davon sprechen. Der Teufel kann wissen, wie weit die Ohren dieses oder jenes Hofrates reichen. Man hat schaubererregende Beispiele. (Indem er sich sorgfältig umsieht.) Auch will ich den Stand als solchen nicht verunglimpfen. Ich sag' Ihnen nur: meinem Todfeind wünschte ich nicht, ihm anzugehören, meinem Todfeind nicht. (Geht ab.)

Quirinus. Ich dank'! — Der Stand scheint die Zufriedenheit des Menschen nicht zu verbürgen. Seinem Todfeind wünschte er ihn nicht? und ich sollt' ihn mir wünschen? O nein — so dumm bin ich nicht. Das mysteriöse: „andre Dinge" wär' schon genug, mich abzuschrecken. Auch gibt es noch andre Stände genug. Da ist zum Beispiel der Künstlerstand, ein freier, unabhängiger, kosmopolitischer — für den werd' ich mich entscheiden. Aber welchem Gebiete der Kunst soll ich meinen Genius zuwenden? Das Leichteste wird sein, ich werd' Dichter. Jede andere Kunst muß erst erlernt werden — zum Dichter wird man geboren. So ein Dichter muß das zufriedenste Leben führen, denn er lebt ganz in seinen Phantasien, und in seiner Phantasie beschäftigt sich der Mensch doch immer mit dem Angenehmsten.

Vierte Scene.

Mephisto (als Dichterjüngling, phantastisch). O Welt! schnöde, prosaische Welt! Wie flieht bei deines Namens Klang die göttliche Poesie, denn du erkennst sie nie — und das Genie muß unverstanden über die Erde wandeln — und die Phantasie — mit dem Buchhändler um jeden Groschen handeln. — O begehret nimmer, nimmer — verlockt von gleißendem Schimmer — hinanzuklimmen den Parnaß — nichts dümmer, als das!

Quirinus. So? das ist merkwürdig, und ich hab' gedacht, man hat eine schöne Aussicht von dort oben.

Mephisto. O, dort oben ist ein Sausen und Brausen, daß einem die Haar' zu Berg stehn vor Grausen. — Meinst du, die Glut der Begeisterung nährt? o nein, sie zerstört, verzehrt — verheert — gleich tausend Feuerbränden, — gleich der Wut über das Volk der Rezensenten!

Quirinus. Sapperment! die Rezensenten! das hab' ich ganz vergessen, das ist ein kurioses Numero!

Mephisto. O, wie sie mäkeln und kritteln — den Kopf schütteln und rütteln — am Ideal — zu des Dichters Qual; und an der Dichtung — stets verdammen die Richtung! — Willst du Idealgebilde geben — so heißt's: sie sind nicht gegriffen aus dem Leben. — Willst du die Wirklichkeit mit treuen Farben malen — da heißt es wieder: die Poesie bedarf des Idealen! Willst du die Welt den Wert der Tugend lehren — so heißt's: zur Kirche geht, wer von Moral will hören. — Hast du dich nach großen Mustern gebildet voll Pietät — so heißt's: dir fehlt die Originalität. — Gehst du den eignen Weg, so heißt's: die abgeschmackte Sucht nach Eigentümlichkeit — hat dich betrogen um die Einfachheit. Und so du der Kritik, betäubt und wirblich ganz, verschließest deine Ohren — dann bist du ganz verloren; — denn Zeter schreit sie dann ob deiner Arroganz.

Quirinus. Na, solch eine Existenz könnt' einem noch abgehen.

Mephisto. O Musensohn, du findest auf Erden keinen Lohn und keine Ruhe, bis deine Seele entflohn zum himmlischen Thron. — O Poesie, hienieden ist für dich kein Säumen; entflieh nach andern — bessern Räumen! (Geht ab.)

Quirinus. Der gehört auch nicht zu den zufriedenen der Sterblichen — das steht fest. Wenn das die Wirkungen von der dichterischen Weihe sind, da gehört ein guter Magen dazu, sie zu vertragen. "Keine Ruh', bis die Seele entflohn zum himmlischen Thron!" Ich dank'! nein, so viel seh' ich schon, mit der Poesie ist's nichts! ich muß mich schon einer andern Kunst zuwenden. Wie wär's denn — wenn ich zur Oper ginge? (Indem er seine Stimme probiert.) Stimm' ist da — das bissel Singen wird auch keine Hexerei sein. — Aber nein — meine Erfahrungen sprechen sich dagegen aus — grad' hab' ich im Gefängnis einen Bassisten getroffen, der seinen Direktor durchgeprügelt hat aus purer Unzufriedenheit mit seiner Stellung. Besagter Bassist hat einen Jahresgehalt von achttausend Gulden bezogen. Jetzt kann man sich denken: wie groß müssen die Unannehmlichkeiten dieses Standes sein, wenn man, trotz achttausend Gulden jährlich, sich unzufrieden fühlen kann. — Wie wär's, wenn ich's mit der Wissenschaft versuchte? es ist zwar eine harte Nuß, aber wenn sie aufgeknackt ist, denk' ich, so gibt's einen famosen Kern. Es muß ein eigenes Hochgefühl sein, sich einen Gelehrten nennen zu hören.

Fünfte Scene.

Mephisto (als Gelehrter, in tiefes Nachdenken versunken). Der Inbegriff aller menschlichen Weisheit läßt sich in dem einen sokratischen Satze zusammenfassen: der Mensch weiß eigentlich nichts; um das zu wissen aber muß er in die tiefsten Tiefen der Wissenschaft niedersteigen.

Quirinus. Was red't der da zusammen?

Mephisto. Darum ernstes, unermüdliches Studium, unaufhörliche Forschung, jahrelanges Denken und Sinnen! Anstrengung aller geistigen und physischen Kräfte — darum schlaflos durchwachte Nächte — darum tagelang an den Studiertisch gefesselt — darum Gehirnverdickungen, Leberverhärtungen und Rückenmarkverdorrungen!

Quirinus. Schöne Aussichten, die sich da eröffnen. Und darum —

Mephisto. Glücklich du, der du ein Esel und Ignorant bist, denn du dünkest dich einen Gott! wer da alles zu erkennen, wer da alles zu ergründen gesucht, der hat die Nichtigkeit des menschlichen Wesens erkannt und ergründet.

Quirinus. Ah, da muß ich bitten. Ist das das Hochgefühl?

Mephisto. Wohl mir, wenn ich bei meinen Schafen, Schöpsen und Schweinen geblieben wäre, die ich im heimatlichen Dorfe als kleiner Junge gehütet. Was hab' ich eingetauscht für natürliche Einfalt und kindlichen Frohsinn? den Zweifel! die Rastlosigkeit und endlich — den Ueberdruß.

Quirinus. Ich fall' aus den Wolken. (Sich ihm nähernd.) Erlauben Sie zur Güte, wen hab' ich die Ehre vor mir zu sehen?

Mephisto. Johannes Christophorus Leucht, Doctor philosophiae, medicinae, utriusque juris, Professor der Naturwissenschaften an der Universität zu Heidelberg, Dozent aller orientalischen Sprachen, korrespondierendes Ehrenmitglied aller gelehrten Akademien im In- und Auslande, Inhaber der goldenen Medaille, des roten, schwarzen und was immer für Farbe habenden Adlerordens, dekoriert für Verdienste im Gebiete der Wissenschaft. (Ab.)

Quirinus. Gehorsamster Diener! Wenn der kein Hochgefühl empfindet, wenn der mit seinem Stand unzufrieden ist — dann adieu! Gelehrtentum! Aber auf einen Gedanken hat er mich gebracht. Ich werde mich vom Stadtleben gänzlich zurückziehen und mich ins ländliche übersetzen. Die Natur nährt die kindliche Einfalt — und die kindliche Einfalt hinwiederum die Zufriedenheit. So ein Bauer ist am Ende das glücklichste Geschöpf auf Gottes Erdboden.

Sechste Scene.

Mephisto (als Bauer). Na, was die Stadtleut' für ein' Begriff vom Bauernstand haben — 's is rein zum Davonlaufen! wann s' nur drauf herumhacken können, da is ihnen schon leichter. Aber wie sich unsereiner abrackern muß, bis er die Frucht aus 'm Boden 'rauskriegt, da denken s' net d'ran; wie er sich 'n Buckel muß braun und blau brennen lassen und 's Kreuz abbrechen und im Schweiß ersaufen! — Wann i wieder auf d' Welt komm', schau' i, daß i in der Stadt g'boren werd'.

Quirinus. So, der ist auch unzufrieden — mir wird schon ganz schwindlig.

Mephisto. Die Stadtleut'! die Stadtleut'! — die haben gut reden. Die glauben grad', der Bauer soll sich umsonst plagen für sie. Wie er um a paar lumpige Groschen aufschlagt, gleich is ihnen alles z' teuer. Da schreien s' gleich von Ueberhalten! und „das Bauernvolk! das Bauernvolk" — „das ist ein Spitzbubenvolk!" damit sind s' gleich bei der Hand. Jetzt möcht' i wissen, warum der Bauer net auch a Spitzbub sein sollt'! Grad', als ob sie a Privilegium drauf hätten.

Quirinus. Ist das die natürliche Einfalt? Die schaut kurios aus.

Mephisto. Und wenn nur die Steuern net wär'n — die Steuern, die machen einen rein toll; wer die aufg'bracht hat, das muß a recht boshafter Kerl g'wesen sein. — Und dann das Wetter! das Wetter! was i mit dem Wetter für a Gall hab', das is gar net zum sagen. Braucht ma trockene Hitz', so regnet's in einem fort — braucht ma Regen, so i's vor Hitz' net zum aushalten. Manchmal brauchet ma gar zweierlei Wetter auf einmal. Die Hitz' für 'n Wein und 'n Regen fürs Futter — das eine oder 's andre geht einem dann sicher z' Grund, und natürlich vergißt ma dann über 'm Schaden den G'winn. Und da wundern sich die Leut' dann, wann der Bauer immer lamentiert und unzufrieden is.

Quirinus. Ja, gibt's benn gar keinen Menschen, der nicht über seinen Stand loszieht?

Mephisto (wendet sich und spricht mit der Mephistostimme). Keinen, du Tropf!

Quirinus (sich wendend). Sie! werden S' nicht grob!

Mephisto (fährt fort, ohne auf ihn zu achten). Es is merkwürdig! grad', als ob der Himmel ein' eigenen Pik auf 'n Bauern hätt', — nie macht er's ihm recht. J kann mir's net anders erklären, als daß er 'n Fluch der Erbsünd': Du sollst dein Brot im Schweiß deines Angesichts erwerben —, von dem sich die Stadtleut' emantschipiert haben — wie ma's nennt — doppelt schwer auf b' Bauern fallen laßt, damit sich's doch wieder ausgleicht, hahahaha! (Er geht mit satanischem Gelächter ab.)

Quirinus. Ich trau' mich gar nicht mehr, an einen andern Stand zu denken. Kreuzelement! wenn sich als Resultat aller Erfahrung herausstellt, daß kein Mensch mit seinem Stand zufrieden ist — daß folglich kein Stand die Zufriedenheit des Menschen verbürgt, was nützt einem dann wieder alle Erfahrung zur Standeswahl?

(Mephistos Gelächter wie aus der Luft.)

(Immer giftiger werdend.) Wenn sich als Resultat der Erfahrung herausstellt, daß jeder Stand seine kurios fatalen Schattenseiten hat — daß der Mensch aber eben immer nur die Schattenseiten seines Loses in Betracht zieht — was fang' ich an mit meiner enormen Weisheit?

(Mephistos Höllengelächter wie oben.)

Was ist benn das für ein hölzernes Gelächter? macht sich schon wieder über mich lustig, der maliziöse Herr Mephistopheles. (In die Luft hinauf sprechend.) Ich finde das sehr impertinent und abgeschmackt. Wenn Sie schon nicht still sein können, so geben Sie mir einen Rat — was ich werden soll?

Mephistos Stimme. Ein Millionär.

Quirinus. Ein Millionär! — ja, das wär' gar nicht übel, ein Millionär! Aber das ist leicht gesagt und schwer gethan; wie wird man ein Millionär? frag' ich, wie wird man einer? Unmöglich ist's grab' nicht, einer zu werden — die Erfahrung sagt, es gibt verschiedene Arten —

Couplets (mit dem Refrain): „So wird man Millionär." (Ab.)

(Das Theater verwandelt sich in einen andern Stadtteil.)

Zweiter Akt.

Siebente Scene.
Quirinus. Mephisto.

Mephisto (in der Gestalt eines zerlumpten Bettlers verfolgt Quirinus). Um aller Barmherzigkeit willen, nur eine Kleinigkeit auf einen Bissen Brot.

Quirinus. Ich hab' Ihm schon gesagt, ich geb' nichts her.

Mephisto. Also keine Hilfe — keine Hilfe! So bleibt mir nichts andres übrig, als mich umzubringen.

Quirinus (etwas weich). Ich weiß nicht, warum mich der Mensch so dauert. Wie er ausschaut! das grasse Elend guckt ihm bei allen Ellbogen heraus. Meiner Treu — wenn's nicht so ganz gegen meine Grundsätze und Erfahrungen wär' — dergleichen Müßiggänger zu unterstützen —

Mephisto. Müßiggänger! (Krampfhaft lachend.) Müßiggänger! oh, das Wort thut weh! Zehn unmündige Kinder, ein tobkrankes Weib, einen blinden Vater, einen invaliden Bruder, eine taubstumme Schwester und eine neunzigjährige Großmutter zu ernähren — und ein Müßiggänger schimpfiert! oh! oh! das thut weh!

Quirinus. Eine Wut hab' ich auf mich, eine Wut — ich könnt' mich zerreißen, daß ich auf einmal gar so weich geworden bin. Diese dumme Gutmütigkeit hab' ich doch schon längst abgeschworen, jetzt kommt sie auf einmal wieder zum Vorschein.

Mephisto (stier vor sich hinblickend). Einen unmündigen Vater — zehn blinde Kinder — es ist mehr, als ein Mensch zu ertragen vermag.

Quirinus. Dergleichen Flausen kennen wir — man hat kuriose Erfahrungen in dieser Beziehung gemacht.

Mephisto (fortfahrend). Eine invalide Schwester, einen taubstummen Bruder und eine neunzigjährige Großmutter — es ist zu viel!

Quirinus. Glaub ihm nicht, Quirinus! es ist alles Lug und Trug. Man soll keinem Menschen trauen — Resultat meiner Erfahrung! — Aber, wenn's doch wahr wäre? es könnt' ja doch wahr sein. — Wie er vor sich hinstarrt — die grelle Verzweiflung schaut ihm aus den Augen — (Aergerlich.) Herrgott! ich weiß nicht, was mir die meinigen übergehen macht!

Mephisto (beiseite). Dein junges Blut, du Tropf! (Als Betrüger dumpf vor sich hin.) Ich bring' mich um.

Quirinus. Erfahrung hin, Erfahrung her — es könnt' ja doch einmal ein wirkliches Elend geben. Und am Ende ist's besser, man gibt sich in die Gefahr, betrogen zu werden, als man stößt einen wahrhaft Unglücklichen von sich.

Mephisto (wild auffahrend). Zu viel erträgt kein Mensch! — dort ist der Strom — ich bring' mich um! (Will fortstürzen.)

Quirinus. Halt! Sapperment, halt! guter Freund! (Mephisto kehrt zurück.) Da, da, da! Alles, was ich bei mir hab' — nimm's geschwind — geschwind, sag' ich — bevor's mich reut!

Mephisto (die Börse nehmend). Ah, mein guter, lieber junger Herr, ich küss' die Hand vieltausendmal!

Quirinus (heftig). Fort, fort! aus meinen Augen! fort, bevor's mich reut! (Mephisto eilt mit höhnischem Lachen hinweg.)

Achte Scene.

Quirinus (allein, nachdem er sich gefaßt). Hast wieder einen recht dummen Streich gemacht! Jetzt geht der Kerl am End' ins Branntweinhaus und versauft das Geld! Vielleicht geht er aber auch hin und bringt's seiner armen Familie. — So — das glaubt der naseweise Gelbschnabel wieder trotz all seiner Erfahrungen! Nein, nein, wie sich der unbesonnene junge Mensch — und der erfahrene Greis in mir schopfbeuteln — es ist zum Tollwerden. Und richtig behält der verflixte Bub immer das letzte Wort. Was das für ein vorlauter Kerl ist übereinander! Ich werd' noch einen ganz andern Ton mit ihm anstimmen müssen. Diesmal will ich ihm das Ding noch so hingehen lassen — wenigstens war seine Verirrung die Verirrung eines edlen Gemütes. Und wer weiß noch, ob's eine Verirrung war? — Was? keine? es ist doch merkwürdig, daß diese jungen Bürschchen nie einen Fehler einsehen wollen! Freilich ist er noch nicht bewiesen — —

Lärm in der Coulisse, Geschrei. Haltet ihn! haltet den Dieb!

Quirinus. Was ist denn das für ein Spektakel?

Neunte Scene.

(Gerichtsdiener schleppen Mephisto als zerlumpten Bettler, wie früher, herbei. Ein Herr. Volk.

Ein Herr. Meine Uhr hat er mir gestohlen — meine Cylinderuhr, heraus damit, Spitzbube!

Quirinus. Was? ein Dieb ist er? — o ich Dummkopf, ich! — Aber — geschieht mir schon recht! warum hab' ich mich nicht an meine Erfahrungen gehalten!

(Gerichtsdiener haben Mephistos Taschen durchsucht und eine goldene Cylinderuhr herausgezogen, die sie dem Herrn zurückgeben.)

Ein Gerichtsdiener. Da ist noch eine Börse!

Quirinus. Her damit! die ist mein! die hat er mir herausgelockt, dieser Haupthalunke und Betrüger!

Mephisto. Warum hat der Herr eine so einfältige und gutmütige Miene.

Quirinus. Auch das noch! Abschaum der Menschheit! Aber das soll mir zur Witzigung dienen.

Mephisto. Bei dem Herrn hab' ich mich gleich ausgekannt, daß mit der Rührung nichts anzufangen ist; dem sieht man auf zehn Schritte an, daß von einem Herzen gar keine Spur vorhanden ist.

Der Herr. Impertinent!

Mephisto. Ja, unsereiner versteht auch sein Metier. Nur eins giftet mich: daß ich so ungeschickt war, mich erwischen zu lassen.

Quirinus. Von jetzt an soll mich aber auch gar nichts mehr zur Rührung bewegen! mit dieser letzten Erfahrung will ich mich dagegen panzern. Mein Herz soll werden zu Stein.

Mephisto (indem er abgeführt wird).

Nichts freut den Teufel so auf dieser Welt,
Als wenn er einen um sein Mitleid prellt. (Alle ab.)

Quirinus (allein, heftig auf und nieder gehend). Rühr dich nur wieder, leichtfertiges, leichtgläubiges, leichtbewegliches Jugendprinzip in mir; zu Tod ohrfeigen will ich dich mit meinen Erfahrungen.

Zehnte Scene.

Voriger. Ein Weib. Später Möller und Palm. Das Weib, bleich und abgezehrt, ein Kind auf dem Arme, wankt auf die Bühne und sinkt erschöpft auf eine Steinbank.

Das Weib. O Gott, mein Gott! Du hast mich ganz verlassen! (Das Kind küssend.) Du armes Kind, du hast keinen Vater mehr — auch da droben nicht! Betteln, betteln, die Schande überleb' ich nicht! — Du armes Herz — ja ich muß, muß betteln — für dich! (Sie rafft sich auf und eilt, die Hände ringend, auf Quirinus zu.) Erbarmen, junger Herr!

Quirinus. Was gibt's? was will Sie? was untersteht Sie sich?

(Möller und Palm erscheinen im Hintergrund.)

Quirinus (dessen Hand das Weib ergriffen hat). Ob Sie mich loslassen will, zudringliches Geschöpf! (Er stößt sie von sich.)

Das Weib. Mitleid!

Quirinus. Der Artikel ist bei mir ausgegangen. Fort, sag' ich! Vielleicht auch so eine Landstreicherin, Betrügerin oder gar eine verkappte Diebin.

Das Weib. O mein Gott!

Möller. Empörend! empörend!

Das Weib (nimmt mit einer Bewegung der Verzweiflung das Kind von der Steinbank und hält es aufgehoben vor Quirinus). Mitleid!

Quirinus. Fort mit dem ausgeborgten Balg! (Zu sich selbst.) Nur fest geblieben, fest!

Möller (vorstürzend). Um Gottes willen! Das Weib wird ohnmächtig! Herr, Sie sind ein Unmensch!

Quirinus. Geht das Sie vielleicht was an?

Möller. Mich? Nun, nun, wir wollen sehen. O pfui, pfui! schämen Sie sich! ein junger Mann und kein Gefühl im Leibe!

Quirinus. Ich weiß nicht, was Sie sich herausnehmen? Schämen Sie sich lieber — so ein gesetzter Mann — und läßt sich noch immer von erheuchelten Thränen und fingierten Ohnmachten ins Bockshorn jagen! Sie wären schon alt genug, das alberne Dings da! Menschenliebe abgestreift zu haben. Jeder ist ein Dummkopf, der sich um den andern bekümmert; denn Undank ist der Welt Lohn — Resultat der Erfahrung. (Für sich.) Nur fest geblieben, fest!

Möller. Ein schlechter Kerl, der sich seines Herzens schämt! und wäre sein Haar so weiß wie Schnee.

Quirinus. Hätten Sie nur meine Erfahrungen gemacht!

Möller. Es ist empörend! Ein Trunkenbold, ein Raufer und endlich noch ein Egoist!

Quirinus. Egoismus, sagt die Erfahrung — ist Lebensphilosophie.

Möller. Herr, Sie sind —

Quirinus. Sei'n Sie so gut und werden Sie grob auch noch!

Möller (an sich haltend). Nein, nein! ich will mich nicht erzürnen; ich bin kein händelsüchtiger Hitzkopf mit kaltem Herzen, wie du!

Quirinus. Herr, diese Vertraulichkeiten verbitt' ich mir!

Möller. Ich will dich nur ganz einfach — enterben!

Quirinus (verblüfft). Enterben? — Erlauben Sie mir, um mich zu enterben, müssen Sie erst ein Recht aufweisen, mich zum Erben einzusetzen?

Möller. Das kann ich — ungeratener Sohn meiner Schwester!

Quirinus. Was hör' ich — mein Onkel?

Möller. Ja, dein verschollener Onkel, zurückgekehrt aus Westindien — reich an Schätzen — ein Millionär.

Quirinus. Ein Millionär!

Möller. Du solltest alles — alles besitzen, was ich besitze, hättest du es verdient; du hast dich selbst verurteilt! (Er nimmt das Kind des Weibes auf den Arm.) Das ist mein Erbe.

Quirinus. Mich trifft der Schlag! (Wankt einige Schritte und sinkt dem nächsten der Volksgruppe, die sich währenddessen gebildet hat, in die Arme.)

Mephisto (erscheint in seiner eigentlichen Gestalt). Wohl bekomm's! hahahaha!

Ende des zweiten Aufzuges.

Dritter Akt.

Ein Zimmer.

Erste Scene.

Quirinus im vollen Mannesalter.

Quirinus. 's war doch schön von meinem Herrn Onkel, daß er sich wieder hat versöhnen lassen und mich wenigstens nicht ganz enterbt hat; das Schönste war aber, daß er mich bald in den Besitz seiner Güter gesetzt hat. Ich hab' wirklich ein ganzes Jahr ein' Trauerflor für ihn getragen: na — mehr kann man doch nicht thun. Und weil ich gar so viel getrauert hab', hab' ich mich natürlich gewaltsam in einiges hineinstürzen müssen. — Merkwürdig, wenn man Geld hat, findet man immer Tröster und Trösterinnen, besonders die letzteren. Die Menschen sind wirklich manchmal recht gut und die Menschinnen oft mudel= sauber. Warum hätt' ich mir's auch in meinem zweiten Leben nicht ein bissel angenehmer einrichten sollen? Aber endlich hab' ich bemerkt, daß ich — wie man sich nobel ausdrückt — ruiniert war und leider hab' ich kein' zweiten Onkel auftreiben können. Meine Tröster und Trösterinnen sind auch ver= schwunden — natürlich, nur aus purer Delikatesse; sie wollten mir nicht zur Last fallen. Glücklicherweise habe ich aber doch noch einige Gulden retten können — na — und eine gran= diose Erfahrung hab' ich doch dabei gemacht: daß man auch das größte Vermögen ausgeben kann. — Um nun all diesen Drangsalen zu entfliehen, hab' ich mich in den Hafen der Ehe geflüchtet. Und welch ein Weib hab' ich heimgeführt! mich gruselt's, wenn ich nur an sie denk'.

Zweite Scene.

Quirinus. Mephisto in seiner eigentlichen Gestalt.

Mephisto. Du armer Wicht! wahrhaftig — läge es in meinem Wesen, etwas zu bedauern — hätt' ich ein Herz — von Herzen würde ich dich dann bedauern.

Quirinus. Darüber können Sie sich trösten. Ich hab' mich in meinen beiden Leben noch niemals so wohl gefühlt, als eben jetzt.

Mephisto. Das ist es eben; nichts kläglicher, als ein neugebackener Ehemann im Hoffnungsrausch einer schönen Zukunft.

Quirinus. Das kostet mich nur ein Lachen. Die meinige steht jetzt auf zu soliden Grundfesten, um zu täuschen.

Mephisto. Meinst du? Hätt' ich an deiner Thorheit jemals gezweifelt, jetzt wäre ich sicher, daß du mein bist.

Quirinus. So? und darf man fragen, warum?

Mephisto. Wer einmal dem Joche der Ehe entschlüpft ist und sich noch einmal darunter beugt, der liefert den schlagendsten Beweis, daß es keine Albernheit gibt, die er zum zweitenmale nicht beginge.

Quirinus. Albernheit? Da kann man sehen, wie nicht nur die Menschen, sondern auch „die bösen Prinzipe" vorschnell urteilen. Es ist zwar richtig — die Erfahrungen meines ersten Lebens waren in dieser Beziehung nichts weniger, als ermutigend. Von drei successiven Weibern hat mich nicht ein einziges in das irdische Paradies versetzt. Darum hab' ich auch anfangs in meinem zweiten Leben die Weiber ganz abschwören wollen.

Mephisto. Hahaha! Das beste Mittel, ihnen ganz mit Leib und Seel' anzugehören.

Quirinus. Darauf bin ich eben auch gekommen. Zwar hab' ich dem gesamten Geschlechte unversöhnlichen Haß geschworen — aber sonderbarerweise hat sich immer ein weibliches Wesen gefunden, das ich — ausnahmsweise — so lange für einen Engel angesehen hab', bis mich der Teufel geholt hat — nichts für ungut!

Mephisto. Das Schicksal aller junger Weiberfeinde.

Quirinus. Diesem Zustand ein Ende zu machen, hab' ich endlich — schließlich mich eben entschlossen, doch wieder zu heiraten. Aber — mit welch außerordentlicher Vorsicht, Umsicht und Scharfsicht bin ich dabei zu Werke gegangen!

Mephisto (höhnisch). Im Ernst?

Quirinus. All meine Erfahrungen hab' ich zu Hilfe gerufen, meine Wahl zu bestimmen. Mein erstes Weib war eine sogenannte geistreiche Frau; — ihr Geist war aber so groß, daß der meine daneben ganz verschwunden ist. Deshalb hat sie auch immer mit Verachtung auf mich herabgeblickt und sich so lange in eine Weihrauchwolke vor mir gehüllt, bis ich armer Mann zum Bedienten herabgesunken bin. — Die zweite war eine sogenannte kluge Frau. Die war aber so klug, daß ich schon hab' thun dürfen, was ich wollte, ich war immer der Gefoppte — und hab's immer erst hinterher gemerkt. — Die dritte war eine sogenannte gescheite Frau. Die war wieder so gescheit, daß sie im ganzen Haus das Unterste zuoberst gekehrt hat und ihr nie jemand hat was recht machen können. Resultat war also: eine Frau muß dumm sein, um zu beglücken.

Mephisto. Ein Solon!

Quirinus. Alle brei waren unlenksam und haben rein gar nichts nach meinem Kopf gemacht. Resultat: eine Frau muß unterwürfig sein und durchaus keinen eigenen Kopf haben. Dumm und gehorsam! Also in jeder Beziehung kopflos.

Mephisto. Ein neuer Sokrates!

Quirinus. Eine solche Perle fand ich in der Gestalt einer länblichen Einfalt, die aber wirklich so einfältig ist, daß eher der Himmel — als ihr ein guter Gedanke — einfällt. — Schon sind die Flitterwochen geraume Zeit vorüber und ich erhole mich noch immer nicht von dem Entzücken über meine vortreffliche Wahl.

Mephisto. Ich gratuliere, das Beileid bleibt nicht aus.

Quirinus. Sie kommt! Thun Sie mir jetzt den Gefallen und verschwinden Sie!

Mephisto. Wozu? für *ihre* Augen bin ich Luft!

Dritte Scene.

Vorige. Dorothea aus dem Nebenzimmer.

Quirinus. Da ist sie. Welche himmlische Miene! Nichtssagend und doch sauber.

Mephisto. Ein glückliches Gemisch von Engel und — Stallmagd.

Dorothea (in Haltung und Sprache sehr einfältig). Guten Morgen, lieb's Mannerl!

Quirinus (imponierend). Guten Morgen, mein Herzchen!

Dorothea. Hast g'sund g'schlafen, ja?

Quirinus. O, unaussprechlich süß. Und geträumt hab' ich — so schön — ich hab' von dir geträumt.

Dorothea. Hör auf!

Mephisto. O luftige Traumgestalt!

Dorothea. Aber schau — das is doch recht dumm, daß i meiner Muhm' ihr Traumbüchl net vom Land mitbracht hab'. Jetzt könntst nachschauen, was das für a Nummer bedeut', wann einer von sein'm Weib träumt.

Quirinus (zu Mephisto). Bezaubernder Aberglauben!

Dorothea. Recht dumm i's. Jetzt wärst ein reicher Mann.

Quirinus. Reich? wozu brauch' ich das noch zu werden? bin ich es nicht schon durch deinen Besitz?

Dorothea. Geh weiter! wegen die paar tausend Gulden, die mir mein Göd mitgeben hat?

Quirinus. Göttliches Mißverständnis! (Zu Mephisto.) Bin ich ein glücklicher Mann? Wenn der einmal irgend ein Galan ein Kompliment schneiden will, sie versteht's nicht einmal.

Mephisto. Verstehen — nein, aber glauben, und wenn's auch noch so derb ist.

Quirinus. Sag mir einmal, liebes Weiberl, wie gefällt's dir denn eigentlich so herin in der Stadt?

Dorothea. In der Stadt? na — schau — in der Stadt g'fallet's ma schon — wann nur die hohen Häuser nit wär'n. Und dann — die Berg' gehn ma halt ab und b' Wiesen und b' Felder und — der Halter!

Quirinus. Was?

Dorothea. O, du mein! — der Halter — der blast so schön — aber schon so schön! O so ein' Blaser haben s' g'wiß net in der Stadt!

Quirinus. Entzückende Naivität!

Dorothea. Sag ma, wann treiben s' denn eigentlich 's Vieh aus da herin? bei der Nacht?

Quirinus. Natürlich! (Beiseite.) Nur keine Aufklärung, wenn man Herr in seinem Hause bleiben will.

Mephisto. Ein großer Satz! gereift in größeren Köpfen!

Dorothea. Und nachher, das Fahren! Das is a Lärm da in der Stadt — 's is net zum sagen. Gibt's denn gar so viele kranke Leut'?

Quirinus. Kranke Leut'? was? Jetzt fang' ich an ein wenig begriffstützig zu werden. Kranke Leut'?

Dorothea. Na ja! — Der Doktor von Birkenau is a immer so schnell daher g'fahren kommen, wann einer im Dorf krank worden is.

Quirinus. Merkwürdige Schlußkraft! (Zu Mephisto.) Kann's etwas Dümmeres geben?

Mephisto. Ja: — einen Mann, der die zum Weibe nimmt!

Quirinus. So? — Erst wollen wir den zweiten Teil sehen, den Gehorsam! (Laut und gebieterisch.) Dorothea!

Dorothea. Ja, lieb's Mannerl.

Quirinus. Ich will ausgehn — meinen Frack! (Dorothea läuft auf den Schrank zu und bringt den Frack.) — Aber nein — bring mir den kaffeebraunen Rock! (Dorothea kommt damit.) Nein — den blauen, mit den goldenen Knöpfen! (Dorothea wie oben.) Nein,

bring mir doch den Frack! (Dorothea wie oben.) Nein, doch nicht!
— den kaffeebraunen. (Dorothea geht.) — Nein — ich werd' doch
nicht ausgehen — meinen Schlafrock! (Dorothea bringt den Schlafrock.) — Oder nein — ich werd' in dem Hausröckel bleiben.
(Dorothea trägt den Schlafrock zurück.) Meine Pfeife! (Sie bringt die Pfeife.)
Aber nein — ich hab' keine Lust zu rauchen. — Das Buch
dort vom Schreibtisch, ich werde lesen. (Sie bringt ein Buch.) —
Das andre. (Sie bringt es.) — Weg damit! ich bin nicht auf=
gelegt zum Lesen. (Sie legt das Buch weg.)

    Dorothea (zurückkommend, in Erwartung eines neuen Befehls). Schafft
mir mehr? — sag's nur!
    Quirinus. Eh bien! Was sagen Sie nun?
    Mephisto. Griseldis jeder Zoll! vom „Backenaufblasen"
bis zur rührenden Elegie von der „Kinderklapper".
    Quirinus. Dorothea!
    Dorothea. Schafft was?
    Quirinus. Nichts mehr, als ein Busserl! (Sie küßt ihn, er
umschlingt sie.) Arm in Arm mit dir — so fordre ich — (mit
einem Blick auf Mephisto) gewisse Leute in die Schranken! (Er geht
mit Dorothea ab.)

Vierte Scene.

    Mephisto (allein). Geh hin, du Tropf, der du bei all
deinen Erfahrungen noch nicht erfahren hast, daß die Dumm=
heit eines Menschen mehr Unheil in der Welt anrichtet, als
die Bosheit von Hunderten. — Dummheit — dein Symbol
ist die Finsterniß, wie das der Hölle, und doch bist du ihr
verhaßt, wie die — Unschuld. Den Tugendhaften versucht
die Hölle, den Lasterhaften macht sie zu ihrem Sklaven hier
wie dort. — Der Dumme allein wandelt unangefochten durchs
Leben; denn er ist ebensowenig lasterhaft als tugendhaft —
er ist nur dumm — und seine Dummheit hält am Tage des
Gerichtes den Schild der Unzurechnungsfähigkeit über seine
Sünden und prellt den Teufel um sein gutes Recht. (Ab.)

    Verwandlung: Oeffentlicher Platz.

Fünfte Scene.

Hubmann. Oehlzweig.

Oehlzweig. Nein, diese Kriegszeiten! diese Kriegszeiten! die brächten mich noch zur Verzweiflung, wenn das nicht ganz gegen mein ruhiges Temperament wäre.

Hubmann. Ja, ja, das sind schwere Zeiten — wo der Mensch seine gefüllte Gansbrust nicht einmal mehr in sorgloser Ruhe verzehren kann.

Oehlzweig. Wer den Krieg aufgebracht hat, den Kerl möcht' ich gleich massakrieren — wenn das nicht wieder ganz gegen meine friedliche Natur wäre.

Hubmann. Haben S' schon gehört, daß sich der Kampf immer mehr in unsre Nähe zieht?

Oehlzweig. Sein S' so gut! das wär' ja infam von dem Kampf!

Hubmann. Heut' in der Früh' ist ein Bauer mit Viktualien zu mir gekommen, der hat erzählt — acht Stunden von seinem Ort hacketen sie sich seit vorgestern schon zu Karbonadeln zusammen.

Oehlzweig. Ja — für die Raben!

Hubmann. Den Kanonendonner, den haben s' weit ins Gebirg hinein gehört.

Oehlzweig. Kanonendonner! mir brummt's in den Ohren — wie die Stimme meiner holden Barbara — wenn ich dran denk'. Das Pulver! das hat auch noch müssen erfunden werden. Ich begreif' gar nicht, wie sich jemand damit hat abgeben können? Ich hätt's nicht erfunden — das weiß ich.

Hubmann. Wenn nur die Lebensmittel nicht so im Preis stiegen durch den Krieg! Ich kann mir meine sechs Pfund Fleisch täglich, richtig nicht mehr vergönnen!

(An mehreren Punkten haben sich Volksgruppen gebildet, man nimmt an denselben eine heftige Bewegung wahr.)

Oehlzweig. Sagen Sie mir, was ist denn das auf einmal, daß die Leut' so zusammenlaufen? — Ich kann diese Zusammenrottungen nicht leiden! Wenn nie mehr als ein Mensch beisammen stünd', könnt' niemals eine Rauferei entstehen.

Sechste Scene.

Vorige. Quirinus, Dorothea am Arme führend. Die Volksgruppen kommen mehr in den Vordergrund.

Quirinus. Eine saubere Geschichte, die man vernehmen muß!

Oehlzweig. Geschichte? ich will hoffen, keine Weltgeschichte; denn in der geht's auf keinem Blatt ohne Mord und Totschlag ab.

Erster Bürger. Gott sei uns gnädig, wenn sich das bestätigt!

Oehlzweig. Erlauben Sie, was soll sich bestätigen?

Erster Bürger. Eine Niederlage —

Hubmann. Von gepökelten Zungen und ausländischen Weinen?

Erster Bürger. Nein, von blutigen Köpfen und verstümmelten Gliedmaßen. Eine Schlacht soll geliefert und die Unsrigen total geschlagen sein. Dreitausend Tote, fünftausend Blessierte haben wir verloren. Das Fatalste aber ist — daß sie von unsrer Stadt abgeschnitten sind.

Oehlzweig. Da haben wir's — das kommt von diesen Schlägereien.

Zweiter Bürger (kommt voll Schrecken hereingestürzt). Es ist richtig — fünftausend Tote, achttausend Blessierte und fünfzehntausend Gefangene.

Dritter Bürger (von einer andern Seite). Das ist ein Unglück! das ist ein Unglück! Zehntausend Tote, fünfzehntausend Blessierte und eine Unzahl von Gefangenen.

Oehlzweig. Mir schaudert die Haut — wenn das so fort geht, so wächst die Zahl der Toten und Blessierten bis ins Millionenhafte!

Ein vierter Bürger. Es ist jammervoll! jammervoll! Nicht ein Mann von den Unsrigen ist entkommen, und die ganze Ebene war mit Flüchtigen bedeckt.

(Heftige Bewegung unter den Volksgruppen.)

Mehrere Stimmen. Der Feind ist im Anzug — der Feind!

(Alarmtrommeln von mehreren Seiten.)

Quirinus. Das ist eine schöne Wirtschaft! Sie schließen die Thore schon und pflanzen die Kanonen auf.

Hubmann. Was? Wir werden doch nicht so dumm sein — uns zu verteidigen?

Erster Bürger. Na, ob wir's werden! Die ganze Bürgerschaft soll aufgeboten werden, um sich mit der schwachen Besatzung zu vereinigen. Alles was kriegsfähig ist, wird bewaffnet, vom Kinde im Mutterleibe bis zum neunundneunzigjährigen Podagristen.

Oehlzweig. Was? — ich soll bewaffnet werden? das ist gegen meine heiligsten Prinzipien!

Quirinus. Gegen die meinigen auch; denn die Erfahrung sagt, daß das Waffenhandwerk ein sehr gefährliches ist.

Oehlzweig. Freunde, Mitbürger, Brüder! Nur keine Uebereilung! ich hätt' einen andern Vorschlag zu machen. Es wär' jetzt der geeignetste Moment, den ewigen Frieden zu proklamieren.

Erster Bürger. Was? im Angesicht des Feindes?

Oehlzweig. Man kann nicht wissen — vielleicht wird er dadurch gerührt.

Mehrere Stimmen. Der Stadtkommandant! der Stadtkommandant!

Siebente Scene.

Vorige. Mephisto als Stadtkommandant mit einer Abteilung Soldaten.

Mephisto (als Haudegen und Eisenfresser). Zu den Waffen, Bürger, für König und Vaterland! Alle tausend Revolvers und Spitzkugeln! was steht ihr da wie die Klötze und sperrt die Mäuler auf wie Lancasterkanonen? Zu den Waffen, ihr Faulpelze, Tintenkleckser, Schlafmützen und alten Weiber. Der Feind ist vor den Thoren!

Oehlzweig. Der Feind? was geht denn mich der Feind an? ich hab' gar keinen Feind. So ein friedliebender Mensch wie ich bin, und einen Feind!

Mephisto. Aber wir werden ihn empfangen, wie sich's gebührt. Glaubt ihr etwa, ich sei einer von denen, die sich übergeben? Fürchtet das nicht, todesmutige Bürger!

Quirinus. Was hat er gesagt? todesmutig?

Mephisto. Beruhigt euch! Eher verwandle ich die Stadt in einen Schutthaufen, unter den ich mich mit euch allen begrabe!

Quirinus. Schöne Beruhigung das!

Mephisto. Alle tausend congrevische Raketen, Bomben

und Granaten! — Rührt euch! bewegt euch, ihr Eisklumpen! Federfuchser! Hasenfüße! und Pantoffelhelden! zu den Waffen!

Ein Teil des Volkes (tumultuarisch). Zu den Waffen!

Mephisto. Wer bleibt zurück unter euch in der Verteidigung des heimischen Herdes?

Hubmann. Verteidigung des heimischen Herdes? das könnt' einem noch abgehen! Der Herd ist zu ganz andern Zwecken bestimmt, als verteidigt zu werden.

Mephisto. Wer unter euch will nicht freudig fechten bis zum letzten Blutstropfen für sein Vaterland?

Hubmann. Fechten? das gehört gar nicht zu meinen Lebenselementen. Wann hätt' ich je Zeit gehabt, fechten zu lernen?

Quirinus. Vaterland! was ist Vaterland? ein rein idealer Begriff. Vaterland! — Todesmut! Phrasen das — Schwärmereien — sagt die Erfahrung.

(Im Hintergrunde werden Waffen unter die Bürger verteilt.)

Mephisto. Zu den Waffen, ihr Fettwänste — Pflastertreter, Schneiderseelen und Ofenhocker — zu den Waffen! Vorwärts! — (indem er Hubmann beim Arme faßt) vierschrötige Grenadiergestalt — gemästete Heldenkraft!

Hubmann. Was? Glauben Sie etwa, ich hätt' mich so stattlich genährt zu einem Rostbraten für gefräßige Feuerschlünde? oder zu einem Schöpsernen für schmarotzende Würmer?

Mephisto (indem er Oehlzweig beim Arme packt). Zu den Waffen!

Oehlzweig. Nein, auf keinen Fall! es ist gegen meine Prinzipien. Ich bin für die Proklamierung des ewigen Friedens.

Mephisto. Ordre pariert und nicht gemuckst! oder ich laß' Ihn massakrieren, füsilieren!

Quirinus. Was fang' ich an, wenn die Reih' an mich kommt? Weib, einen vernünftigen Rat — ja so, du bist zu dumm dazu.

Dorothea. Sag ma — was machen s' denn da? gehn s' auf b' Jagd?

Quirinus. Ja — und auf was für eine! wo der Mensch selbst die Hasen und Böcke vorstellt!

Dorothea. Ah, das ist g'spaßig!

Oehlzweig (sich noch immer sträubend). Glauben Sie nicht etwa, daß ich keine Courage hab'! Im Gegenteil — aber lassen Sie sich sagen: der moralische Mut ist eigentlich der eigentliche Mut des Mannes und dieser besteht in der Festhaltung seiner Prinzipien. Ich bin für die Aufrechterhaltung des Friedens — um jeden Preis. — Nichts kann mich zwingen, meine Hand gegen meinen Mitmenschen zu bewaffnen.

Mephisto. Das wollen wir doch sehen! (Er zieht seinen Säbel.) Will Er sich bewaffnen oder nicht?

Oehlzweig (ängstlich). Nein, Frieden um jeden Preis.

Mephisto (indem er ihm mit dem Säbel um den Kopf herumfuchtelt). Will Er nicht?

Oehlzweig (retirierend). Machen Sie keine dummen Späße, ich kann das nicht leiden.

Mephisto (ihn immer mehr in die Enge treibend). Will Er nicht?

Oehlzweig. Erlauben Sie mir, das geht schon über den Spaß — das ist zu arg — Sie — ich werde toll — ja, wenn Sie mich angreifen —!

(Er reißt in der Verzweiflung einem Nebenstehenden das Gewehr aus der Hand und verteidigt sich.)

Mephisto (mit Hohngelächter). So zwingt man Friedens= männer in die Waffen!

(Oehlzweig trocknet sich die Stirn. Mephisto treibt das Volk im Hintergrunde zusammen.)

Quirinus (im Vordergrund). Da fällt mir ein prächtiges Aus= kunftsmittel ein, ohne daß ich mich zu blamieren brauch'! — Weib, nimm dich zusammen — es gilt jetzt eine Komödie zu spielen.

Dorothea. A Komödie? was is denn das?

Quirinus. Was das ist? das wirst du sogleich sehen. Du mußt jetzt so thun, als ob du mich mit aller Gewalt vom Kampf zurückhalten wolltest — verstehst?

Dorothea. Na!

Quirinus. Macht auch nichts. — Thue nur alles, was ich dir sag! vor allem pack' mich am Rockschößel — so fest du nur kannst — so! jetzt kann's angehen! (Laut, indem er einige Schritte vorstürzt und Dorothea, die am Schößel festhält, mit fortschleppt.) Weib, zügle nicht meinen Heldenmut! Es ruft das Vaterland — zurück von mir! (Dorothea weicht erschrocken zurück.) Sapperment, warum laßt mich denn aus?

Dorothea. Na, weil du g'sagt hast: zurück von mir!

Quirinus (leise). Gleich umschlingst mich mit beiden Armen. (Sie thut es. — Laut und hochtrabend.) Dein Flehen ist vergebens, Weib; zu brausend tobt der Kampfesmut in mir! Bei meinem Zorn — laß mich! (Sie läßt ihn augenblicklich wieder los. — Leise.) Warum haltst mich denn nicht?

Dorothea. Aber — du hast ja g'sagt, ich soll alles thun, was du sagst!

Quirinus. Das Weib bringt mich noch um mit ihrer Dummheit! — Jetzt befehl ich dir, nicht zu thun, was ich dir sag'! Also — jetzt gib acht! (Laut.) Waffen her! ich dürste nach Gefechten! (Leise zu Dorothea.) Wie ich jetzt vorwärts stürze, wirfst du dich mir in den Weg. (Laut.) Gebt Raum! — Wer stellt sich dem erzürnten Leu entgegen, wenn er nach Kämpfen brüllt! — Folgt meinem Beispiel! zu den Waffen, Brüder! (Er eilt einige Schritte nach dem Waffenplatze im Hintergrunde. Dorothea bleibt teilnahmslos stehen. — Zurückkommend.) Weib! kopflose Ehehälfte — was hab' ich dir denn gesagt?

Dorothea. Daß i net thun soll — was b' schaffst — und ein braves Weib thut alles, wie's der Mann sagt.

Quirinus. Weib! — deine Dummheit kostet mich den Hals!

Mephisto (vorstürzend). Wo ist der Mann, der hier nach Waffen ruft?

Quirinus. Da haben wir's!

Mephisto. Ihm werde seiner Kühnheit Lohn: — im wildesten Feuer soll er an meiner Seite fechten. (Ihn umschlingend.) Auf, Heldenbruder, auf! für König und Vaterland!

Quirinus (von Mephisto fortgeschleppt). Ich bin des Todes.

Das Volk (folgt beiden nach, indem es ruft). Für König und Vaterland!

Dorothea (ihnen nachlaufend). Mannerl! — wo gehst denn hin, Mannerl?

Verwandlung: Ein öder Stadtteil. Im Hintergrund eine alte Mauer. Im Vordergrund zur Seite ein Kellergewölbe, zu welchem eine eiserne Thüre führt. (Es ist Nacht.

Achte Scene.

Ein Mann (in einen grauen Mantel gehüllt, den Hut tief ins Gesicht gedrückt, tritt vorsichtig auf). Verdammt! sie sind auf meiner Spur und kaum mehr hab' ich Hoffnung, zu entwischen. Fangen sie mich, so hänge ich morgen so hoch, als der Galgen einen Spion trägt. Und nirgends ein Schlupfwinkel, der mich ihren Nachforschungen entzöge. Horch, wer schleicht da auf mich zu? (Er zieht sich nach der Mauer zurück.)

Quirinus (ebenfalls in einen grauen Mantel gehüllt, unter welchem er verschiedene Päcke und einen Korb verbirgt). So, da wär' ich glücklich angelangt. Gott sei Dank, daß der Eisenfresser von einem Stadtkommandanten im Drang der Kriegsgeschäfte wieder auf mich vergessen hat und ich so Gelegenheit gefunden hab', mich ganz unbemerkt verschwinden zu lassen. Vaterland! Todesmut! das wäre mir eine saubere Beschäftigung! Ich war auch einmal in meinem ersten Leben so dumm, mich von dergleichen hochtrabenden Redensarten begeistern zu lassen. Was hab' ich davon gehabt? Daß man mich hinterdrein einen Narren, einen Schwärmer, einen einfältigen Fanatiker genannt hat, abgerechnet, daß ich mit genauer Not dem Massakrieren entgangen bin. Diesmal will ich vor allem auf die Erhaltung meines eigenen geliebten Ichs Bedacht nehmen. Man wird zwar sagen, das sei Engherzigkeit — aber das thut nichts! Die Erfahrung sagt, daß Engherzigkeit ein ganz vorzügliches Mittel zur Konservation der heilen Haut ist. (Er hat inzwischen die Kellerthüre aufgeschlossen.) Es ist doch gut, wenn der Mensch einen einsam gelegenen Keller besitzt. Da sucht mich gewiß keine Seele. Niemand weiß etwas von meinem Schlupfwinkel, als meine Frau — für den Fall dringendster Fälle. Der hab' ich aber kurios aufgeboten, unter keiner Bedingung jemandem was zu verraten. So beginnen wir mit der Ausschiffung. (Er stellt seinen Korb auf die Erde; unglücklicherweise fällt derselbe um und eine Anzahl Semmeln kollern nach verschiedenen Seiten auf dem Boden herum.) Sapperment noch einmal, mein Proviant! Fataler Zufall! bis ich jetzt die Semmeln zusammensuch' — wenn mich nur kein Mensch überrascht.

  Der Spion (nähert sich, während Quirinus die Semmeln zusammensucht, der offenstehenden Kellerthüre). Ein Wink des Schicksals — der Schlupfwinkel ist gefunden.
(Er steigt unbemerkt in den Keller hinab.)

  Quirinus. So! — das wär' auch glücklich abgelaufen. Jetzt aber ohne Verzögerung — in die Unterwelt hinab! (Er steigt mit seinem Proviant in den Keller hinab, dessen Thür er hinter sich zuwirft.)

Neunte Scene.

  Dorothea (von der entgegengesetzten Seite). Das is bo recht dumm, daß i ganz vergessen hab', mein'n Mann z' fragen — und 's is bo so wichti — so wichti, daß i ihn drum fragen muß. —

Und so allein — bei der Nacht — 's is recht ähnbrisch! recht ähnbrisch!

Ein Offizier (tritt mit einer Abteilung Soldaten vom Hintergrund auf). Hier verliert sich seine Spur! Der Schuft muß in Verbindung mit Stadtbewohnern sein. (Sie machen Gewehr bei Fuß.)

Dorothea (erschrocken). Du mein! — was is denn das für ein Gerassel — i trau' mi gar net umz'schaun. Wann's Geister wär'n!

Offizier (bemerkt sie). Halt! wer da!

(Dorothea stößt einen Schrei aus.)

Offizier. Ein Mädchen! keine Furcht, mein schönes Kind! was machst du da?

Dorothea. Es is a Mensch! wie i erschrocken bin! — Was i mach? Mein'n Mann such' i.

Offizier. Deinen Mann? — so spät? (Beiseite.) Das klingt verdächtig. (Laut.) Sag mir, wo ist denn bein Mann?

Dorothea. Wo er is? mei Mann? — ja, wann i das sagen dürft'; aber er hat ma's streng aufboten — kaner Seel' was z' verraten — aber schon kaner Seel' net!

Offizier. Ei sieh doch! (Leise.) Dahinter steckt etwas!

Dorothea (eilig). So, und jetzt gängen S' fort und halten S' mi net auf, i hab' ihm um gar was Wichtig's z' fragen, — um gar was Wichtig's!

Offizier. Ich will nicht stören. (Zieht sich scheinbar zurück.)

Dorothea (eilt auf den Keller zu, an dessen Thüre sie heftig klopft). Mannerl! lieb's Mannerl! — mach auf! i bin's! mach auf!

Quirinus' Stimme. Was gibt's denn da oben? was ist denn das für ein Lärm?

Dorothea. I bin's, die Dorothe. Mach auf!

Quirinus (steckt den Kopf zur Kellerthüre heraus). Du bist's? — was willst denn du da? Donnerwetter noch einmal, ist das Weib unvorsichtig.

Dorothea. Sei net bös, aber i hab' di um gar was Wichtig's z' frag'n.

Quirinus. Was Wichtiges? Also heraus damit, daß du wieder weiter kommst — was ist's?

Dorothea. Sag mer, lieb's Mannerl, soll i 's Licht aus= löschen, was d' in bein'm Zimmer hast brennen lassen?

Quirinus (unterbricht sie wütend). Und darum — darum — alle tausend Donnerwetter — jetzt schau, daß du fortkommst!

(Er will die Kellerthüre zuschlagen; der Offizier, vorspringend, packt ihn.)

Offizier. Der Vogel ist gefangen!

Quirinus. Herrgott von Mannheim — ich bin verloren!

Offizier. Heraus aus deinem Schlupfwinkel, Halunke, heraus!

Quirinus (wird von den Soldaten hervorgezogen). Weib! Ausbund der Dummheit! das ist dein Werk! Herr Offizier, haben Sie Erbarmen mit einem unschuldigen, friedliebenden Bürger —

Offizier. Keine Flausen und Vorspiegelungen, wir kennen dich schon, wir sind schon lange auf deiner Fährte; nun aber haben wir dich fest und sicher — Spion!

Quirinus. Spion? was? Erlauben Sie mir Ihnen zu sagen, daß Sie im Irrtum sind.

Offizier. Fort mit ihm, wir sind unsrer Sache gewiß! (Während Quirinus, sich heftig sträubend, von den Soldaten umrungen wird, entschlüpft der Spion aus dem Keller.)

Spion. Auch hier nicht sicher? so diene du (auf Quirinus) mir als Blitzableiter! (Er wirft eilig seine Brieftasche von sich und entflieht.)

Quirinus. Herr Offizier, ich protestiere gegen diese Behandlung! Ich klage auf Ehrenbeleidigung! Ich — ein Spion? ich habe mich niemals mit Spionieren beschäftigt; denn die Erfahrung sagt: Spione werden aufgeknüpft!

Offizier. Was an dir sogleich praktisch wird dargethan werden.

Quirinus. Was? ohne Beweise?

Dorothea (stößt mit dem Fuß an die Brieftasche; sie hebt sie auf). Du Mannerl! — schau her! — da hast bei Brieftaschen verloren.

Quirinus. Brieftasche? — ich hab' ja gar keine Brieftasche bei mir gehabt.

Offizier (bemächtigt sich der Brieftasche und öffnet sie). Was sehe ich? ein Plan der Stadt und aller ihrer Verteidigungswerke — eine Korrespondenz mit dem feindlichen General! Nun, da hätten wir ja die Beweise.

Quirinus. Was? doch nicht gegen mich?

Dorothea (blickt über die Schulter des Offiziers in den Brief). Du — Mannerl! is das der Brief, der gestern auf bein'm Schreibtisch g'legen is?

Offizier. Wahrhaftig?

Quirinus (wütend). Weib! das war ja der Brief an den Holzhändler! —

Dorothea. Aber das is g'spaßig — na, wie der ihm gleichschaut! —

Quirinus. Ob du 's Maul halten wirst?

Offizier. Schon gut! sein eigenes Weib zeugt gegen ihn. Er ist überwiesen und abgeurteilt. Fort mit ihm — ich habe strenge Befehle — führt ihn an jene Mauer und schießt ihn nieder! (Die Soldaten packen ihn.)

Quirinus. Erlauben Sie — nehmen Sie Raison an! ich protestiere! — Dummheit, du siegst!

Offizier (im Hintergrunde). Verbindet ihm die Augen!

Dorothea (im Vordergrunde). O du mein — was thun s' ihm denn? o du mein!

Quirinus (an der Mauer kniend mit verbundenen Augen). Mephistopheles! jetzt komm mir zu Hilf — oder ich erklär' dich für einen Maulmacher!

(Der Offizier giebt ein Zeichen mit dem Degen — die Soldaten legen auf Quirinus an — in diesem Augenblicke erscheint Mephisto an Quirinus Seite und ruft: Feuer! Die Soldaten drücken ab; alle Gewehre versagen.)

Mephisto.

Hahahaha! Noch ist nicht abgelaufen seine Frist;
Drum laßt dem Teufel, was des Teufels ist!

(Er entführt Quirinus durch die Stadtmauer, einen roten Schein zurücklassend.)

Ende des dritten Aktes.

Vierter Akt.
Wohnung des Quirinus.

Erste Scene.

Quirinus (gealtert, ganz wie im Anfang des ersten Aktes — nachdenklich). So, da wär' ich wieder, von wo ich ausgegangen bin. Ich feiere heute meinen sechsundfünfzigsten Geburtstag zum zweitenmal. Heut' vor sechsunddreißig Jahren um elf Uhr hab' ich den verhängnisvollen Kontrakt abgeschlossen. Ja, 's ist richtig; nur noch drei Stunden und der verteufelte Teufelskerl steht leibhaftig vor mir und es geht — ans Rechnunglegen. Mir läuft's eiskalt über den Rücken, wenn ich dran denk'! Wenn der mir alle dummen Streiche anrechnet, die ich in meinem zweiten Leben gemacht hab' — Gott sei mir gnädig! Ich begreif's gar nicht — mit der Erfahrung!! und so ein Dummkopf!! Aber ruhig, Quirinus! Fassung und Würde! O, wir haben unsre Wette doch noch nicht verloren; wir werden dem saubern Herrn Mephistopheles kurios imponierend entgegentreten. — Wir haben schließlich unsre Scharten ausgewetzt; — es hat zwar lange gedauert, aber wir haben doch endlich das Kapital unsrer Erfahrungen auf honette Zinsen angelegt. Wir haben uns Verdienste für die Ewigkeit gesammelt. O, er soll nur kommen, der saubere Herr Mephistopheles — er soll mich nur fragen nach den gesammelten Schätzen meiner Weisheit; ich werde stolzen Blickes, wie die Römerin Cornelia, hinzeigen auf meine Kinder — auf meine Buben und auf mein Mädl — und er wird erbleichen, der antidiluvianische Bösewicht! Ja, meine Kinder — das sind wahre Prachtexemplare — was wahr ist, muß wahr sein — echte Muster von Sittsamkeit und Tugend, mit allen guten Eigenschaften geziert — was sag' ich, geziert? — überladen! Und das alles ist mein Werk — das Werk meiner Erziehung! O, ich hab' mir die Erfahrungen meines ersten Lebens wohl hinter die Ohren geschrieben in dieser Beziehung. Meine damaligen Kinder waren ungeraten, undankbar, leichtsinnig, eigensinnig, widersinnig. Und das warum? weil ich ein gutmütiger Einfaltspinsel war und sie gehätschelt und getätschelt hab' aus lauter Affenliebe. Diesmal hab' ich ein ganz andres System eingeschlagen: ich bin mehr Tyrann und Wüterich gewesen, als Vater. Nicht gemuckst!! war mein Wahlspruch — die Furcht meine Gottheit — und der Stock ihr Prophet. Und Resultate hab' ich damit erzielt — Resultate! — er soll nur kommen, der Herr Mephistopheles!

Zweite Scene.

Quirinus. Dorothea.

Quirinus. Wer ist da! — Ah, du bist es? — wie kannst du mich so erschrecken?

Dorothea. Du mein Gott, hab' i's denn wollen?

Quirinus. Ich weiß nicht, was das ist — aber ich fahre heut' beim leisesten Geräusch zusammen.

Dorothea. Sei nur net bös — i bitt' dich recht schön.

Quirinus. Nervöser Zustand! nervöser Zustand! (Nimmt ein Tuch aus der Tasche, um sich die Stirn zu trocknen, es hat einen großen Riß mitten durch.) Was ist denn das? Ah, das ist doch stark! wie kommt denn das da hinein? Das ist doch eins von meinen ganz neuen Sacktüchern.

Dorothea. Ah, da schau ein Mensch her!

Quirinus. Wie kommt der Riß da hinein? Das muß in der Wäsche geschehen sein!

Dorothea. Ja, ja, die Wäscherin muß i bo recht ausmachen.

Quirinus. Bleiben wirst du's lassen. Aus der Wäsche hab' ich's ganz bekommen, das weiß ich gewiß. — Das ist doch merkwürdig, was mir in letzter Zeit alles passiert.

Dorothea. Was du sagst!

Quirinus. Stell dir vor, meine neuen Stiefeln sind auf allen Seiten aufgetrennt — ich weiß nicht wie und wodurch?

Dorothea. Hast vielleicht Mäus' im Zimmer?

Quirinus. Mäus'!? warum nicht gar? Mäus'! Was das Weib zusammenplauscht! 's ist entsetzlich! Ich muß die Stiefel nur herausholen gehn, damit du siehst, ob das Mäusearbeit ist.

(Indem er sich umwendet, bemerkt man, daß auf seinem Rücken ein Viereck aus dem Rock geschnitten ist.)

Dorothea (die Hände zusammenschlagend). O du mein!

Quirinus (zusammenfahrend). Was gibt's? ist er schon da? — was hast du denn? red!

Dorothea. Wie schaut denn dein Rock aus?

Quirinus. Mein Rock? (Indem er sich in allen Stellungen windet und nichts entdeckt.) Ja, wieso denn? (Er zieht den Rock endlich aus.) Alle tausend Donnerwetter noch einmal! — Wer hat das angestellt?

Dorothea. Ja, — i weiß's net.

Quirinus. Welcher maliziöse Kerl spielt mir einen Possen nach dem andern? Weib, red, oder ich werd' toll!

Dorothea. Ja — weiß i's denn?

Quirinus. Weiß i's denn? — eine sorgsame Hausfrau soll alles wissen, soll ihre Augen überall haben. Aber freilich, dazu muß es auch eine gescheite Hausfrau sein. Bring mir meinen andern Rock!

Dorothea. Ja, lieb's Mannerl. (Sie bringt einen Rock aus dem Wandschrank, er zieht ihn an.)

Quirinus. Ausrauben könnten sie mich am hellen lichten Tag vor deinen Augen — ich glaub', du merktest gar nichts davon. Ich lass' mir schon eine artige Portion Beschränktheit gefallen; aber was zu arg ist, das ist zu arg! Hab' ich recht oder nicht?

Dorothea. Ja, lieb's Mannerl; aber — i kann halt nix dafür, daß i so dumm bin.

Quirinus. Der Mensch wird älter — der Mensch wird bequemer — der Mensch will die Sorgen des Hausregiments der Umsicht eines klugen Weibes anvertrauen; aber — du und Umsicht — du und Klugheit — das sind ganz heterogene Begriffe. Wenn ich mich nicht um jede Kleinigkeit selbst bekümmere, so geht alles brunter und drüber.

Dorothea. Sei nur net bös, lieb's Mannerl — i bitt' di recht schön!

Quirinus. Nicht bös! da soll einer nicht bös werden! — Man möcht' sich gerne ein wenig auf die faule Haut legen, nicht alles anschaffen und befehlen müssen. Man möcht' sich gerne seine Wünsche aus den Augen herauslesen lassen. Aber du und lesen — das sind ganz heterogene Begriffe.

Dorothea. Ja, das is wahr.

Quirinus. Ja, das is wahr — sagt sie und ich wett' drauf, sie hat gar nicht verstanden, was ich g'sagt hab'. — Weißt du etwa, was ein heterogener Begriff ist?

Dorothea. Na — das net!

Quirinus. Da haben wir's; sagt aber: ja, das is wahr! — Und warum sagt sie's? — weil ich's g'sagt hab'! Und so geht das jetzt seit zwanzig Jahren fort: „ja, lieb's Mannerl". Ich glaub', ich dürft' behaupten: weiß ist schwarz und schwarz ist weiß — sie sagt: ja, lieb's Mannerl, und immer wieder: ja, lieb's Mannerl, dazu. — Gar keinen eigenen Willen hat das Weib!

Dorothea. Beileib! wie könnt' i mi denn unterstehen —

Quirinus. Unterstehn! tausendmal besser wär's, als daß du bei jeder Gelegenheit kommst und fragst: „was meinst, lieb's Mannerl?" und „was denkst, lieb's Mannerl?" Ich komm' mir vor, wie ein lebendiges Auskunftsbureau. Siehst du denn gar nicht ein, daß das zum Aus-der-Haut-fahren ist?

Dorothea. Ja, lieb's Mannerl!

Quirinus. Recht so — das alte Lied! ob mir das Weib seit zwanzig Jahren einmal widersprochen hätt'. So ein kleiner Streit mischt 's Blut ein wenig auf, bringt Abwechslung ins

Leben. Von den Kindern darf man keinen Widerspruch dulden; so will man ihm wenigstens bei der Frau hin und wieder begegnen. Ein anderes Mal will man über etwas beratschlagen, man will seine Meinungen austauschen, das Für und Wider erwägen — kurz, man will ein Wesen haben, das mit einem denkt und auf Gedanken bringt; aber du — und Gedanken — sind zwei ganz heterogene Begriffe.

Dorothea. Ja, i bin a recht schlecht's Weib, i siech's ein — Quirinus — i siech's ein.

Quirinus. So, jetzt fangt sie zu weinen an, statt mit tausend Mordelement über mich herzufallen! es ist zum Verzweifeln! (Er wirft sich auf einen Stuhl — dieser bricht unter ihm zusammen, er fällt der Länge nach auf den Boden.) Was ist denn das? (Er untersucht den Stuhl.) Da schau — schau her! — der Stuhlfuß durchgesägt — das ist ein Attentat auf mein Leben. — Es ist entsetzlich! Ich bin in meinen vier Wänden nicht mehr sicher! oder — sollten das Vorahnungen sein? Mir wird ganz sonderbar zu Mute.

Dritte Scene.

Vorige. Fritz. Karl. Laura.

Quirinus. Die Kinder! — Fassung! Nur vor denen keine Schwäche gezeigt oder aus ist's mit dem Respekt. (Nimmt eine gravitätische Stellung an und legt sein Gesicht in ernste Falten.)

Fritz (auf Quirinus zugehend und seine Hand an die Lippen führend). Erlauben Sie mir, mein verehrter und innigst geliebter Herr Vater, Ihnen eine gute Nacht zu wünschen — und bei dieser Gelegenheit noch einmal die Gefühle auszudrücken — denen ich heute schon mehr als einmal Ausdruck gegeben — die Gefühle der Verehrung, der Liebe und vor allem — der Dankbarkeit — für alles Gute, das Sie an mir gethan haben und das ich niemals vergelten kann.

Quirinus. Siehst du das ein? nichts als verfluchte Schuldigkeit.

Fritz. O, was wäre ich für ein Elender, wenn ich das nicht einsehen sollte? Bin ich nicht alles, was ich bin — durch Sie? Ist es nicht Ihr Werk, daß ich sagen darf: ich bin besser, als andre meines Alters? Ich bin kein Schwärmer, ich bin kein leichtsinniger Taugenichts, ich bin kein Verschwender, kein unbesonnener Streichmacher, kein toller Wüstling — wie leider der größte Teil der heutigen Jugend; sondern ich bin ein braver, solider, gesetzter junger Mann geworden. — Durch Ihre unerbittliche Strenge — mein Vater. (Faßt und küßt seine Hand noch einmal.)

Quirinus (für sich). Ein vortrefflicher Junge — ein Muster von Solidität! aber ruhig — nur keine Rührung gezeigt, oder aus ist's mit dem Respekt.

Laura (nähert sich dem Vater und küßt seine Hand). Gute Nacht, lieber Herr Vater und schlafen Sie recht — recht fest — und träumen Sie von Ihrer frommen Tochter, die Sie über alles liebt.

Quirinus. Ein wahrer Engel, das Kind. Mich liebt sie über alles! und wen sollte sie auch lieben, als mich? Ist sie doch aufgezogen in Unschuld und Sittsamkeit und Strenge des Anstandes — nicht wie andre junge Gänschen, die schon im fünfzehnten Jahr zu charmieren und kokettieren anfangen und im sechzehnten schon mehrere Liebschaften hinter sich haben. Das hätte ich ihr auf eine kuriose Weise ausgetrieben. Sie ist schon neunzehn vorbei und weiß nicht einmal, was Liebe ist, und schlägt die Augen nieder und wird rot über und über, wenn sie ein Mann nur anschaut, aus lauter Unschuld. Ich könnt' ihr um den Hals fallen und sie abbusseln — (indem er sich wendet und eine Thräne zerdrückt) aber nein — keine Rührung, nur keine Zärtlichkeit gezeigt, oder aus ist's mit dem Respekt!

Vierte Scene.

Vorige. Crispin ist während dem Selbstgespräch eingetreten, hat sich Laura leise genähert und ihr unbemerkt ein Briefchen zugesteckt.

Laura (freudig). Von August! — (Verbirgt den Brief in den Busen.)

Quirinus (wendet sich und bemerkt Crispin). Ah, da bist du ja auch, Schlingel! immer der Letzte, wenn es gilt, mir den gebührenden Respekt zu bezeigen.

Crispin (ein scheuer, höchst einfältiger, beinahe blöder junger Mensch). Ich bin — ich hab' — ich war — ich, ich kann nichts dafür, Herr Vormund!

Quirinus. Der Erste von allen solltest du sein, wenn du deine Pflicht zu würdigen wüßtest. Hab' ich dir nicht dieselbe Erziehung angedeihen lassen, wie meinen eigenen Kindern?

Crispin. Ja, Herr Vormund — hehe!

Quirinus. Hab' ich nicht auf deine Heranbildung dieselbe nachdrückliche Sorgfalt gewendet?

Crispin. Ja, Herr Vormund — hehe! (Macht die Gebärde des Prügelns.)

Quirinus. Ja, hab' ich nicht — was die Strenge der Zucht betrifft, ein vorzügliches Augenmerk auf dich gehabt? und dich — selbst meinen eigenen Kindern — stets als warnendes Beispiel aufgestellt?

Crispin. O ja, Herr Vormund — hehe!

Quirinus. Kannst du mir jemals die Stöcke ersetzen, die ich auf deinem Rücken entzwei geschlagen?

Crispin. Nein, Herr Vormund — hehe!

Quirinus (gravitätisch die Hand ausstreckend). Also — man küsse mir die Hand dafür!

Crispin (thut es). Ja, Herr Vormund — hehe! (Beiseite mit Ingrimm.) Wenn ich ihn nur hineinbeißen dürft' — den — den — den —

Laura (hat indessen verstohlen den Brief gelesen). Nach zehn Uhr — gut!

Karl (der finster blickend dagestanden, beiseite, bitter). Behandelt wie ein Bube, mit dem Gefühle eines Mannes! — Verlacht, verhöhnt! Das muß ein Ende nehmen! (Geht rasch auf Quirinus zu und faßt seine Hand, die er küßt.) Gute Nacht, Vater!

Quirinus. Was hast du, Karl? warum siehst du so finster drein?

Karl. Mir ist nicht wohl.

Quirinus. Kindereien — wird schon vorübergehen. (Beiseite.) Man muß den jungen Leuten keine Wehleidigkeiten angehen lassen. (Laut.) So — und jetzt, gute Nacht, alle mitsammen!

Fritz (vortretend). Vergönnen Sie mir, Ihre Hand nochmal zu küssen.

Quirinus. Sehr gerne. Ich halte auf das Handküssen — wie ihr wißt, große Stücke. Das Handküssen ist aber auch einer der Hauptbestandteile der guten Erziehung. (Macht eine verabschiedende Handbewegung.)

Dorothea. Gute Nacht, Mannerl!

Alle. Gute Nacht! gute Nacht!

(Im Abgehen steckt Laura dem Crispin verstohlen ein Stück Kuchen zu.)

Laura. Deinen Lohn.

Crispin (dreht sich nächst der Thüre noch einmal um, ballt verstohlen die Hand und spricht mit einem giftigen Blick auf Quirinus): Dir thu' ich heut' noch was an — du — du — du! (Geht ab.)

Fünfte Scene.

Quirinus (allein). Herrliche Kinder! ich hab' mein Vergnügen kaum unterdrücken können. Aber nur keine Rührung, keine Zärtlichkeit gezeigt, oder aus ist's mit dem Respekt. Kinder müssen sich daran gewöhnen, vor ihrem Vater stets nur zu zittern. Die meinigen zittern auch vor mir, daß es eine Freude ist; und durch dieses Zittern sind sie das geworden, was sie sind. Und weil sie das geworden sind, was sie sind, so kann ich ohne zu zittern vor jedermann hintreten — und mag er jetzt von der Spree oder von der Isar daherkommen — oder — meinetwegen gar von den unterirdischen Gewässern!

Mephisto (aus dem Kamin, mit tiefer Stimme). Meinst du? — Ei, laß doch sehen!

Quirinus (zusammenfahrend und zitternd). Alle guten Geister, er kommt schon! — mir wird übel!

Sechste Scene.

Quirinus. Mephisto.

Mephisto. Hahaha! Ein Hasenfuß von Höllengrau'n erfaßt — nichts ist so lächerlich!

Quirinus (nach Atem ringend). Erlauben Sie mir, schickt sich das für einen anständigen — Menschen, — hätt' ich beinah' gesagt — einen so zu erschrecken?

Mephisto. Horch auf! (Die Uhr schlägt Zehn.)

Quirinus. Was, erst zehn Uhr? und Sie unterstehen sich schon zu kommen? Das ist gegen die Verabredung.

Mephisto. Noch eine Stunde und du bist mein!

Quirinus. So? ich find', Sie reden mit großer Bestimmtheit. Geben Sie acht, daß Sie sich nicht irren!

Mephisto. Dein zweites Leben war nur ein Compositum von dummen Streichen.

Quirinus. Oho! — als bösem Geist hätt' ich Ihnen mehr geheime Wissenschaft zugetraut. Sie blamieren sich ganz erstaunlich. — Oder leiden Sie vielleicht an Gedächtnißschwäche? Heißt nicht ein Punkt unsres Kontraktes: daß ich aller Verpflichtungen los und ledig bin, wenn ich auch nur aus

einer großen Frage meines zweiten Lebens rühmlich hervor=
gegangen bin?

Mephisto. So lautet der Vertrag.

Quirinus. Wohlan, so mache ich mit einem einzigen
Wort Ihre vorlaute Böswilligkeit verstummen! Dieses Wort
heißt: „Die Erziehung meiner Kinder!" (Stellt sich majestätisch vor
Mephisto hin.)

Mephisto (höhnisch). Von deinen Streichen nennst du mir
den dümmsten und zugleich den schlimmsten!

Quirinus. Was? diese Behauptung fordert Beweise.
Beweise, sag' ich, verleumberischer Lügengeist! Beweise!

Mephisto. Die sollst du haben! — (Er winkt: die Kerzen
verlöschen, die Bühne verfinstert sich.) Sieh, wie dein Aeltester — das
Muster jugendlicher Solidität — die Nächte in Saus und
Braus verbringt.

(Ein Donnerschlag — die Rückwand teilt sich und es zeigt sich ein Tableau: ein
Saufgelage von jungen Leuten, darunter Fritz, die Kleider in Unordnung, halb
trunken, das Glas in der einen Hand, mit der andern sich an einem Stuhle haltend.)

Gedämpfter Vokalchor (im Hintergrunde der Bühne).

Zum Teufel, wer nicht liebt den Wein,
Jahraus, jahrein will nüchtern sein! —
Zum Teufel, wen philisterhaft
Ein tücht'ger Rausch verdrießt!
Zum Teufel, wer in Rebensaft
Die Jugend nicht genießt!

(Das Bild verschwindet.)

Mephisto. Du kennst das Lied. Aus deiner zweiten
Jugend klingt es dir herüber. Tropf! Der du zweimal die
Erfahrung gemacht hast: daß Jugend sich des Lebens freuen
will — und doch den jugendlichen Frohsinn durch übertriebene
Zucht ersticken wolltest! Doch Jugend ist wie Champagner=
wein; je fester der Pfropf — desto lauter der Knall — desto
schäumender die Entfesselung! — Was früh nicht ausgetobt,
tobt fort durchs ganze Sein!

Quirinus (ganz betäubt). Ich komm' noch immer nicht von
meiner Betäubung zu mir selber. Mein Fritz ein Nacht=
schwärmer — ein Bruder Liederlich! — ein Trunkenbold! —
O du Hauptspitzbub mit der heiligen Miene! Und ich hab'
ihm doch die Solidität und Moral eingebläut, daß mir oft
der Arm davon weh gethan hat.

Mephisto. Haha! haha! ein Pädagoge comme il faut!
Moral durch Furcht gelehrt! Nichts taugt dem Teufel so in

seinen Kram! Wenn sich die Tugend mit dem Zwange paart, da gibt's ein herzig Kindlein: die Heuchelei!

Quirinus. So fahre hin, ich ziehe meine Hand von dir ab, ich überlasse dich deinem Schicksale, du einzig Ungeratener unter meinen Kindern!

Mephisto. Oho! Ich zeige dir ein Mädchen, ein Täubchen an Schüchternheit, das wahre Bild der Sittsamkeit, den keuschen Spiegel der Unschuld — wie es in diesem Augenblicke —

Quirinus. Was? was?

Mephisto. Blick hin!

(Ein neues Bild erscheint im Hintergrunde: Die Rückseite von Quirinus' Haus, woran ein Gärtchen stößt. Ein geschlossener Wagen steht in Bereitschaft. Mondbeleuchtung. Ein junger Mann, in den Mantel gehüllt, nähert sich der Gartenthüre. Laura, ebenfalls in den Mantel gehüllt, tritt aus der Gartenthüre.)

Laura. Bist du es, August?

Der junge Mann. Endlich! (Er führt sie an den Wagenschlag, öffnet und hebt sie hinein.)

Quirinus. Was ist denn das?

Mephisto. Eine Entführung.

(Das Bild verschwindet.)

Quirinus. Entführung! Was? Meine Laura — mein Kind? die ich in den strengsten Grundsätzen auferzogen hab', die ich von allem männlichen Umgang abgeschlossen — die ich bewacht hab' — mit Argusaugen?

Mephisto. Ein Pädagoge comme il faut! Nichts dümmer, als ein Mädchen bewachen, das sich nicht selbst bewacht.

Quirinus. Es kann nicht sein! Es ist alles nichts, als ein Gaukelspiel — fort! ich muß Gewißheit haben!

Mephisto. Halt! wie angewurzelt steh! Vorerst noch einen Götterspaß!

Quirinus (der nicht vom Flecke kann). Laß mich los, sag' ich!

Mephisto. Steh, sag' ich! — erst mach die Augen auf! (Er winkt.)

(Ein drittes Bild erscheint: Ein Keller mit verschiedenen Fässern. Crispin, an einem derselben knieend und es anbohrend; eine Blendlaterne am Boden wirft ihren Schein auf sein Gesicht.)

Quirinus. Crispin! was treibt denn der?

Crispin. So — heut' kann ich einmal in Rache schwelgen! — Hahaha! hab' ich einmal den Kellerschlüssel weggstibitzt? oh, ich bin ein Pfiffikus — hehe! jetzt bohr' ich ihm alle Fässer an, daß ihm die Ratzen drin ersaufen, hehe!

dem Schinder dem! (Indem er ein Faß anbohrt.) So — das ist für die Schopfbeutler! (Schlägt einem andern Fasse den Deckel ein.) Das ist für die Ohrfeigen! (Ebenso ein drittes Faß.) Das für die Karbatschstreich'! — Etsch! — Hehe! — Das wird eine Ueberraschung sein für den — den strengen Herrn Vormund! Hehe!

Quirinus (der immer ängstlich zappelte, reden wollte, aber nicht konnte, gewinnt endlich die Sprache). Halt, du ehrvergessener Schlingel, meinen Wein! Na, freu dich, wenn ich dich beim Kragen erwisch'! (Er will auf ihn los.)

(Das Bild verschwindet.)

O, nun erklären sich auch die zerrissenen Stiefel, die zerrissenen Röcke und durchgesägten Stuhlfüße — o du nie da gewesener Halunke!

Mephisto. So wächst sich die Moral aus Furcht beim Klugen aus zur Heuchelei — zur Bosheit bei dem Dummen.

Quirinus. Und da steh' ich und vergeß' auf mein Kind — auf meine Laura. Die ist indessen auf und davon. Nein, — nicht wahr ist es — ein Gaukelspiel — ich bleib' dabei. Ich weiß nicht, wo mir der Kopf steht. Hast mir sonst nichts mehr zu zeigen, du satirischer Lügengeist? Mir wird schon angst und bang. — Ich hab' ja noch einen Sohn — meinen Karl. Weißt du mir von dem nichts aufzutischen? Genier dich nicht!

Mephisto. Kommt Zeit, kommt Rat! (Er verschwindet.)

(Die Kerzen brennen wieder.)

Siebente Scene.

Quirinus, dann Dorothea.

Quirinus (außer sich). Das muß ich erleben — das muß ich nach all meinen Erfahrungen erfahren! — Dorothea! — Von meinen Kindern muß ich das erleben! — Dorothea! Auf! sag' ich — auf! alles, was schon in den Federn liegt. Auf! sag' ich! (Herumpolternd.) Das ganze Haus schrei' ich in Alarm! — Dorothea!

Dorothea (im Nachtgewand und Schlafhaube, ein Licht in der Hand, zitternd). O du mein! was is bir denn, Mannerl? was hast benn?

Quirinus. Weib! Dorothea! unser Kind — unsre Laura ist auf und davon — oder vielleicht ist sie's auch nicht — ich weiß es nicht. Weib, unsre Kinder sind ungeraten, aus der Art geschlagen, nichts nutz sind sie — Weib!

Dorothea. Geh, hör auf! Du sagst ja immer, daß sie so wohlerzogen sind.

Quirinus. So! und deswegen, weil ich's sag', muß es wahr sein? Weib, was hab' ich nicht schon alles gesagt! — Nichts nutz sind sie — ungeratene Bälge! — Und du — du hast gar nichts davon gemerkt?

Dorothea. Na, gar nix!

Quirinus. Weib! Du bist blind — taub — du bist — oh, mir verschlagt's den Atem! Verdorben sind sie gegangen, durch mich — durch meine verkehrte Zucht und das Weib hat nichts davon gemerkt.

Dorothea. Na, gar nix. Aber der vorletzte Hauslehrer — weißt, der blonde junge Mensch, den du wegg'jagt hast, weil er dir zu sanft war — der hat mir wohl g'sagt — ja, wie hat er denn g'sagt? ja: es ging' schief auf die Art und die Kinder gingen verloren — und es wär' mei' Pflicht, dich zu warnen — ja — so hat er g'sagt.

Quirinus (aufspringend). Was? das hat er dir gesagt? er hat dich darauf aufmerksam gemacht und du — du hast nicht darauf geachtet. Weib, du hast ihm nicht gefolgt? du hast mir nicht den Text gelesen? dich meinem Unsinn nicht widersetzt? Weib, was soll ich dir anthun?

Dorothea (erschrocken). O du mein! wie hätt' i mi denn unterstehn dürfen — du bist ja der Herr im Haus.

Quirinus. Ein braves Weib muß sich ihrem Mann widersetzen, wenn er eine Thorheit oder ein Unrecht begehen will. — O, jetzt seh' ich's ein, was ich für ein Esel war!

Crispin (kommt zur Thüre hereingeschlichen). Was macht denn der Vormund für einen Lärm?

Quirinus. Herrgott, bin ich denn verrückt, daß ich da stehe: die Laura! die Laura! (Stürzt nach der Thüre; wendet sich nochmals um.) Und wenn du den Crispin siehst, der soll sich freu'n, ich schlag' ihn tot, den — Kellerwurm! (Er stürzt fort.)

(Crispin hat sich zu verbergen gewußt, daß Quirinus und Dorothea abgehen, ohne ihn zu bemerken.)

Achte Scene.

Crispin, später Quirinus.

Crispin. Was? Hab' ich recht gehört? tot schlagen will er mich? — mir wird angst und bang — Keller=wurm? — Dann weiß er alles — es ist richtig — er bringt mich um. Ich fürcht' mich! ich fürcht' mich! — ich lauf' davon! (Will zur Thüre.)

Quirinus (von außen). Setzt nach! setzt nach! nach allen Himmelsgegenden setzt nach!

Crispin (kommt zurück). Er ist schon wieder da — ich kann nicht fort. Was fang' ich an? — verstecken! — wo? (Auf einen Schrank zueilend.) Da — er hat den Schlüssel stecken lassen. (Er öffnet, der Schrank ist zur Hälfte in Fächer geteilt. In der andern Hälfte liegt ein Stoß verschiedener Papiere. Er versucht, sich auf denselben zu stellen, ist aber, selbst wenn er sich duckt, zu groß. Er wirft die Papiere heraus und kriecht hinein, kommt aber wieder heraus.) Ja so — wenn er die sieht! — wohin damit? (Er wirft die Papiere in den Kamin. Man hört Quirinus' Stimme. Er eilt in den Schrank.)

Quirinus (ganz verstört). Fort ist sie, fort! es ist wahr, alles wahr! — (Er sinkt vernichtet auf einen Stuhl am Kamin; nach einer kleinen Pause:) Was ist denn das? (Er zieht ein halbverbranntes Papier aus dem Kamin. Lesend:) Staatsschuldver— Herr Gott! (Er stürzt auf den Schrank zu, den er öffnet. Crispin tritt zitternd aus demselben. Quirinus, indem er ihn bei der Brust packt.) Ha! — Wo hast du meine Papiere hin? ins Feuer?

Crispin. Ja, Herr Vormund!

Quirinus. Das ist mein Todesstoß! Meine Dokumente — meine Rechnungen — was Rechnung? Meine Obligationen — mein ganzes Vermögen! ich bin ruiniert! Das sollst du mir büßen! (Er stürzt mit aufgehobenem Sessel auf Crispin los. Dieser läuft heulend zur Thüre hinaus. Quirinus läßt den Sessel sinken.) Nein — keinen Schlag mehr — die Schläge haben mich zu Grund gerichtet!

Neunte Scene.

Mephisto (aus dem Kamin, Quirinus auf die Schulter schlagend). Spät kommt die Einsicht; aber sie kommt.

Quirinus. Ha! kommst schon, mich abzuholen? O ich elende, miserable Kreatur — von so einem abgedroschenen, altmodischen Teufel besiegt! (Plötzlich auffahrend.) Aber nein — noch nicht — ich hab' ja noch einen Sohn.

Mephisto. Hahaha! Blick hin — ein letztes Bild. (Er winkt, die Bühne verfinstert sich wieder, die Rückwand teilt sich, wie früher; es erscheint ein Bild von Werbern und Angeworbenen.)

Chor der Werber.
Auf! frohen Sinn und frischen Mut!
Wir bieten Geld für Lebensblut!

Chor der Angeworbenen.
So nehmt uns hin — wer nichts mehr hat,
Ist auch des Lebens müd' und satt!

Quirinus. Was sind denn das für Leute?

Mephisto. Werber und Angeworbene für weit übers Meer — Kanonenfutter!

Karl (tritt in dem Bilde auf). Ja — ich ertrage dieses Leben unter der Zuchtrute nicht länger! geschehe, was da wolle — ich kehre nicht wieder ins Vaterhaus zurück. Die Zielscheibe des Hohnes — das Gespötte meiner Freunde — o das war nichts; aber auch sie — die ich so innig geliebt — hat mich verlacht — den zwanzigjährigen Knaben! Das war der letzte Stoß. Mir ist seitdem das Leben eine Pein. Ich lasse mich anwerben übers Meer. — Gleichviel, wo man mich totschießt. (Chöre wiederholt. — Indem Karl auf die Werber zueilt, verschwindet das Bild.)

Quirinus. Karl — mein Karl! o, ich unnatürlicher Vater! — — Nein — ein solcher Schafskopf war ich selbst in meinem ersten Leben nicht!

Mephisto. Erkennst du es? Dieses Zeichen von Scharfsinn überrascht mich an dir! (Die Uhr schlägt Elf.) Horch, die Glocke schlägt den Schlußpunkt zum Vertrage. Ergib dich! — du bist mein!

Quirinus (voll Schrecken aufspringend). Auch das noch? Halten Sie ein! Das ist zu viel auf einmal!

Mephisto (seinen Arm fassend). Folge mir!

Quirinus (sich sträubend). — Erlauben Sie — ich finde das sehr ungroßmütig und im höchsten Grade unchristlich von Ihnen, mich in dieser Situation noch mit Schuldforderungen zu belästigen.

Mephisto. Mein Freund, ein Gläubiger ist niemals christlich; drum keine Diskussionen! Fort mit dir!

Quirinus. Halt! Sapperment hinein! ich protestiere! Ich häng' Ihnen einen Prozeß an den Hals. Das Ganze ist mit unrechten Dingen zugegangen. Ich bin in manche Situationen geraten, die in meinem ersten Leben von ganz andern Umständen begleitet waren.

Mephisto. Das ist es eben. Käme wieder alles ganz dasselbe, wie es war, dann freilich wär' es leicht, den Salomon zu spielen. Fort mit dir — hier gilt kein Appellieren!

Quirinus. Nicht? Nun — so falle Cäsar! — da haben Sie mich! —

Mephisto (der ihn früher mächtig ergriffen hatte, läßt ihn jetzt plötzlich lachend los). Was? Du denkst im Ernst — Erbärmlicher — ich thäte dir die Ehre an, dich zu holen? Erfahre denn, daß Leute deinesgleichen — dem Teufel selbst zu dumm sind und höchstens gut genug zu einem Schabernack. Was? seit Doktor Faust brachte ich keinen Höllenbündler mehr hinab und käme jetzo zur Unterwelt — mit dir!? Das hieße vor allen bösen Geistern, Dämonen und Furien mich schauderhaft blamieren.

Quirinus. Ah, das ist stark: blamieren!? — Ein Flegel — selbst in seiner Großmut! So ungebildet, wie vor sechsunddreißig Jahren!

Mephisto. Vor sechsunddreißig Jahren? Hahahaha! So wisse, Tropf: dein zweites Leben war nur das Gaukelspiel von einer Nacht. Mit allen seinen Bildern und Gestalten schwinde es wie Rauch, Hauch, Nebel, Schaum und Traum!

(Ein Donnerschlag. Er verschwindet.)

Die Bühne verwandelt sich in die Herberge des ersten Aufzuges. Quirinus sitzt in seiner damaligen Tracht, in Gedanken versunken, da. Morgenröte. Aus dem Nebenzimmer treten Oehlzweig und Hubmann in Reisekleidern, wie im Anfange.

Hubmann. Million noch einmal! Meinen Kaffee! Verflixtes Kellnervolk das — die Post wird gleich abgehn.

Oehlzweig. Friede, mein Bester! Friede um jeden Preis!

Quirinus (aus seinem Brüten sich erhebend). So hab' ich denn in einer Nacht zu allen meinen Erfahrungen die eine Erfahrung gemacht: daß alle Erfahrungen zu nichts nützen, wenn der Mensch ein für allemal nicht zur Weisheit geboren ist, und daß er das Leben zehnmal von vorne anfangen könnte und doch nicht gesichert wäre vor Thorheit und Irrtum.

(Die Melodie eines Posthornes ertönt hinter der Scene. Quirinus und Oehlzweig eilen nach dem Ausgange. Hubmann, erschrocken, stürzt hastig den Kaffee hinunter, den man ihm erst gebracht.)

(Der Vorhang fällt.)

Ende.

Timur in Ispahan.

Fragment.

Personen.

Timur.
Abbolola, ein reicher Landmann in der Nähe von Ispahan.
Iskander, sein Sohn.
Sitara, seine Tochter.
Derar, sein Pflegesohn.
Mansur, ein Krieger Timurs.
Massud, Abbololas Nachbar.

———

Erster Akt.

Eine blühende Landschaft in Iran, nicht weit von Ispahan, der Hauptstadt des Perserreiches. Zerstreute Hütten, Felder und Wiesen deuten eine bevölkerte und kultivierte Gegend an. Hohe Berge begrenzen den Horizont. Im Vordergrunde links zeigt sich das stattliche Haus Abdololas. Ihm gegenüber ein Hügel, den eine Baumgruppe beschattet.

Erste Scene.

Der greise Abdolola steht auf dem Hügel an einen der Bäume gelehnt und blickt voll Wehmut hinaus in die Landschaft.

Abdolola. Lebt wohl, lebt wohl, ihr liebgewohnten Stätten;
Zum letztenmal, wenn diese Sonne scheidet,
Seh' ich gedankenvoll vom trauten Hügel
In ihren Untergang — zum letztenmal
Von ihrem Strahlenkusse euch verklärt. —
In fremde Erde werden sie mich betten —
In Asche sinken soll das Haus der Väter.
O fliegen schon seh' ich den Feuerbrand —
Ich höre schon der Rosse wildes Schnauben,
Den Donner ihres Hufschlags. Heimatland!
Du Garten Irans, Paradies der Erde!
Sie stampfen deiner Fluren lachend Grün
Bis auf den letzten Halm in deinen Boden,
Daß du der Steppe gleichst, von der sie kommen. —
Wie diese Thräne mir die welke Wange
Hernieder in des Bartes Dickicht rollt,
So muß ich fliehn mit meinem Grame, fliehen
In Waldesdunkel, in die Felsenschlucht. —
Du willst es, Allah! — Allah! sei gepriesen!

(Er steigt entschlossenen Schrittes rasch vom Hügel nieder. Derar und Zitara treten in eben dem Augenblick aus dem Hause.)

Derar (Abdolola erblickend und auf ihn zueilend).
Ich kann's nicht glauben, Herr! Ist's wahr? Du willst,

Daß wir gefüllt zurück die Speicher lassen,
Gefüllt die Ställe mit der Rinder Zier,
Die Herden nicht mit uns von bannen treiben?
Abdolola. Ich will's. Nicht soll der Klauen Spur den Pfad
Der Flüchtigen verraten an die Räuber.
Derar. Mein Herz empört es, ihnen preiszugeben,
Was wir mit fleiß'ger Hand gesät, geerntet,
Genährt mit treuer Liebe und gepflegt.
Abdolola. Das alles thaten wir uns selbst zum Heile.
Uns selbst zu retten, heute opfern wir.
Derar. Nicht denken kann ich's. Meine stolzen Tiere,
Getroffen von der Würger blankem Beil!
Abdolola. Laß sie im Blut der Tiere satt sich trinken,
Daß sie nicht dürsten nach der Menschen Blut.
Derar. O laß uns bleiben, Vater, sie und uns
Zu schirmen mit den starken Männerarmen!
Abdolola. Unsinniger! —
Derar. Wer weiß, ob sie noch kommen?
Abdolola. Wer hält sie auf?
Derar. Vielleicht der Zorn des Himmels,
Erwachend in der Unterdrückten Brust,
Im Herzen des bedrohten Volks der Perser,
Und sie zermalmend.
Abdolola. Thor! Der Zorn des Himmels
Geht i h r e m Zug voran wie Sturm dem Wetter
Und sucht in i h n e n heim den Erdenrund.
Hier ist kein Widerstand, kein Aufrechtstehen!
Was sich nicht beugt, das bricht und wird zertreten,
Daß es wie Staub mit allen Winden fliegt.
So ras'te Dschengischan, der Weltverwüster,
Vom Norden nieder seine Schreckensbahn.
Der große Chan ist wieder auferstanden
In Timur, der die Geißel Gottes schwingt,
Ein Fürst von Wölfen, die der Hunger peinigt,
Von Teufeln, denen Menschenglück verhaßt!
Fitara (schmiegt sich entsetzt an seine Brust).
O laß uns fliehen, Vater, laß uns fliehen!
Abdolola (sie zärtlich umschlingend).
Sieh her, verwegner Jüngling! Sieh die Taube,
Die zitternd unserm Schutz sich anvertraut!
Preisgeben willst du sie den Falkenschwärmen,
Die bald geschossen kommen durch die Luft?

Erster Akt. 213

Und hättest du auch tausend Pfeile zu
Versenden und es träfe jeder Pfeil —
Sie hackten tausendmal noch dich zur Leiche.
O denk es, wie an diesem Rosenmunde
Die trunkne Lippe des Barbaren hängt,
Im Kusse tötend schon, noch eh' sein Eisen
Die keusche Brust — nein, die entweihte trifft.
Perar. Halt ein! Du sprichst, was ich nicht denken kann.
Abdolola. Wenn du es könntest, beim Propheten, nie
Würd' ich mein Kind in deine Arme legen
Wie jetzt und sprechen: Sieh hier deine Braut!
Sitara (freudig). Mein Vater!
Perar (sie feurig umarmend). Mädchen!
Abdolola (lächelnd). Grollst du noch mit mir?
Perar. Du weißt mich immer zu besiegen, Vater!
Wie auch mein junges Blut dir trotzen mag.
Ob jetzt dein Wille mich zur heißen Wüste,
Ob zu des Meeres ferner Küste jagt,
Ob übers Meer hinaus — mir gilt es gleich.
Mein höchstes Glück darf ich ja mit mir nehmen!
Abdolola. Nach jenen Bergen ziehen wir, noch eh'
Der nächste Morgen graut.
Sitara (von einem plötzlichen Gedanken aus ihrer Trunkenheit emporgescheucht).
Wie? Schon so bald?
Am nächsten Morgen schon?
Abdolola. Was soll die Frage?
Willst du dich sträuben, nun der Jüngling schweigt?
Sitara (sanft). O schilt mich nicht! Ich weiß, wir müssen — müssen.
Und doch — um eine Stunde, abgefeilscht
Noch dieser Not — gäb' ich vom Leben Jahre.
Er kommt — er muß noch kommen, denk' ich immer,
Nur noch ein Weilchen — und er kommt.
Abdolola (tief erschüttert). Sitara!
Sitara. Quält dich nicht auch, mein Vater, der Gedanke:
Wo uns der ferne Bruder finden soll,
Wenn er zurückkehrt aus den fernen Landen?
Abdolola. Was mahnst du mich an ihn? Hat diese Stunde
Der Qualen nicht genug? Muß ich des Sohns
Gedenken — des geliebten — des verlornen,
Den finstrer Stolz und Durst nach eitlem Ruhme,
Nicht die Gefahr, wie uns, nicht die Verzweiflung
Hinaustrieb aus dem Hause seiner Väter,

Der sich von treuen Herzen losgerungen,
Nach einem Wahn zu jagen wie ein Thor!
Was mahnst du mich an ihn? Vergaß ich seiner?
Was siehst du mir mit unberufnen Blicken
In die geheimsten Tiefen meiner Brust?
Auch hier sprach eine Stimme, leise flüsternd
Mir unaufhörlich von dem Wiedersehn.
Umsonst! umsonst! Ein losgerißner Nachen,
Ein steuerloser, aller Wellen Spiel,
Mit jeder Strömung, jedem Winde treibend,
Mit jedem Wirbel tanzend, bis er sinkt —
Kein Auge sieht ihn mehr, kein Ruf erreicht ihn:
So treibt Iskander auf des Lebens Fluten,
Kein neuer Morgen bringt ihn uns zurück. —
Schon will Orkan auch unsern Kahn erfassen,
Ihn schleudern aus der sichern Bucht ins Meer,
Zerrt an dem Anker schon — er wird ihn brechen:
Dann treiben beide auf den Wasserwüsten,
Getrennt auf ewig, suchten sie sich auch! — —
Das ist's, was mich bis jetzt gefesselt hielt.
Auch ich sprach jeden Tag: Nicht heute! morgen!
O der unsel'gen Schwäche meines Herzens,
Die mit der Flucht mich zögern hieß und zögern,
Bis die Gefahr, schnell wie die Flamme eilend,
In nächste Nähe schon uns drohend drang!
Fahr hin, Verlorener, fahr hin, geh unter!
Verdirb! — Ich hab' genug um dich gelitten. —

(Sitara, die für den Bruder bittend die gefalteten Hände zu ihm emporhebt, zärtlich in die Arme schließend.)

Willst du auch dies, mein liebes, letztes Kind,
Uns alle mit in dein Verderben reißen?
O fort! — nicht morgen — diese Nacht — noch heute!
Still! still! nicht seinen Namen will ich hören,
Nichts will ich hören, als die Angst um dich.
Straf mich nicht, Allah, weil ich dich versuchte,
Allah! straf mich an diesem Kinde nicht!

(Er stürzt ab ins Haus.)

Zweite Scene.

Sitara. Derar.

(Sitara will ihrem Vater ein paar Schritte nach, doch hält sie inne und kommt langsam zu Derar zurück, der ihr voll Wehmut nachgeblickt hat.)

Sitara (sieht ihn lange fragend an).
So traurig?
Derar. Muß ich es nicht sein, Sitara?
Bist du es nicht?
Sitara. Du siehst mich an so bang,
So vorwurfsvoll.
Derar. Du siehst, ich lächle wieder.
Sitara. Du zwingst dich nur.
Derar. Nein, Mädchen, nein! ich lache,
Weil mir das trunkne Herz im Leibe jubelt,
Schau' ich dich an und denke: Du bist mein.
O weg mit jedem anderen Gedanken!
Sitara mein! Die Welt, so reich sie ist,
Hat keine Freude mehr für mich wie diese —
Sie mir zu trüben mächtig sei kein Gott!
Und stiegen seine Engelscharen selber
Als Boten seines Zorns herab zur Erde
Mit Flammenschwertern und Posaunenklang.
Vernichten kann mich wohl die nächste Stunde,
Das Glück, in diesem Augenblick empfunden,
Entreißt mir keine Macht des Himmels mehr.
Ja selbst nicht das soll mir die Freude trüben,
Daß du sie nicht mit ganzem Herzen teilst.
Sitara. Derar! Du glaubst es selbst nicht, was du redest;
Sitara hängt an dir so treu, so fest!
Derar. Ich — hätt' ich einen Bruder in der Ferne,
Und wär's ein Zwillingsbruder, so verwandt,
So eines Marks mit mir, als wären wir
Verschlungne Aeste eines Stamms gewesen —
Und dächt' ich hundertmal des Tages seiner,
Ich hätte heute nicht an ihn gedacht —
In dieser Stunde nicht, die dich mir schenkte.
Sitara (lächelnd). Das also war's? Du eiferst noch mit ihm?
Derar. Ich will es nur gestehen: ja!
Sitara (leicht schmollend). O geh!
Noch mit dem Fernen?

Derar. Besser, daß er fern!
Sitara (ernst). Derar!
Derar (gutmütig). Vergib! Du weißt, ich mein's nicht böse.
Als ob, was dich betrübt, mich freuen könnte!
Ich will mich drein ergeben. Fand ich doch
Nur stets den zweiten Platz in deinem Herzen.
Nein! widersprich mir nicht! Am Bruder hingst
Du schon als Kind wie ich schon an dem Kinde.
Oft stand ich abseits, sah euch traurig an
Und wagte mich nicht näher; denn es war,
Als wär' die Welt verschwunden und versunken,
Wenn du den Worten lauschtest, die er sprach.
Dein Auge blickte so zu ihm empor,
Als ob es niemals von ihm lassen wollte,
So ganz in seines träumerisch verloren,
So ganz — wie ich in deinen Anblick war.
Vergebens! Erst, wenn er sich von dir wandte,
Bemerktest du auch mich. Nein! wenn er ging,
Dann folgtest du ihm wie das Lamm dem Hirten —
Und ich — ich folgte dir von ferne nach.
Erst, wenn Iskander selbst dich von sich jagte,
Erst dann, mit Pein und Zögern nur gehorchend,
Zurück die Schritte wendend sahst du mich —
Als würde ich erst jetzt für dich geboren.
Da schmiegtest du dich plaudernd an mich an —
— Noch erst so still, so sinnend, ließest du
Die Worte nun von deinen Lippen perlen,
Mir zu erzählen, was — er dir erzählt:
„Von stolzen Tempeln, die er bauen wollte,
Von schimmernden Palästen, pracht'gen Kuppeln,
Wie rotes Gold im Sonnenscheine funkelnd,
Gewalt'gen Säulen, hochgewölbten Hallen,
Von Marmorstufen, drin sich spiegelt wer
Mit scheuem Fuß kaum wagt sie zu berühren,
Metallnen Löwen, Riesenpforten hütend" — —.
Was weiß ich mehr, wovon noch sonst? Ich stand
Vor dir und dachte nur so still bei mir:
Wie schön du warst mit tiefgefärbten Wangen,
Mit Augen wie verklärt, indem du sprachst —
Und was du sprachst, es ging mir so verloren.
Du aber, es bemerkend, zürntest mir;
Du wolltest, daß ich ihn, nicht dich bewundre.

Erster Akt.

Sitara. O gönn sie mir, die süße, heil'ge Ehrfurcht
Vor einem Geiste, den du nicht begreifst —
Ach, den ich selbst nicht fasse! Siehst du dort
Die blauen Berge, in den Himmel ragend?
Seh' ich sie an, aufjauchzen muß ich erst —
Doch schon im nächsten Augenblicke beten.
Des Werkes Herrlichkeit entzückt das Auge —
Die Seele ahnt den schöpferischen Gott.
Den fand ich auch in meines Bruders Träumen;
Denn, was er schuf mit leuchtenden Gedanken,
Wie jene Berge groß und herrlich war's.
O daß du es mit mir empfinden könntest,
Was mich beseligt und betrübt zugleich!
Es schlänge sich um uns ein neues Band,
Gleichwie derselbe Glaube uns vereint.

Derar. Nicht trennen soll es uns. Verehr ihn nur
Gleich einem Gott! Wie dürft' ich deshalb zürnen?
Kannst du ihn doch fortan nur so verehren:
Wie einen Unsichtbaren, ewig Fernen!

Sitara (mit wachsender Schwärmerei).
Nein! nein! Sitara wird ihn wiedersehen,
An seiner Brust noch einmal lachen, weinen —
Noch einmal ruhen an des Bruders Brust.
Laß nur den Vater grollen und verdammen —
Ihn trieb die Ahnung seiner Größe fort.
Laß nur den Vater jammern und verzagen!
Ich sage dir — und glaub, ich weiß es besser:
Wohin wir auch die irren Schritte lenken,
Es wird zu uns der Ruhm des Bruders dringen.
Von Land zu Land wird eine Sage gehen;
Denn jeder muß zu ihrem Boten werden.
Der Kaufmann bringt sie auf den Markt der Städte,
Der Wandrer trägt sie in das fernste Dorf —
Der Hirte, den er traf auf seinen Wegen,
Treibt sie zur Alpe mit den Herden fort.
Der Reiter wird mit ihr durch Wüsten jagen,
Der kühne Segler über Meere schiffen —
Selbst, wenn er scheitert, mit des Fahrzeugs Trümmern
Wirft sie die Woge an den fremden Strand —
Und rastlos eilt sie weiter hin, die Sage
Von einem Wunderwerke, das erstanden.
Ein Tempel soll es sein, so hehr wie keiner

Von Sonnenaufgang bis zum Niedergang.
„Das ist kein Bau von schwachen Menschenhänden,
Vom Geiste keines Sterblichen ersonnen" —
So tönt der stolze Ruf — „nein, ein Gedanke
Des Ew'gen ist's, vollführt von jenen Genien,
Die seinem Fuß den Sternenteppich weben!!"
Wir horchen zu. Ihr seht mich fragend an.
Ein selig Lächeln spielt um meine Lippen.
„Wo steht der Tempel?" — Nicht der Frage braucht's.
Wir schließen uns dem Zug der Pilger an,
Die ihn zu schau'n von nah und fern hinwallen.
Wir wandern, wandern, wär's auch tausend Stunden!
Wie auch die Sonne sticht, die Sohlen glühen,
Wir wandern fort und ruhen nimmer,
Bis er im Glanz des Tages vor uns steht.
O da entringt ein Schrei sich meinem Busen:
Er ist's — er ist es — ich erkenn' ihn wieder —
Ich sah ihn schon — des Bruders Tempel ist's!

Dritte Scene.

(Vorige. Iskander, der im Hintergrunde aufgetreten ist, stürzt in heftigster Bewegung vor.)

Iskander. Halt ein!

Sitara (wendet sich ihm zu, stößt einen Schrei aus und klammert sich, am ganzen Leibe zitternd, an Derar). Derar!!

Iskander. Mein Tempel bricht zusammen,
Noch eh' ein Stein gefügt zu seinem Bau.
Hier — hier — im Kopfe trag' ich seine Trümmer.

Sitara. Du bist's! Du bist es.

Iskander (mit wilder Ironie). Nein! ich bin's gewesen.
Kaum bin ich mehr ein Schatten meiner selbst.
Siehst du mich fragend an mit scheuen Blicken?
Wagst nicht zu sinken an des Bruders Brust?
Erkennest ihn nicht wieder?

Sitara (wirft sich leidenschaftlich in seine Arme). O mein Bruder!

Iskander (drückt sie heftig an sich und küßt sie wiederholt. Mit tiefster Rührung).
Hat dieses Aug' noch Thränen, nicht die letzten
Um ein verlornes Dasein ausgeweint? —
Sitara! o Sitara! zürne nicht,

Daß namenloser Schmerz mich überwältigt!
Ich hatte keine Sehnsucht mehr auf Erden
Als eine — die nach diesem Augenblick.
Warum — warum hast du ihn mir vergiftet,
Mir zeigend meines eignen Wahnes Bild?
Ein Wahn! ein Wahn mein Ruhm und meine Größe!
Ein Hirngespinst! Sitara, hörst du es?

Ich seh' dich an. Wie blühst du herrlich, Rose!
Die zarte Knospe hielt, was sie versprach.
Wie du erblühen sollten meine Träume
Zur schönen, großen, stolzen Wirklichkeit. —
Ich muß die Hand mir vor die Augen halten,
Nicht mehr zu schau'n in deiner Schönheit Licht.
Die holde Muse warst du mir, die lächelnd
Mir, wenn ich sinnend schuf, zur Seite stand.
Ich kann es jetzt nicht sehn, daß deine Wange
Nicht wie die meine bleich geworden ist:
Die Muse trauert, wenn ein Geist erliegt. —
So! so! Der Leidenszug macht dich zum Engel —
Zum Engel, der an einem Grabe steht.
(In wilderem Ton übergehend.)
Nein! weg mit ihm! Du sollst ja lachen, lachen —
Sollst sein, was du gewesen, ganz ein Kind. —
Die Zeiten deiner Spiele kehren wieder —
Der lust'ge Bruder ist ja wieder da
Mit seinen Märchen, schnurrigen Geschichten,
Mit seinen Feenschlössern, Luftgebilden.
Komm! komm! er trägt dich wieder auf den Hügel,
Sollst wieder mit ihm durch die Fluren streifen,
Auf seinem Schoße sitzen, mäuschenstill,
Ein Mäulchen machen, staunend ihn betrachten,
Wenn er von Unsinn schwatzend dir erzählt.

Sitara (schmerzvoll ihm in das Wort fallend).
Bei jenen heil'gen Stunden meiner Kindheit!
Mir sind sie heilig — sprich nicht so zu mir!

Iskander. Die Zunge soll verflucht sein, die dich kränkte!
Du hast an mich und meinen Ruhm geglaubt.

Sitara. Mein armer, armer Bruder! Du bist krank;
Genesen sollst du durch Sitaras Liebe.

Iskander. Wo ich geboren ward, zu sterben komm' ich —
Genesung finde, suche ich nicht mehr.

Fitara (tief erschüttert).
So — so muß ich dich wiedersehn! Nein! nein!
Ich träume nur. Du zogst so freudig aus,
Ein himmlisch Feuer in den mut'gen Blicken;
Mir war's, als ginge dir voran ein Stern,
Dir winkend mit geheimnisvollem Licht.

Iskander. Ein Irrlicht war's. Da tanzt es vor mir her! —
Wohin, du blaues Flämmchen, lockst du mich? —
Von Reich zu Reich, durch Irans weite Lande,
Zum fernen Indien, wo die Stadt der Städte,
Das stolze Delhi prächtig sich erhebt —
Und weiter zu des Ganges heil'gen Fluten.
Nun hüpfst du an des Schiffes hohen Bord —
Ich dir mit kühnem Sprunge nach! — —
        Wo bist du? —
Ich seh' dich wieder an des Tigris Ufern —
Nach Bagdad führst du mich. Was soll ich hier?
Die Stadt des Friedens ward zur Stadt der Gräber —
Vorbei, vorbei sind ihres Glanzes Zeiten,
Der mächtigen Kalifen Geister nur
Durchwandeln trauernd nächtlich ihre Gassen —
Ein Schattenkönig sitzt auf ihrem Stuhl. —
Vor ihm vergebens beug' ich meine Kniee,
Zu ihm empor vergebens rufe ich.
Fort! Fort, du tolles Flämmchen! weiter! weiter!
Schon wankt mein Fuß, schon wird mein Auge trüber
Und meine Stimme heiser. Weiter! weiter!
Vor andern, größern Thronen will ich stehen
Und betteln: „Baut, ihr Herrn der Erde, baut!
Ihr, die ihr Diademe tragt und Scepter,
Gebt Gold und Erz, gebt Marmor mir und Hände!
Um eures eignen Ruhmes willen baut!" —
Umsonst! Wohin ich komme: blödes Grinsen,
Verächtlich Achselzucken, schnödes Mitleid,
Der Großen Zorn, der Knechte Hohngelächter —
Ein Fußtritt, der mich vor die Schwelle stößt!!! —
— — Wo bist du, blaues Flämmchen? — Ausgelöscht? — —
Wo bin ich selbst? — In eines Haines Lichtung —
Es blicken Palmen ernst auf mich herab.
Was schimmert dort so weiß im Mondenscheine?
Was ist's, das dort die Riesenschatten wirft?
Ja, ja! das sind des Sonnentempels Trümmer!

Erster Akt.

Geborstne Säulen liegen um mich her.
Thadmors Ruinen! heil'ge, seid gegrüßt! —
Ich seh' euch an. Was ist es — redet! redet!
Daß ich zum erstenmale weinen muß?
Steh' ich beschämt vor euch? — Ihr Trümmer, auf!
Erwacht, erwacht aus eurem Todesschlummer!
Gefallne Säulen, richtet euch empor.
Sieh! sieh! schon wird es um mich her lebendig,
Wie aus dem Grund der Erde wächst es auf —
Da steht's vor mir vollendet, ungeheuer! —
Doch nicht zu Boden senk' ich meinen Blick —
Was mein Gedanke baut, ist größer, größer.
Was fließen dennoch heißer meine Thränen?
Der grimme Neid erpreßt sie meinem Auge.
Ihr stummen Zeugen längst entschwundner Größe!
Ihr redet noch von ihr. Unsterblich ist,
Was groß geschaffen, noch in seinen Spuren,
In Wahrheit tot allein, was nie geboren!
O, wie die Hand gebrochen niedersinkt,
Die schon den Dolch gezückt nach diesem Herzen!
Der müde Wandrer zittert vor dem Schlaf —
Denn ach! was er so hehr gesonnen, auch
Verlöscht sein letzter Hauch. — Des Thoren, der,
Den Keim, der niemals treiben will, noch hätschelnd,
Mit den zerschlagnen Gliedern seine Schmach,
Die namenlose, hin zur Heimat schleppt,
Von ihr erdrückt in sich zusammenbricht!

(Er wirft sich, laut aufschluchzend, verzweiflungsvoll zu Boden. Sitara schlägt in tiefster Wehmut die Hände vors Gesicht.)

Derar (treuherzig).
  Iskander, sei ein Mann!
Sitara (sich plötzlich besinnend, im Tone der Bitte zu Derar).
      Derar! den Vater!
  O daß wir sein vergaßen!
Derar.   Bleib nur, bleib!
  Ich bring' ihn euch.
        (Er will ins Haus.)
Iskander (aufspringend wild). Derar! Halt ein und steh!
  Ich fürchte, fürchte diesen Augenblick.
Sitara. Des Vaters Angesicht willst du nicht schauen?
Iskander. Es sehnt mein Auge sich nach ihm — und doch
  Hinab zum tiefsten Abgrund möcht' ich fliehen,

Wo starre Felsen schweigend mich umschließen,
Doch niemand meines Falles sich erhebt.
(Sich selbst bezwingend zu Terar, der unentschlossen steht.)
Geh! geh! Was zauderst du? Ich will ihn sehen —
(Terar rasch ab ins Haus.)
Iskander. Bis auf die Neige leeren will ich ihn,
Den bittern Kelch der selbstgewählten Leiden —
Will in das Angesicht des Vaters schauen,
Vor ihm wie ein entlaufner Knabe stehn,
Den sie gepeitscht und heim zu ihm gesendet —
Will — will es tragen, wenn er gütig lächelt
Und selbstgefällig wiegt sein greises Haupt.
Der Jugend schönste Hoffnung hat gelogen —
So schwelge, weises Alter, im Triumph!

Vierte Scene.

Vorige. Derar tritt wieder aus dem Hause. Später kommen noch Abdolola, Massud und andre.

Derar (hastig, fast atemlos).
Vergebens sucht' ich ihn. Er ist hinaus.
Ein Reiter kam gesprengt verhängten Zügels,
Stieg klirrend vor dem Hause Massuds ab.
Sie sagen, daß er böse Kunde bringt.
Der Vater ist hinüber, sie zu hören.
Ich will ihm folgen. Gleich bin ich zurück.
Sitara. Nein, bleib! Du bist so bleich, so düster blickt
Dein Auge. Angst erfaßt Sitaras Herz.
O sprich! von welcher Kunde reden sie?
Derar. Ein Schwarm Tartaren habe sich gezeigt —
Kaum eine Stunde weit von hier. Man hat
Von nahen Hügeln schon der Hütten Rauch
Gesehn, die streifend sie verbrannt.
(Die Stimme Abdololas noch hinter der Scene.)
Derar!

Sitara. Des Vaters Stimme! und er selbst!
(Abdolola kommt hastig mit Massud und andern Nachbarn aus dem Hintergrunde.)

Abdolola (heftiger rufend). Derar!

Erster Akt.

Derar (der ihm entgegeneilt).
Hier bin ich, Herr!
Abdolola.   Die Pferde rasch gezäumt!
Ein jeder Augenblick des Zögerns bringt
   Verderben uns.
Derar.   Ich eile.
(Er entfernt sich rasch.)
Sitara (fliegt auf Abdolola zu).   Vater, komm
Und sieh!
Abdolola (sie von sich weisend). Geduld!
(Zu Massud.)
                    Nach dem Gebirge uns
Zu wenden, sagst du, ist's zu spät?
Massud.   Sind doch
Die Pfade alle hin verlegt!
Abdolola.   O dann —
Dann bleibt nur mehr der Weg nach Jspahan.
Ob furchtbar auch, ich ahn' es, Timurs Zorn
An seine Thore pochen wird, zunächst
Doch finden Schutz wir hinter seinen Mauern.
Sitara. Du hörst mich nicht. O sieh doch, sieh! und öffne
Die Arme freundlich dem verlornen Sohn!
Abdolola. Bist du von Sinnen? —
(Jskander jetzt erblickend, schreit er auf.)
                Allah! — ist es Wahrheit?
Ist es ein Traumgesicht? Jskander — du?
Jskander (bitter lächelnd).
Ja, dein zerknirschter Sohn.
Abdolola (in leidenschaftliche Liebe ausbrechend). Nein, mein geliebter,
Mein heiß beweinter, endlich wieder mir
Geschenkter Sohn! — Was stehst du still und senkst
So scheu den Blick?
Jskander.   Ich bin willkommen dir?
Abdolola. An meine Brust!
(Den ihn Umarmenden zärtlich umschlingend.)
                Vergeben ist, vergessen,
Was für ein Leid du je uns zugefügt.
Ich halte dich, ich hab' dich wieder!
Jskander (erschüttert).   Vater!
Abdolola. Und frage nicht, woher und wie? — —
                            Der Gram

In deinen bleichen Zügen sagt es mir:
Es kam, wie ich geahnt.
Iskander (dumpf). Es kam.
Abdolola. O nichts —
Nichts mehr davon! Das ist vorbei.
Iskander. Vorbei!
Abdolola. Und wahrlich, nicht zur Klage, nicht zu Frag-
Und Antwortspiel bleibt uns die Zeit. Weh mir!
Nicht schwelgen darf ich in des Sohnes Armen,
Ersticken muß ich dieser Stunde Glück —
Aus meinem Taumel schreckt mich die Gefahr. —
O daß du jetzt erst, jetzt zurück mir kehrst,
Da es vielleicht zu spät, mich dein zu freuen!
Und doch, ich preise mein Geschick, und wär's
Auch nur, daß wir zusammen sterben dürfen,
Ein Grab die lang Getrennten ewig eint!
Massud (der mit den andern den Hügel erstiegen hat).
Das Unheil naht. Hört ihr den Jammerruf?
Mit Flücht'gen schon bedeckt sind alle Wege.
Seht ihr den Reiter dort auf wildem Roß?
Mit eingelegter Lanze wie ein Pfeil
Durchschießt er das Gefild. Da taucht ein zweiter —
Ein dritter auf am Horizont! Und fliegt
Nicht da auch schon ein Feuerbrand?
(Landleute stürzen fliehend vorbei mit dem Ruf:)
Entflieht!
Und rettet euch!
(Alle verlassen den Hügel.)
Iskander (der aufgehorcht, mit höhnendem Triumph).
Hei! Find' ich hier die Welt
So sturmbewegt? Bricht über sie herein
Das Strafgericht? Erbleichen sie und beben
Auf ihren morschen Thronen diese Zwerge,
Die mich verlacht? — O dann — Glück auf! — dann winkt
Mir noch ein unerwartet schönes Ende.
Wenn Reiche bersten, Völker untergehn,
Mag auch des Künstlers Traum in nichts zerfließen.
Abdolola. Was hör' ich? Noch in diesem Augenblick
Beherrscht dich der unsel'ge Wahn? Du kannst
Frohlockend schau'n der Heimat Todesnot?
Sitara. O hör ihn nicht, mein Vater!

Erster Akt.

Abdolola. Wohl — wohl ihm
Und mir, daß ich ihn jetzt nicht hören kann!
(Terar, der sich bewaffnet hat, tritt wieder auf.)
Terar. Die Pferde stehn bereit. Im Hohlweg dort
Schon ungeduldig stampfend harren sie.
Abdolola. Dann auf und fort!
Iskander. Entfliehen? Nein! Ich jauchze
Entgegen der Vernichtung.
Sitara. Komm, o komm,
Mein Bruder, komm! Sitara läßt dich nicht —
Sie klammert sich an dich.
Abdolola. Hinweg!
Alle. Hinweg!
(Sie ziehen den halb Widerstrebenden mit sich fort und verschwinden im Vorder-
grunde links.)

Fünfte Scene.

Kurze Pause, ausgefüllt von der Bewegung Fliehender im Hintergrunde. Hilferufe
und Wehgeschrei hinter der Scene. Plötzlich sprengt ein Reiter um Abdololas Haus
herum in den Vordergrund. Hier hält er sein Pferd so jählings an, daß es sich
aufbäumt, bändigt es aber im Augenblick, springt ab und eilt den Hügel rechts
hinan, von wo er in die Ferne späht. Indessen kommen ihm Mansur und andre
Tartaren nachgeritten. Alle halten vor dem Hügel.

Mansur (zu dem oben Stehenden).
Zu weit, o Herr, wagst du allein dich vor.
Wenn sie es wüßten, die so rasend fliehn,
In ihrer Mitte sei der große Chan,
Und mit dem Mute, den Verzweiflung leiht,
Zu rascher That sich einten?
Timur (verächtlich). Eitle Sorge!
Ein Blitz aus meinem Aug' zerschmettert sie. —
Schweig still! Laß mich im großen Anblick schwelgen. —
Da liegt sie — mir zu Füßen schon — und mein,
Die stolze Perserstadt, wie ich begehrend
Sie fasse mit dem Blick. Ha! wie sie weit
Sich dehnt, wie Kuppel sich an Kuppel drängt!
Wie ihre Wälle trotzig an mich starren
Und Timurs Siegeslauf zu hemmen drohn!
Ich lache nur. Der wilden Katze gleich,

Die über Hecken setzt, jagt über sie
Hinweg mein Steppenpferd.
(Sich unmutig umwendend.)
   Was für ein Lärm?
Mansur. Die Unsern sind es, Herr, die plündernd sich
Zerstreuen über das Gefild.
Timur.   Tod und
Verderben über sie! Ich hätte Lust,
Mich würgend wie ein Wolf zu werfen auf
Die eigne Herde. — Die Erbärmlichen!
Zu wüten gegen unbewehrte Bauern,
Armsel'ge Hütten johlend zu versengen —
Im Angesichte Jspahans! — — Fort und
Bedeutet sie: daß mir kein Pfeil mehr schwirre,
Kein Pechkranz fliege mehr — bei meinem Zorn!
(Ein Reiter löst sich von der Gruppe ab und sprengt zurück.)
Timur. Ich lege an die Kette der Gedulb
Noch ihre Wut. Doch wehe, wenn ich los
Sie lasse — wenn mir Unterwerfung nicht
Die erste Lanzenspitze schon erzwingt,
Die ich entsende! Beim Propheten — dann
In Staub zerfalle Jrans Königin —
Der nächste Wind verwehe ihre Spur.
(Er steigt vom Hügel nieder und schwingt sich wieder auf sein Pferd.)

(Der Vorhang fällt.)

Mohammed, der Prophet.

Fragment.

Personen.

Mohammed.
Kaab, der Jude aus Yatreb.
Khadija.

---

1. Akt.   In Mekka vor dem Hause Mohammeds.

Erste Scene.

Mohammed. Raab, der Jude aus Jatreb.

Raab. Du hörst mich nicht.
Mohammed. Wohl, Jude, wohl! ich höre.
Du sprachst: „Propheten sandte Gott." — Fahr fort!
Raab. Propheten sandte Gott zu seinem Volke;
Denn sein erwähltes Volk ist Israel —
Mohammed (auffahrend, wild).
Erwähltes Volk! und Israel!? — Verflucht
Sei deine Zunge, denn sie lügt.
Raab (ebenso heftig). Wer lügt?
Daß du ersticktest an dem Wort! — Was soll's?
(Sich mäßigend.)
Springst du mich wie ein Tiger an zum Dank? —
Erst: „Sprich — erzähl! — von deinem Gott erzähl,
Was in den heil'gen Büchern steht, erzähl!"
Ich thu's. Mein Wort verhallt im leeren Raum.
Dein Geist ist auf der Wanderung. Ist dies
Ein Spiel? Bin ich dein Narr? — Dann wieder: „Wohl,
Ich höre — fahr doch fort!" und nun: „Verflucht
Sei deine Zunge, denn sie lügt."
Mohammed. Sie lügt.
Den Wurm erwählen sollte Gott, erleuchten
Mit heil'gem Lichte ihm den Pfad — die Furche,
Die er im Staube kriechend zieht? Den Adler,
Dem er die Schwingen gab, emporzustreben —
Ihn ließe blind er taumeln in den Lüften? —
Was ist dein Volk? Der Wurm. Und mein's? Der Aar!
Wie dieser trotzt der freien Wüste Sohn
Dem Brand der Sonne. Schwingen hat sein Roß,
Das, wie der Pfeil vom Bogen abgeschossen,
Mit ihm den Sturm im Laufe überholt.
In seinem Feuerauge ist der Blitz,
In seiner rauhen Stimme ist der Donner!
Er spricht und das Gebrüll des Löwen schweigt.
Du zählst nicht meines Volkes Stämme; zahllos
Wie's Heer der Sterne ziehn sie auf und nieder.
Und doch ist dieses Volk für Gott zu klein!
Er hätte deins erwählt und ausgezeichnet?
Ihm hätte er Propheten zugesendet —

Und meinem keinen — keinen auferweckt?
Dies glauben, wär' an ihm verzweifeln müssen.
Kaab (im Ausbruch seiner wachsenden Erbitterung).
Mein Volk der Wurm? — Der Adler deins? — Der Geier —
Ja, ja, der nach dem Blute kreischende —
Der Räuber!
Mohammed (hoch aufgerichtet). Jude!
Kaab. Was? du drohst mir, rollst
Das Auge, ballst die Faust in Wut? — Schlag zu,
Sohn Ismaels, von dem geschrieben steht:
„Daß er wird sein ein wilder Mann auf Erden
Und seine Hand wird gegen jedermann
Und eines jeden Hand sein gegen ihn."
Das Los des Tiers, das reißend wird zerrissen!
Und was ist ohne Gott der Mensch als Tier?
— — Jehovah waltet über Israel —
Weiß nichts von dir und deinen Stämmen — nichts!
(Mit Hohn.)
Ob sie auch zahllos wie die Sterne sind,
Zu denen sie, die großen Kinder, beten.
Was — Sterne! Ei, die funkeln wunderbar
Herab vom Himmelszelt — gar wunderbar!
— Zu Fratzen beten sie, die längs des Wegs
Von ihrer Hand in Felsen eingehauen —
Zu hundert Fratzen, die die Kaaba schmücken.
Und jeder Stamm — und zahllos sind die Stämme! —
Hat seinen eignen Götzen, dem er dient.
In einer Ehrfurcht nur sind alle einig:
Im Staube knieend küssen alle sie
Voll heil'gem Grauen einen schwarzen Stein!
So thut dies Volk, das Gott verstoßen hat
Wie Abraham die Mutter Ismaels,
Von dessen Samen ihr gekommen seid.
Verstoßne Kinder! taumelt fort im Wahne,
Tappt euch hindurch in ewig schwarzer Nacht!
Jungfrauen schlachtet, Hobal zu erfreuen,
Werft Kinder lebend in die offnen Gräber
Und grinset, wenn ihr letzter Schrei erstickt!
So thut dies Volk, das Gott verstoßen hat.

Wie? Stehst du stumm und still? Du drohst nicht mehr,
Ballst nicht die Faust mehr? Mohammed, wo bist du?
So sprich doch: „Jude! Deine Zunge lügt."

Mohammed (mit gepreßter Stimme und ungeheurem Schmerz).
Ich kann nicht — kann nicht. O! mein Herz zerbricht.
Kaab. Ich dachte mir, du wärest weiser, besser.
Wie hab' ich kläglich mich in dir getäuscht!
Du lächelst nicht zur Thorheit deines Volkes —
Nein, Zorn erfüllt dich, Neid und Eifersucht.
Du hassest jene, die den Herrn erkennen,
Weil er sich euch nie hat geoffenbart.
Fahr hin! Ich will nichts mehr mit dir. Fahr hin!
(Er geht.)

Zweite Scene.

Mohammed. Verstoßne Kinder? — Gott! warum? warum?
Gott! Gott! zu dir schrei' ich empor — zu dir,
Wie du vor meinem Geiste stehst: ein Geist —
Unsichtbar, ewig und unteilbar eins —
Ein Gott, ein Wesen, unerfaßlich groß,
Unendlich, herrlich — Grund und Herr des Alls!
Du, dessen Hauch die Welt erschafft, vernichtet —
Du, du, du! Gott, der du bist, weil du bist! —

O! o! Dich so zu schau'n wie ich dich schaue —
Und um mich her verfluchten Götzendienst,
Schmach, Wahnsinn, Lüge, Grauen und Betrug —
Zerrbilder, Tiergestalten, Ungeheuer,
Steinklumpen, faules Holz, Staub, Schutt und Moder
Von dem, was du geschaffen, dich verdrängend
Und Männer sich davor zu Boden werfend,
Sich windend im Gebet — nein, im Geheul!
Herr! Deinen Donner, daß es schweige! — O!
Daß du vergessen wurdest und verloren,
Es ist ein Schmerz, den Mohammed nicht trägt. —

Wie sie dich schmähn, du thronst in deinen Himmeln,
Ihr Hohn bringt nicht zu dir hinauf. Du lächelst.
Ich aber lächle nicht — ich muß ihn hören,
Ich muß dich, Gott, tief in die Brust verschließen,
Muß schweigen — muß? — Gott! willst du, daß ich rede?

Bis ich dich fand, fand ich nicht Ruh'. Ich sann —
Sann tage-, nächtelang, bis ich dich fand.
Und nun? Jauchzt meine Seele, weil sie Licht

Durchströmt? — Zu neuen Qualen ist sie nun
Verdammt, zu härtern, als sie je erfahren. —
Nun ich vom eignen Wahn mich losgerungen,
Wie furchtbar peinigt mich der fremde Wahn!
Das Licht, das einsam brennt, will mich verbrennen.
Wozu auch brennt es, wenn es einsam brennt?
Die Wahrheit wissen und sie nicht bekennen,
Für Wahrheit glühen und nicht für sie kämpfen,
Dies wär' ein Los, unleidlich wie kein andres —
Und hättest du es über mich verhängt,
Ich müßte, Gott, dich grausam, grausam nennen.
Das aber, weil du Gott bist, bist du nicht.
So willst du, willst du, daß ich sie verkünde?
Propheten sandtest du — — — ein Wort von dir!
Und wieder, wieder ruft es einen auf.
Vernehm' ich es? — Herr, rufst du: Mohammed!?

(Wie vor dem eigenen Gedanken noch erschreckend, im Tone tiefster Demut und
Entmutigung.)

Mich? — Was ist Mohammed, daß du durch ihn
Dich offenbaren solltest?

(Neue Pause.)

Freilich! freilich!
Laß' ich den Geist zurück durch Jahre wandern
Bis zum Beginne meines Erdenlaufs:
Sieh! sieh! schon aus der Kindheit Dunkel tritt
Das Wunder heil'ger Ahnung mir entgegen.
„Ein träumend Kind!" so sprachen sie — „es fühlt
Den nahen Tod — wo nicht — des Mannes Größe." —
Drückst du den Stempel, Herr, aufs Angesicht
Dem, welchen du erwählt zu hohen Dingen,
Daß sie mich sahn und sprachen: „Heil dem Kinde!?"

Da kommt ein andres Bild mir vor die Seele:
In eines Klosters Zelle steht vor mir
Ein greiser Mönch mit freundlich milden Zügen.
Im fernen Syrien war's, am Saum der Wüste,
Wohin nach Gold die Karawane zieht;
Ich brachte goldne Lehren mit zurück.
Ich seh' es noch, sein edles, bleiches Antlitz
Zu mir, dem Knaben, hingeneigt; ich seh'
Sein klares Auge fragend mich betrachten.
Nun frägt sein Mund auch. Aus der Frage springt
Die Antwort fertig rasch mir auf die Lippen.

Erster Akt.

Er lächelt — drückt auf meine Stirn den Kuß —
Den feurigen, den ich noch immer fühle;
In seinen weißen Bart rollt eine Thräne,
Wie er es spricht: „Heil diesem Kinde, Heil!" —
Und fortfährt — nie vergess' ich je der Worte:
„Vielleicht geht auf ein Korn von diesem Samen,
Dem in die Luft gesäten, fortgetriebnen,
Vom Wind verwehten — nur ein einzig Korn —
Dem fernsten Osten zum Erkenntnisbaum." —
Auf guten Boden ist das Korn gefallen —
Es keimte, wuchs, schlug Wurzeln tief in mir! —

———

Ja, Wunder heil'ger Ahnung und Verkündung
Geleiten mich auf meinen Lebenswegen,
Begegnen mir, wohin ich blicken mag.

———

Dritte Scene.

Khadija tritt aus dem Hause. Mohammed fährt empor aus seinen Träumen und will enteilen.

Khadija. Du fliehst mich, Mohammed?
Mohammed. Nicht dich.
Khadija. Du fliehst
Der Menschen Angesicht.
Mohammed. Ich thu's. Mir ist,
Als müßt' ich, mich vor ihnen zu verbergen,
Tief in der Erde tiefsten Abgrund steigen.
Khadija. Du? Mohammed? Wer trägt die Tageshelle,
Wenn Mohammed sie nicht erträgt?
Mohammed. Weib! Weib!
Wer sendet dich zu mir mit dieser Frage?
Wahr! wahr! ich soll' nicht sein, so wie ich bin.
Khadija. Abdallahs Sohn! bist du's auch, den ich höre?
Wann warst du je, was du nicht solltest sein?
Mohammed. Mein Wesen ist aus seinen Fugen.
Khadija. Hör —
O, höre mich! — Sonst, wenn ein Leid dich quälte,
Kamst du zu mir und küßtest mir die Thränen,
Die deinem Leide flossen, lächelnd weg — —
Jetzt klagst du es den öden Felsenklüften.
— Nichts birgt dein Herz, was du verbergen müßtest;
Ich weiß, kein Keim des Bösen ist in dir.
Ich glaub' an dich und werde an dich glauben,

Bis ich den letzten Atemzug gethan.
Du aber — ach! — du glaubst nicht mehr an mich.
Was that ich dir, daß du von mir dich wendest?
Mohammed. Stern meines Auges! sprich nicht so zu mir!
Vertrocknen soll die Quelle in der Wüste,
Wenn Mohammed verschmachtend sie erreicht,
So er sich jemals von Khadija wendet!
Sieh! er war arm — du hast ihn reich gemacht;
Er ging allein — du kamst, mit ihm zu gehen;
Er war nicht glücklich — du hast ihn beglückt;
Die er gezeugt, du hast sie ihm geboren.
Noch mehr! — Von kleinen Sorgen war sein Geist
Geteilt, getrübt, verstört, umhergetrieben,
Ein müder Sklave! — du hast ihn befreit,
Du gabst ihm Ruhe. Ruhe!? — Ob sie auch
Den neuen großen Kummer ausgebrütet,
Ich danke, danke dir.
Khadija. Sprich, welchen Kummer?
Mohammed.
O frag mich nicht! — Wenn sonst ein Leid mich quälte — —
Wann quälte mich ein Leid, war ich bei dir? —
Wenn je, so war es wohl nur der Gedanke
An die Vergänglichkeit des schönsten Glücks.
Und war's nicht das, so war's nicht eignes Leiden,
So war's das Mitleid nur mit fremdem Harm.
Dann sah ich auch in deinem Aug' die Thräne
Und mußte lächeln; denn ich freute mich,
Nur leicht getrübt war meiner Seele Frieden
Und schnell die Wolke von der Stirn verscheucht.
Nun aber tobt ein Sturm in tiefster Brust,
Zerwühlt, zerstört, entwurzelt, reißt mich los
Von der Vergangenheit auf immer —
(Da Khadija, von Angst ergriffen, sprechen will.)
Still!
Du sahst in Mohammed des Mannes Bild,
Die Einheit seiner Kraft verehrtest du.
Sein Herz verschließe sich! — sähst du hinein,
Du würdest irr' an ihm. Leb wohl! leb wohl!
Du sollst ihn größer, größer wiederfinden —
Wo nicht, so denk, daß er verloren ist.
(Er eilt hinweg.)

Gedichte.

Verwehte Blätter. — Gedankengräber. — Phantasie. — Cid. — Der Patriarch. — Das Bild des Bens. — Freundeslächeln. — Der Töne Quell. — Der seltne Gast. — Mailand 1848 (ein Fragment). — Aphorismen.

———

Verwehte Blätter.

Freie Dichtungen an eine Hochgeborene.

I.

Wenn leis hereingeweht zum offnen Fenster
Ein Blatt zu deinen Füßen niederfällt,
Du zürnest nicht dem Baume, der's gesendet,
Als stummen Liebesbrief an dich bestellt.
Du merktest nicht, wie seine Zweige rauschten,
Dich freudig grüßend, als du jüngst
So hold an ihm vorübergingst —
Du merktest nicht, wie sie die Freude tauschten
Mit stillem Harme und sich traurig senkten,
Als deine Schritte dich von dannen lenkten.
Du zürnst dem Blatt nicht, das, um dich zu grüßen,
So schnell gekommen, ohne dich zu fragen:
Darf mich ein Lüftchen dir entgegentragen,
Mich flattern lassen hin zu deinen Füßen?
Du blickst es einmal hold und lächelnd an,
Mag es verwelken und verdorren dann!
So laß dein Auge auch auf diesen Zeilen
Nur einen flüchtigen Moment verweilen,
Und denk, ich sei der Baum, der früh entlaubt,
Weil er an ew'gen Triebes Kraft geglaubt —
Und gönne mir in Rätseln und in Bildern
Dir meiner Seele Qualen abzuschildern.

II.

Ich stehe angewurzelt tief im Thale,
Auf niedre Hütten nur mein Schatten fällt,
Sie schützend vor dem heißen Sonnenstrahle;
Das arme, stille Dorf ist meine Welt. —
Du aber wohnest auf des Berges Höhen,
Wo glänzend sich dein Ahnenschloß erhebt,

Im Garten weiß ich dich als Blume stehen,
Wo süßer Duft bestrickend dich umwebt.

Ich darf nur sehnsuchtsbange aufwärts sehen,
Niemals mich schwingen je zu dir hinan,
Ob reine Lüfte auch mein Haupt umwehen
Und ich es frei nach oben wenden kann.
Du aber darfst zu mir nicht niedersteigen,
Gefangen dich ein goldnes Gitter hält.
Nur trauernd darfst du dich zur Erde neigen,
Wenn je der Liebe Harm um mich dich quält.

Nicht Gottes Atem war's, der unsern Samen
Im Sturm hinstreute, wo er aufgeblüht;
Die Leiden tragen, die von ihm uns kamen,
Ist Siegeskampf, für den das Herz erglüht.
Doch ach — wir sind gepflanzt von Menschenhänden —
Den Keim des Baumes legten sie ins Thal,
Den Keim der Blume zwischen Gartenwänden
Ins Beet als Zierde mit Geschmack und Wahl.

Auch auf den Bergen konnt' ich Wurzel schlagen,
Du hättest dich entfaltet auch im Thal —
Nicht die Natur vermag ich anzuklagen,
Gesetz der Unnatur hat mich verdammt zur Qual.
Drum zürn' ich dem Geschick, das, uns zu scheiden,
Des Bodens nur bedurft, dem wir entsproßt;
Das Recht zu zürnen dem Geschick im Leiden
Ist dem, der Unrecht leidet, letzter Trost.

III.

Ich seh' von kahlen Felsenwänden
Den hochgebornen Tannenbaum
Den Blick zu dir herniedersenden
In seiner Würde eitlem Traum.

Er darf dir kühn ins holde Antlitz schauen,
Sein Auge hemmt die Gartenmauer nicht;
Für ihn nicht war die Absicht sie zu bauen,
Entgegen blühst du ihm im goldnen Sonnenlicht.

Es rauschet schaurig wild in meinen Zweigen
Und meine Blätter tanzen Sturmesreigen,

Du blühst für ihn, du bist für mich verloren,
Nur weil ich niedrig, er ist hochgeboren.

Blick hin und sieh sein stolzes Haupt sich wiegen,
Es ragt empor von Himmelsluft umweht.
Gib dich ihm hin, er ist gewohnt zu siegen,
Entzücken ist es, ihm zu unterliegen,
Der also herrlich, unerreichbar steht,
Und über dem nur Königsadler fliegen!

Ich kann so stolz nicht meine Wipfel tragen,
Ausstrecken nicht gebietend meinen Ast.
Wie darf ich mich mit ihm zu messen wagen,
Mich drückt zu Boden — meiner Früchte Last!

IV.

Ist's nur meiner Seele Stürmen,
Was mich schüttelt, senkt und hebt,
Wie mit Schauern mich durchbebt?
Seh' ich Wolken nicht sich türmen
Fern am Himmel schwarz und dicht?
Seh' ich nicht ein grelles Licht
Sie durchzucken und verschwinden?
Seh' ich nicht von raschen Winden
Sie getragen und gejagt,
Nacht zu bringen, wo es tagt?

Wettersturm, du steigst herauf,
Näher stets im wilden Lauf.
Sei willkommen und gegrüßt!
Sehnend streck' ich meine Zweige
Dir entgegen — sieh — und neige
Dir dies Haupt, so heiß und wüst!
Meine Seele stirbt in Gluten,
Lechzend ruf' ich: Eilend komm,
Laß in Güssen niederfluten
Labenden Erquickungsstrom!

Sei willkommen! Sei willkommen!
Schrecklich bist du nicht dem Frommen!

Sturm des Himmels, gottgesendet,
Der dem Thale Segen spendet,
Nimmer zürnt dem schwachen Armen,
Deß die Himmel sich erbarmen,
Seine wilden Blitze wendet.
Nach dem Stolzen, der verblendet,
Trotzend höhnend aufwärts schaut
Und auf seine Stärke baut —
Gib dem Thale deinen Segen,
Mag die Höh'n bein Zorn zerfegen!

Zeige nun, du kühner Ritter,
Wenn es Blumen gilt zu brechen,
Wie du stehst im Ungewitter,
Wenn die Donner zu dir sprechen.

Süße Rose! magst du beben,
Wenn du beben kannst für ihn!
Dieses Spiel, es geht ums Leben,
Dumpf gar rollt der Würfel hin!

Hui! schon ist der Sturm erwacht,
Heulend, daß die Lüfte zittern,
Ringsumher die Stämme splittern,
Fallend in der Wetterschlacht.
Er steht aufrecht ohne Zagen —
Hoch empor die Wipfel ragen!

Läßt du stolz, wenngleich mit Bangen,
Deine Blicke an ihm hangen,
Der Bewund'rung kann entlocken,
Wo dein Blut will schauernd stocken?

Wirbelwinde! auf, hinan!
Nach der steilen Felsenbahn!
Fallt ihn an mit wildem Ringen
Und entwurzelndem Umschlingen,
Haltet mächtig ihn umfaßt,
Schüttelt, hebt ihn, tobet, rast!

Seht, der Uebermüt'ge lächelt,
Wie vom Zephyrhauch umfächelt!
Daß sein Stolz gebrochen werde,
Reißt heraus ihn aus der Erde!

Sturm! du fliehst! besiegt, geschlagen,
Von der eignen Furcht getragen,
Schmachbeladen Gottes Krieger!
Erbenhochmut bleibt dein Sieger!

Duldet's nicht, ihr raschen Blitze!
Tötend zuckt vom Wolkensitze!
Schwarze Nacht am Himmelsbogen,
Also reich heraufgezogen —
Ist dein voller Köcher leer?
Hast Geschosse du nicht mehr?
Deine Pfeile all verschwendet?
Keinen ihm ins Herz gesendet?
Fliehst auch du mit deiner Rache?
Himmelssieger! lache! lache!

Weh! die Luft, sie steht in Flammen!
Weh! die Erde bricht zusammen! — —

Riesentanne! aufwärts strebend,
Zu den Sternen dich erhebend!
Seh' empor dich nimmer ragen —
Liegest wohl vom Blitz erschlagen! —

V.

Ausgetobt und ausgewettert!
Friede strahlt im Sonnenschein,
Schwebt im Aether mild und rein;
Vögelchor so fröhlich schmettert
Friedenshymnen, Lobgesänge,
Süße, lieblich heil'ge Klänge!

Auch der Sturm hat ausgerast,
Der die Seele mir erfaßt,
Schönste, holdeste der Rosen!
Zürne nicht ob jenem Tosen!

Gegen ihn, der groß und mächtig
Mir zur herben Qual geboren,
Hab' ich Wetter, schwarz und nächtig,
Wild im Haß heraufbeschworen —

Nun er daliegt wie gefällt,
Ist mein Groll dahingeschwunden,
Wehmut hat den Weg gefunden
Mir zum Herzen, das sie schwellt.

Sieh, es perlt von meinen Zweigen,
Die sich schwer zur Erde neigen;
Diese Tropfen sind geblieben,
Sind allein mir noch geblieben
Von dem Sturm, der ihn zerbrach —
Sieh, ich weine sie ihm nach. —

Er ist dahin!
Willst du klagen, klage nicht um ihn!
Rasch gefällt von einem Streich,
Schied er aus des Lebens Reich,
Von des Glückes Gunst gewiegt, getragen
Bis zum Augenblick, der ihn erschlagen.

Ich lebe noch —
Mich beklage — willst du klagen doch!
Denn ich lebe fort und fort zu sterben,
Langsam welkend zu verderben
An dem Wurme, der am Leben nagt
Und sich nie doch rasch ans Leben wagt.

Ich blöder Thor!
Der ich Gottes Blitz auf ihn herabbeschwor,
Der da liebend durfte hoffen —
Besser, hätt' er mich getroffen!
Was soll mir dies Leben ferner frommen,
Dem des Glückes Hoffnung ist genommen?

VI.

Wanderer, erschöpft, verschmachtend,
Mühsam her des Weges trachtend
Auf dem heißen, trocknen Sande,
Selbst verzehrt vom Sonnenbrande

Sinkest hin zum Tod ermattet? ...
Mir zu Füßen komm und ruh,
Will'ge Zuflucht findest du
Hier von meinem Laub umschattet!

Armer Wandrer! atmest auf?
Fächelt Kühlung, Zweige, fächelt!
Seht, der Heimatlose lächelt,
Blickt gerührt zu euch hinauf!

Sehnst mit brennendem Verlangen
Dich wohl nach der reifen Frucht,
Die du siehst so lockend hangen,
Die dein Arm vergebens sucht!

Laß sie ruhn, die müden Glieder —
Sieh, ich sende sie dir nieder,
Dir als Gruß und Liebesgabe,
Daß sie dich erfrische, labe!

Sind es Freuden-, Dankeszähren,
Die das Auge dir verklären?

Sei gepriesen, Sturm, gelobt,
Der an mir vorbei getobt —
Weiß nun, was dies Leben mir soll frommen,
Dem des Glückes Hoffnung ist genommen!

Blume! du mein verlornes Glück!
Gib die Blätter mir zurück,
Die ich klagend dir gesendet,
Und die Blüten, die verschwendet,
Dir geweiht in Liebe blind,
Nie zur Frucht geworden sind!

Ach, um so viel Stückchen Schatten
Bin ich ärmer für den Matten,
Um so viel Erquickungssaft,
So viel heil'ge Labungskraft!
Mehr bewein' ich sie nun als mein Glück —
Gib die Blätter, gib die Blüten mir zurück!

VII.

Und sie bannen
Dich von dannen
Und du fliehst mich — fortgestoßen!

Wanderer, lechzend nach Ruhe und Frieden,
Ohne Obdach und Heimat hienieden!

Unbarmherzig fortgestoßen —
Mensch von Menschen,
Die, sich nährend am häuslichen Herde,
Niemals empfunden Not und Beschwerde —
Unglücksel'ger, von glücklichen Menschen!
Unter meinem Schattendache
Liebe und Mitleid zertreten in Staub!
Wehruf des Armen, schreiend um Rache,
Schüttelt wie Herbstwind mein rauschendes Laub,
Schrecklichen Fluches wildes Stöhnen
Scheint mir empor zum Himmel zu tönen
Von seinen Lippen so bleich und stumm —
Entweiht — entweiht mein Heiligtum!

Erde! versage die nährenden Säfte!
Sonne, entsende versengende Glut,
Daß sie verzehre die bleibenden Kräfte,
Daß mir im Stamme vertrockne das Blut.

Nage, Giftwurm! nage, zerstöre!
An den Früchten tötend zehre!
Welket, Blätter! verdorret und fallt!
Werdet zerstreut von der Lüfte Gewalt!

Menschen! ich gab euch mit vollen Armen
Blüten, Schatten und labende Frucht —
Nichts davon gönnt ihr dem Schwachen und Armen —
So sei denn Geber und Gabe verflucht!

Dir voran will ich schreiten, Natur!
Kahl und dürr, ein trauriges Bild —
Folgen sollst du meiner Spur,
Sollst veröden zur Wüste wild.
Sollst nicht ewig lächelnd bleiben
Zu des Menschen wüstem Treiben,
Liebe lehrend beredsam im Schweigen,
Ewig neue Gaben bringen.
Sollst in deiner Empörung dich zeigen,
Im verödenden Zorne erhaben,
Ihm versagend deine Gaben,
Ihn zur Liebe gewaltsam zwingen.
Auf! ich schreite dir voran —
Folge mir auf wüster Bahn!

Holde Blume! ach, vergebens
Such' ich Trost und Kraft des Lebens
In des Wirkens heiliger Pflicht —
Menschenhaß vergönnt es mir nicht.
Darf nicht frei den Segen spenden,
Bin ein Sklav' mit gebundenen Händen!
Will nicht der Selbstsucht Sklave sein!
Besser — es starre mein Mark im Gebein!

Holde Blume! hab Dank — hab Dank,
Daß du mich machtest zu Tode krank!

VIII.

Ausgelitten und ausgerungen!
Vorbei, der schwere Kampf vorbei!
Mein armes Herz besiegt, bezwungen!
Frühling im grünenden Hoffnungsgewande,
Sommerglut mit versengendem Brande,
Hoffen, Verzweifeln, vorbei! vorbei!

Wie des Laubes erbleichendes Grün,
Schwand des Hoffens Macht dahin —
Wie das vergilbte Laub entführt von den Winden,
Fühlt' ich des Leidens Kraft mir schwinden.

Angeweht von herbstlichen Schauern,
Fühl' ich mein Herz auch erstarren mit Trauern —
Meine Liebe, sie liegt im Sterben,
Mußte an tödlichen Qualen verderben!

Doch wo die Liebe liegt in Todespein,
Da bricht des Herzens Winter herein.
Nimm ihren letzten Seufzer verhauchend matt —
Es bringt ihn dir — mein letztes Blatt!

Gedankengräber.

Freie Dichtungen.

Gibt es Tod auch für Gedanken,
Für die Boten, gottverwandt,
Aus des Geistes Reich entsandt
Weithin über irb'sche Schranken?

— — — — — —

Ach — sie vergehn wie die schimmernde Welle,
Verschlungen von schäumender Fluten Macht —
Wie des Lichtstrahls schwindende Helle,
Getaucht in die finsteren Schatten der Nacht!
Ach sie vergehn, wie flüchtiger Rauch,
Zerstreut von der Lüfte verwehendem Hauch,
Wie die verendenden Töne der Lieder,
Die einmal gesungen und nimmer wieder!

Ach, Gedankentod zu schildern,
Such' ich vergebens nach sprechenden Bildern.
Es wechselt der Staub nur die Form und Gestalt,
Es trotzet der Geist der Vernichtung Gewalt,
Als zischender Schaum kehret wieder die Welle,
Es pflanzet sich fort des Lichtes Helle,
Verflüchtigter Rauch, er sammelt sich wieder
Und blickt als Gewölke vom Himmel hernieder,
Es leben die Töne, die fernhin verschwommen,
Im Ohre noch fort, das sie lauschend vernommen!

Gedanken nur, die hier auf Erden,
Ach! nimmer und nimmer gefunden die Zeit,
Zum Laute, zum Worte, zur That zu werden
Und zu bestehn für die Ewigkeit —

Sie sind es allein, die nicht wiedergeboren,
In nichts zerfließen, auf immer verloren!

O laßt mich trauern durch klagende Töne
Um alles Große, alles Schöne,
Das als Gedanke so verschieden,
Weil es Gedanke blieb hienieden!!

I. Des Alten Vermächtnis.

Seht, es wacht — in stiller Nacht,
Bei der Lampe matt flimmerndem Lichte
Der lebensmüde, gebeugte Greis,
Die Züge so welk, das Haar so weiß —
Und geht mit sich selbst zu Gerichte
Und denket der trüben, trüben Zeit,
Der langen, langen Vergangenheit.

Festgebannt und unverwandt
Ruht sein Blick auf verschlungenen Zeilen,
Die aufgeschlagen das Buch ihm zeigt,
Darauf sein Haupt sich niederneigt —
Und scheinet mit Liebe zu weilen.
Es sprühet sein Auge ein höheres Licht,
Aus dem, wie Jugend, Begeisterung spricht:

„Heilige Blätter, lasset euch küssen —
Ihr meines Lebens Bedeutung und Preis!
Lasset in strömenden Herzensergüssen
Mich zu euch beten, inbrünstig heiß.
Ernste Blätter, ihr scheinet mir hold,
Wie niedrigem Geize gesammeltes Gold —
Geiz nach dem Höchsten rief euch ins Leben,
Schätze der Weisheit, zusammengerafft
In Jahren des Denkens durch geistige Kraft, —
Die nach mir kommen, werden euch heben.
Euch zu erwerben, hab' ich gerungen,
Irdischen Staubes Gelüste bezwungen,
Verachtet die nichtigen Güter der Erde,
Verachtet der Armut Not und Beschwerde

Mit stets erneutem, entsagendem Mut —
Euch lass' ich zurück als mein einziges Gut.

Kinderlos wank' ich dem Grabe entgegen,
Keine liebende Hand drückt das Auge mir zu,
Kein teures Wesen ruft freundlichen Segen
Mir nach — mein gedenk — in die ewige Ruh. —
Ihr Kinder des Geistes, erhaben und groß,
Erzeugt in der Forschung heiligem Schoß,
Euch lass' ich hienieden, mit lauten Zungen
Von mir zu reden nah und weit —
Wenn längst meinen Leib die Verwesung bezwungen,
Um euch soll mich segnen die kommende Zeit! —

Schwach glimmendes Lämpchen, willst du verenden,
Ermattend so wie mein Lebenslicht?
Verlöschet beide, ich klage nicht —
Die Strahlen vergehen nie und nimmer,
Die diese Blätter nach fernhin entsenden;
Sie leuchten ewig in göttlichem Schimmer.

Lisch aus; es ziehet die müden Glieder
Zum kurzen Schlafe des Alters nieder.
Zum kurzen? — vielleicht zum langen, langen!
Sie finden vielleicht mich beim Morgenrot
Im Schlafe entschlafen — kalt und tot;
Vielleicht — ich denk' es sonder Bangen.
Sie finden dich, Gedankenschatz! Dein Leben
Wird meiner Leiche, Phönix gleich entschweben!
Hier ruhe, Teurer, zu Haupte mir,
Daß mich umwehen — herrliche Träume — von dir." —

Horch — in dumpfen, ängstlichen Schlägen
Beginnt sich die Glocke im Turme zu regen
Und bricht durch die stille, schweigsame Nacht,
Daß ringsum das Leben zum Schrecken erwacht.
Feuer! tönt es — erst matt und verhallend,
Bald schwellend wie Donner die Straßen durchhallend,
Getragen von eilender, tobender Menge
Im immer wachsenden Menschengedränge.
Schon rasen die wilden, gefräßigen Flammen,
Schon stürzen Mauern und Balken zusammen!

Gedankengräber.

O, eilet zu retten noch, eh' es zu spät,
Eh' alles hilflos zu Grunde geht!
Die Leitern an!
Und kühn hinan!
Hier walte kein Zaudern, noch Beben —
Es gilt ein Menschenleben!

Ha, wackerer Jüngling, dich führet dein Mut
Durch rauchende Trümmer und feurige Glut.
In des Todes Gewalt, voll schönem Erbarmen
Mit eines Greises verwelkendem Leben,
Hast du das blühende eigne gegeben —
Du trägst ihn bewußtlos auf rüstigen Armen
Zurück ins schon verlorene Sein —
Ach, nur zur herbsten, schrecklichsten Pein!

Der Beifallssturm, der donnernd erschallt,
Er schreckt ihn empor aus der Ohnmacht Gewalt.
Er öffnet das Auge und blicket wild
Auf der Zerstörung entsetzliches Bild;
Des wütenden Brandes aufflackernder Schein,
Er leuchtet ihm heiß in die Seele hinein.
Er rafft sich empor, er stürzt hinweg,
Hinein will's ihn ziehn in die rasenden Flammen —
Es sperrt ihm die Menge gewaltsam den Weg,
Aufschreit er verzweifelnd und bricht zusammen.

Sein Herz auch bricht, das stark und groß,
Einst mit des Geschickes Feindschaft gerungen,
Von hundert Schlägen unbezwungen,
Zertrümmert nun auf einen Stoß!
Die geistige Kraft, die es mutgeschwellt,
Sie ist gebrochen, in Splitter zerschellt:
Heilige Blätter, Preis seines Lebens,
Er hat euch gesammelt, bewahrt vergebens —
Von Flammen seid ihr verschlungen,
Verzehrt von feurigen Zungen!
Lichtgedanken, erhaben gedacht,
Zerflossen in ewige, finstere Nacht!

Rufest sie nimmer, nimmer wieder!
Jahre der Forschung erzeugten sie —

Greis! schon umflattert dich Todesgefieder —
Zeugst sie zum zweitenmal nie!
Sieh fernhin im Osten das Morgenrot,
Sollte dich finden kalt und tot,
Dachtest es ohne Bangen; denn leben
Sollte dein Denken und Leben geben!
Sieh und du lebst, dem Sterben ersehnt,
Tot ist dein Denken, unsterblich gewähnt!

Jüngling! o Jüngling! Du wagtest vergebens
Die schönsten Tage des blühendsten Lebens,
Und deine That, erhabenen Mutes so voll,
Ist geworden zum Spiele, verwegen und toll!
Kein menschliches Leben entzogst du den Flammen —
Ein morsches Gebäude aus Knochen und Haut,
Das, ehe der nächste Morgen noch graut,
In Staub und Moder fällt zusammen;
Dem Grabe hast du die Beute erhalten,
Was sein war, entrissen des Feuers Gewalten.
Das Buch voll Lebensatem und Jugend,
Das Buch voll Schätzen der Weisheit und Tugend,
Dein und der Zukunft Eigentum,
Welkenden Alters grünenden Ruhm —
Ließest du, ach, in Gluten vergehen,
In Asche zerfallen, von Lüften verwehen. —
Jüngling! niemand vermag dir zu künden,
Nimmer wirst du selbst es ergründen,
Was es enthielt, unendlich erhaben;
Das Gold ist zerschmolzen, der Geist, der's gegraben
Tief aus der Erde verborgenem Schlunde,
Gibt nimmer wieder davon dir die Kunde;
Tot ist sein Denken — von den Lippen die Lache
Bezeugt es — des Wahnsinns wild tönende Sprache.

II. Wahnsinn.

Wahnsinn! Schiffbruch des Geistes auf Erden!
Wie scheitern und zersplittern
Gedanken in deinen Gewittern,
Als Trümmer zur Beute den Wogen zu werden,

Die bald sie umheulen und bald sie umtanzen,
Sie höhnenden Spieles zusammentragen —
Und — wollen die Stücke sich fügen zum Ganzen —
Sie weit — weit auseinander jagen! —

Wahnsinn, Wrack des irdischen Denkens,
Ohne Steuer und Kräfte des Lenkens,
Treibend noch auf des Lebens Meere
Hinaus ohne Richtung ins Weite und Leere!

Wahnsinn, dunkler Uebergang
Der Seele nach höheren Sphären,
Wenn ihres Scheidens Stunde schon erklang
Im ersten Schlag — doch auszuschlagen säumt,
Wenn, statt im Fluge zur Heimat zu kehren,
Sie bangend nur sich hinüberträumt!

Wahnsinn! wer vermag ohne Grauen
Hinab in deinen Abgrund zu schauen?
In seinen Tiefen flimmert es traurig
Wie irrende Lichter im sumpfigen Moor,
Aus seinen Tiefen grell zuckt es empor
Wie Wetterleuchten bei Nacht so schaurig.

Manch göttliches Licht wohl dort unten glimmt,
Einst Welten zu leuchten bestimmt —
Als Irrwisch zu verderben,
Aufflackernd hinzusterben! — —

Ach, Menschheit, liegst du in schrecklichen Kämpfen,
In großer Geburten wild zuckenden Krämpfen,
Der eigenen Zweifel wild tobendes Spiel,
Und scheinet verloren dein herrliches Ziel,
Versunken in ewige Nacht —
Dann flimmern dichter und dichter
Die klagenden, sterbenden Lichter
Dort unten im düsteren Schacht.

III. Eine Kugel.

Dumpf beben die Lüfte von Donners Gewalten,
Hell knattert's wie Blitze, die Stämme zerspalten; —
Doch rein ist der Aether, es tauchen mit Wonne
Ins Blau sich die goldenen Strahlen der Sonne.
So weit auch das Auge mag schweifen und spähen,
Vermag es kein Wölkchen am Himmel zu sehen.

Tief unten aber im ebenen Grunde,
Da liegt es wie Nebel so dicht und so schwer,
Und Wolke an Wolke wälzt sich einher,
Als hätten sie alle, eh' voll ihre Stunde,
Sich lösend gewaltsam vom himmlischen Bogen,
Sich nieder zur heimischen Erde gezogen
Und vom erhabenen Sitze
Mit sich genommen die Blitze;
Denn durch die Nebel aufleuchtend bricht
Ein helles, grelles, zuckendes Licht.

Es tobet die Schlacht
Mit entfesselter Macht —
Die eisernen Würfel, sie rollen —
Die Feuerschlünde, sie grollen,
Trompetengeschmetter ertönt,
Vom Hufschlag der Boden erdröhnt,
Die Trommeln, sie wirbeln — die Hörner, sie gellen,
Die Waffen, sie klirren,
Die Kugeln, sie schwirren,
Die Ströme des Blutes, sie schwellen.

O schauet den Helden erhaben und groß,
Hoch thronend auf stolzem, sich bäumendem Roß
Im dichtesten, wildesten Kampfe,
Im schwärzesten Pulverdampfe.
Sein Auge doch sieht nicht die blutigen Greuel,
Die rings ihn umgeben im tosenden Knäuel,
Denn, wenn es sie sähe, es sänke sein Arm,
Es bräche sein Herz, das von Liebe so warm —
Schlüg's minder warm, er wäre kein Held,
Ein Raubtier der Wüste, dem Morden gefällt —

Schlüg's minder warm, er schlüge mit Macht
Nicht heute für alle die tobende Schlacht.

Mildstrahlendes Feuer sein Auge entsendet
Und heiligen Glanz, wie nimmer ihn spendet
Des Kriegers aufbrausender Mut,
Des Kampfes heißflackernde Glut.
Es ist vom hellen Ziele der Wiederschein,
Der ihm ins Auge hell leuchtet hinein.
Er hält es ungeblendet gebannt,
Wie Adlersblick der Sonne Brand,
Er trägt es im großen Gedanken
Durch Schrecken, die rings um ihn her,
Ein sturmgepeitschtes, empörtes Meer,
In Wogen getürmt ihn umschwanken.

„Und sind sie gebändigt — im heiligen Krieg
Erfochten der herrliche, rühmliche Sieg —
Und kehret mit weißem Gefieder
Die Taube des Friedens uns wieder,
Dann juble, mein Volk, frohlocke — dann,
Dann reich' ich dir nach dem Kelche der Leiden
Den schäumenden Becher der edelsten Freuden
Und führe dich auf der Weisheit Bahn.

Frohlocke, mein Volk — wenn gewendet
Zum Heile das Unheil und wiedergekehrt
Zur Scheide das scharfe, geschwungene Schwert;
Dann werde mutig vollendet
Der Bau deiner Größe, stolz ragend empor
Hoch bis zu der Himmel sich wölbendem Thor;
Schon steht er vollendet mir in Gedanken,
Ein Bollwerk gebaut für die Ewigkeit,
Bestimmt, zu trotzen den Stürmen der Zeit
Und nimmer zu brechen, zu wanken!
Ich führ' es aus, ich vermag es allein;
Das Werk, gleichwie der Gedanke ist mein;
Ich führ' es zu Ende" — —

Vorbei! Vorbei!
Schon schwirrt, schon trifft das tötende Blei,
Sich hängend an des Gedankens Schwingen,
Der aufwärts gesendet vom schaffenden Geiste

Hoch oben stolz in den Lüften kreiste —
Ihn zerrend nieder zur Erde zu bringen,
Dem Vogel gleich, der sinkt — kaum fliegend empor —
Gelockt von des Jägers magnetischem Rohr.

Du stürzest getroffen, gewaltiger Held —
Dein Bollwerk auch stürzend in Trümmer zerfällt!
Das Werk deines Geistes, so herrlich gedacht,
Soll fallen mit dir in den Wettern der Schlacht.

Ihm gilt — nicht dem Leben, das flieht,
Das Schmerzenslächeln, das schaurig
Die bleichen Lippen umzieht —
Ihm gilt die schimmernde Perle wohl auch
Im brechenden Auge, der Blick so traurig,
Der Seufzer im letzten, entschwebenden Hauch!

IV. Entsagung.

Entsagung! düstre Göttin — weh, mir graut
Bei deines Namens eisig kaltem Laut —
Wohl bist du schön, doch ist in deinen Armen,
Ach, nur zu sterben, nimmer zu erwarmen.

O locke nicht so traurig lächelnd mild,
Ich kenne dich, mich fesselt nicht dein Bild.
Einst fühlte ich zu dir mich hingezogen,
Du aber hast mich um mich selbst betrogen.

Du rufest auf zu falschem Ruhm und Sieg,
Mit Wünschen oft im ungerechten Krieg,
Und zeigest gleißend eine Märtyrkrone,
Der höchsten Stärke nur bestimmt zum Lohne.

Du aber raubst der Seele jene Kraft,
Die wohnet in der edlen Leidenschaft,
Du raubest ihr noch mehr — die Kraft zu hoffen —
— Wen hat Verlust noch herber je betroffen?

Du raubst die Kraft zu wollen, zu vertrau'n,
Auf frischen Mut des Lebens Werk zu bau'n,
Du raubst die Kraft zu ringen und zu wagen
Und gibst dafür nur eine: die, zu klagen!

Entsagung, Schwäche in des Starken Geist!
Wie heuchelnd auch der Feigheit Mund dich preist,
Die's liebt, des Schicksals Drohen schon zu weichen —
Dem Schwachen nur bist du der Stärke Zeichen!

Entsagen dem, was groß und schön und wert,
Daß es der Edle glühend heiß begehrt,
Von tausend Sehnsuchtsqualen Gott getrieben —
Heißt, nicht genug das Schöne, Große lieben!

Entsagung, deren Bild hoch aufgestellt,
In Wahnes Bann zu halten diese Welt,
Daß sie, im Staub davor sich windend, weine —
Zum Glücke nie berufen sich vermeine!

Umsonst schlichst du zur Menschheit tückisch sacht,
Indes sie schlief, in ihrer tiefen Nacht,
Zu töten ihr die Lust am Erdenwallen,
Daß dir sie ganz und ewig sei verfallen.

Ein Aufschrei der Natur hat sie geweckt,
Der heil'gen — und von dannen dich geschreckt.
Umsonst erstehen wieder dir Propheten —
Sie wird zu dir auf's neue nicht mehr beten!

V. Frühlingstod.

Was ziehst du, bleicher Jüngling, hin
So traurig mit verstörtem Sinn
Die lachend grüne Flur entlang
Bei muntrer Vögel frohem Sang?
Kein Lächeln gibt um deinen Mund,
Daß du sie siehst, sie hörest, kund.
O Jüngling, fiel vom Frühlingsschein
Kein Strahl in deine Brust hinein?

Laß deiner Wange Rosen blühn,
Laß neu belebt dein Auge glühn —
Und selbst des Frühlings treustes Bild
Ziehst du durchs blühende Gefild.
Umsonst! — Dem Todesengel gleich,
Entstiegen aus der Schatten Reich,
So schön wie er — doch nur mit Grau'n
Bist du, o Jüngling, anzuschau'n.
Das Auge sieht's, doch faßt es nicht,
Daß nicht dem Lenz das Herze bricht,
Nicht jede Blüte niederhängt,
Von deinem Hauch verwelkt, versengt;
Wohin dich trägt dein schwanker Fuß,
Nicht die Natur veröden muß,
Wie sie zu ihrer schönsten Frist,
In dir verwelkt, verödet ist.

Sag an, sag an, in welches Grab
Sank deine Jugend früh hinab? — —

Du pressest, schweigend abgewandt,
Aufs Herz die matte, kalte Hand? —

Versteh' ich dich? — Begraben ruht
Als Asche hier — einst heil'ge Glut —
Der schönste der Gedanken — ach,
Weil ihn das Herz zum Geiste sprach
In reiner, edler Liebespein:
„Du herrlich Mädchen, wärst du mein!"

Und der Gedanke, als er starb —
Da schnell versiegte und verdarb
Der Jugendfrische Lebensflut,
Es brach der Jugend froher Mut; —
Denn deine Liebe war kein Rausch,
Nicht leichter Neigung leichter Tausch —
Weil Seele jene Seele fand,
Die sie zu suchen Gott gesandt,
Im heil'gen Bund ihr zugesellt,
Zu schweben hin durch diese Welt,
Vereint auf leichtern Schwingen
Zu ihm empor zu bringen.

Doch Menschenwille — — Still! o still!
Der Leier, die's besingen will,
Sich noch nicht schämt im Klageton,
Aufs neue stets und stets davon
Geschäft'ge Künderin zu sein,
Zerschlag' ich an dem nächsten Stein
Auf ewig ihren Klang entzwei.
Hinweg! hinweg! vorbei! vorbei!

VI. Am Hochgericht.

Nachtgestirn! dein zitterndes Licht
Flimmert so schaurig ums Hochgericht.
Nachtgevögel badet sich gerne
Dort im Scheine der blinkenden Sterne,
Aufwärts sendend krächzenden Hohn
Zu der Gottheit ewigem Thron:
„Redet von himmlischer Milde,
Leuchtend, ihr Sternengebilde!
Fällt euer heiliger Schimmer
In Menschenherzen auch nimmer —
Wir glauben euch, glauben, wir Raben,
Daß hoch über eurem Gezelt
Einen gütigen Vater wir haben,
Der uns regieret die Welt —.
Es müssen die Menschen sich würgen,
Für seine Milde zu bürgen,
Daß arme, hungernde Raben
Am frischen Mahle sich laben."

Sie flattern so fröhlich, entledigt der Sorgen —
Sie wittern den kommenden Morgen.

Nachtgestirn! es zittert dein Schein
Traurig zum Kerkerfenster hinein —
Schauest ins Antlitz so totenfahl
Bleichem Sünder zum letztenmal! — —

Blickest so sinnend, sinnend hernieder — —
Forschest vergebens, erkennst ihn nicht wieder?
Fielest doch voll ihm ins Angesicht,
Als er reifte fürs Hochgericht!
Liehest zu nächtigen Werken dein Licht —
Leuchtetest ihm — doch warntest ihn nicht.
Schautest ihn drohend, schrecklich und wild — —
Schau ihn — des Jammers ergreifendes Bild!

Mann des Schreckens! schauerst so bange
Vor dem letzten irdischen Gange?
Nerven, gestählt im blutigen Morden —
Seid ihr schlaff und weibisch geworden?
Könnet ihr beben, kräftige Sehnen?
Trotziges Auge, hast du auch Thränen?
Wagest zu zagen in tödlicher Pein
Um ein fluchbeladenes Sein?
Mörder, der spielend Leben genommen,
Hat sie endlich dich überkommen
Als traurig verspätete Mahnung,
Die düstere, schaurige Ahnung
Von des Lebens Bedeutung und Wert?
Ließ des Lebens fliehendes Hoffen
Deiner Seele Pförtlein ihr offen?
Bleicher Sünder! so bist du bekehrt?

Reue! himmlischer Balsam, geflößt
In die kranke, verzweifelnde Seele,
Daß sie der Gottheit sich wieder vermähle,
Von deren Banden sie frech sich gelöst —
Reue, du wandelst den wildesten Sünder
In der Tugend beredtsten Verkünder! —
Weiche von ihm — weiche, weiche!
Ihm kommst du, milde, zu spät; —
Noch ehe der nächste Morgen vergeht,
Blickt er vom Rabensteine als Leiche.
Was hältst du so fest ihn umfangen
Mit zärtlich liebendem Bangen?
O weiche, weiche — du hältst ihn nicht,
Sein nennt ihn, dich höhnend, der Menschen Gericht.
O faß nicht mit weibischer Rührung ihn an —
O gönn ihm, vergönn ihm, zu sterben als Mann!

Im armen, aufgegebenen Kranken
Nicht wecke der Rührung Gedanken
Als — nie gestilltes — Sehnen, auf Erden
Noch der Gesunden einer zu werben,
Der Tugend wiedergegeben,
Zu tilgen die Blutschuld im Leben!
O weiche, Gedanke, weiche, weiche —
Dem Todgeweihten frommest du nicht,
Es tötet dich mit ihm am Hochgericht,
Der Henker mit einem Streiche!

VII. Morgen.

Durch die hohe Dichterseele
Eine heil'ge Schöpfung zieht —
In der hohen Dichterseele
Ruhet sie als hohes Lied,
Schon vollendet und gelungen,
Eh' sein erster Ton erklungen.

Ja — aus gotterfüllten Räumen
Ein erhabener Gesang —
Kein Geweb' aus wirren Träumen,
Aus der Reime Kling und Klang
Nicht ein geistig Spiel mit Bildern,
Müß'ger Stunden Pein zu mildern.

Nein — des Geistes Offenbarung
In des Denkens höchstem Schwung,
Als des Geistes ew'ge Nahrung
Strömend aus Begeisterung,
Als Begeistrung fortzuleben,
Sich dem Höchsten hinzugeben! — —

In des Dichters hoher Seele
Ruhet — ach! der Hochgesang
Nur als Pein, die fort sie quäle,
Nur als nie gestillter Drang,
Fern nach aller Welten Enden
Mächtig ihn hinauszusenden.

Ach, das Heute ist verloren —
Heute bringt es nicht ans Licht,
Heute wird es nicht geboren
Das vollendete Gedicht.
Fesseln trägt sein Geist — aus Sorgen —
Bricht sie heute nicht — — doch morgen.

Morgen gibt er dem Gedanken
Form und Ausdruck, Klang und Wort,
Daß er über Zeiten — Schranken
Klingend schwebe fort und fort.
Morgen! — Ach, der Sorgen Beute
Wird das „Morgen" wie das „Heute"!

Morgen! morgen! — O, sie wollen
Dir dein Morgen gönnen nicht —
Lebensdüstre Sorgen grollen
Stets des Lebens hellem Licht,
Hängen sich daran als Schatten,
Bis sein Strahl muß bleich ermatten!

Hoffend er auf morgen bauet,
Bis des Morgens Hoffnung flieht,
Weil ihm jenseits morgen grauet. —
O wie manch erhabnes Lied
Ungeahnt ist so gestorben,
Eh's im Klang das Sein erworben!!

Schlußgesang.

Der Gedanke — kaum geboren —
Stirbt oft über Nacht,
In ein ewig Nichts verloren,
Kaum noch ausgedacht —
Darum träumend nicht verweile
Bei dem groß und schön gedachten;
Träumend machst du den erwachten
Selbst zum Traume. Darum eile,
Ihm Gestalt und Form zu geben;
Wort und That hält fest sein Leben.

Gedankengräber.

Wenn dich heil'ge Wetter fassen,
Stürmend deinen Geist durchrasen,
Laß ihn keinen Blitz entsenden,
Der nur leuchtet, schnell zu enden,
Nicht auch zündend trifft
Und mit Flammenschrift
Zeichnet seines Leuchtens Stunde,
Daß sie fort noch lebt als Kunde.

Wenn die Wetterwolke flieht,
Friede deinen Geist durchzieht,
Keinen Sonnenblick entsende,
Der als Strahl sich brechend ende,
Eh' in seiner milden Zucht
Ist gereift die süße Frucht,
Die im Samen fortbestehend
Von ihm zeuge — nie vergehend.

Eile, Blitz — als Flamme zu ergreifen!
Eile, Sonnenblick, zu reifen;
Denn es sterben über Nacht
Die Gedanken — kaum noch ausgedacht!

Phantasie.

I.

Laß mich tauchen, in dich versinken
Und in deinen Fluten trinken,
Heilige Phantasie!
Laß mich schweben,
Mich erheben
Zu den Sternen
                den ewigen, fernen,
Daß ich mit dem trunkenen Auge
Strahlenlicht des Aethers sauge —
Heilige Phantasie!!

Laß mir Götterquellen rauschen,
Laß mich Sphärenklängen lauschen,
Fächle mir mit Himmelslüften,
Laß mich schwelgen in Blütendüften,
Daß durch dich auf dieser Erde
Mir auch ein Entzücken werde —
Heilige Phantasie!
Ohne dich wohl nie — nie! nie!

Weh — die Seele liegt mir gefangen
Mit unendlichem, tödlichem Bangen
In dem kleinen Wörtchen „Nie!" —
Brich die Fessel, Phantasie!

Zaubre mir den seligen Frieden
In das sturmbewegte Hienieden —
Zaubre in der Menschen Sein
Mir den Gotteshauch hinein.

Laß die Herzen Liebe füllen —
Freiheit zaubre in den Willen —

Phantasie.

In die Freiheit zaubre Tugend,
In die Tugend zaubre Mut —
Gib der Tugendliebe Glut
Und der Freiheit ew'ge Jugend!
In die Geister zaubre Licht,
Auf die Lippen zaubre Wahrheit,
Wahrheit auf das Angesicht —,
In die Seelen ew'ge Klarheit!

Darf dann heil'ge Strahlen saugen
Mit dem Aug' aus Menschenaugen —
Götterquellen rauschen
Mir an jedem Ort —
Sphärenklängen kann ich lauschen,
Klingen mir in jedem Wort —
Himmelsluft ist freie Luft —
Menschenhauch ist Blütenduft!

Laß das Bild vollendet werden!
Webst aus Träumen, Phantasie —
Wie auch golden — ohne sie
Mir kein Paradies auf Erden —
In ein Mädchenherz allein
Zaubre mir mein Bild hinein!

— — —

Weh! du zauberst mir vergebens
Einen Traum von Seligkeit —
In die Schatten meines Lebens
Wirfst du freundlichen Schimmer
Vergebens!
    du lehrest mich nimmer,
Nimmer Vergessenheit!
Je goldnere Träume
    du webest,
Je höhere Räume
    durchschwebest
Von glühender Sehnsucht beschwinget,
Heilige Phantasie! —
Je dumpfer und schauriger klinget
Der Unkenruf: Nie! — nie! — nie!

II.

Flieh nicht zu den Sternen
       den fernen — fernen!
Nicht von der Erde flieh,
Heilige Phantasie!
Laß mich voll von Liebesglut
Tauchen in des Hasses Flut,
Mit den kalten Wogen ringen,
Laß sie schäumend
Mich umbäumend
Eisig an das Herz mir bringen
Und doch nimmer
Seine heil'ge Glut erkalten —
Laß mich, ein gottbegeisterter Schwimmer,
Sie über den Wogen erhalten, —
Daß, wenn ich sinke
Und ertrinke,
Sie aufwärts schwebe
Und unter den himmlischen Gluten lebe!

Laß mich des Geistes, der Wahrheit Licht
Tragen durch finstere Nacht,
Nimmer verzagend, erbebend nicht
Vor der düsteren Schatten Macht,
Die des Lichtes Strahlen scheuen,
Und mit Todesdunkel bräuen!

Laß der Tugend göttliche Kraft
In Qualen, die langsam verzehren —
Laß gefesselt in töblicher Haft
Mich der Freiheit Stolz bewähren! —
Laß mich sterben
     und verderben,
Ein Märtyrer siegend mich werden
Für das Heilige auf Erden!

Und für all mein Märtyrtum
Keinen Erdenruhm —
      keinen, keinen!
Einen Lohn nur laß mir werden
       ach — nur einen!
Hehre Phantasie, auf Erden!

Mag mit des Hasses wild schäumender Flut
Die Welt mich umtoben in feindlicher Wut —
Nur eine liebliche Welle schmiege
Sich liebend an meine Brust!
Ob ich im schrecklichsten Kampfe erliege —
Laß sterbend mich rufen in jauchzender Lust:
Ein Freudenhimmel war mein Sein;
Denn ihre Liebe war mein! —

Weh — es sauset,
      dem Windstoß gleich,
Der brauset —
      ein Bote, zu künden des Sturmes Reich —
Die schaurige Melodie —
Der Unkenruf: Nie! — nie! — nie!

Geize nach ewigem Ruhme —
Unsterblichem Märtyrtume,
Zum unvergänglichen Lohne
Drück auf das Haupt dir die Heiligenkrone!

Geize zu leben jahrtausendelang
Im hochbegeisterten Dichtergesang.
Geize nach Thränen
      in Reue vergossen
            von jenen,
Die hassend dich von sich gestoßen.
Geize nach der Millionen Segen,
Im Blumenregen
Aufs Grab dir gestreut
Und welkend von sorgender Liebe erneut,
Zu grünen, zu blühen auf immer —
Nach ihrer Liebe geize nimmer!
Der Blumen herrlichste — sie,
Für dich blüht sie nie — nie! nie!

III.

Und tauchst du empor so lieblich und mild
Mir vor die umnachteten Sinne,
Geliebtes Mädchenbild —

Du süßer Zwang,
Allmächtiger Drang
Zur höchsten, heiligsten Minne!
Am seligen Lächeln erkenne ich,
Am klaren Blicke erkenne ich dich! —

So lächelnd wohl auch dein Antlitz war,
Dein Blick so seelenklar —
So zeigt dich mir die Phantasie —
Als du es sprachst das harte Wort,
Das dumpf mir klingt im Ohre fort,
Das harte: Nie! — nie! — nie! —

Daß ich es hörte, weißt du nicht —
Weißt nicht, daß mir's das Herz zerbricht!
— Doch ja! du weißt's — mir sagt's dein Angesicht.
Siehst mich ja an so ernst, so still —
So traurig vorwurfsvoll
Mit sanftem Blick mich an!
Dein stiller Ernst mir sagen will,
Dein Vorwurf mir bedeuten soll:
Was bin ich dir, du starker Mann,
Daß du nicht fürchtest Sturmesnot,
Nicht der Tyrannen Machtgebot,
Verfolgung, Kerker, Qual und Tod —
Und eines Mädchens: „Hoffe nicht"
Dein großes Herz mit eins zerbricht?!

O Mädchen! Mädchen! manches bittre Leiden
Fühlt' ich mir tief in das Gemüte schneiden —
Doch wie dein stummer Vorwurf —
       Mädchen sieh —
So tief drang Schmerz und Kränkung nie! —
           nie! — nie!
Der Schwäche zeihst du mich, weil dich zu lieben,
Mein ganzes Wesen wunderbar getrieben?
Nein — nein, nicht wunderbar!
       denn dich zu lieben war
Als ewiges Gesetz mir in die Brust geschrieben,
Barg sie nur eine Fähigkeit, zu lieben —
Das Herz, das stets dem Edelsten geschlagen,
Es mußte dich im tiefsten Innern tragen! —

Phantasie.

Nennst du es Schwäche, daß ich lieben kann?
Dann ja — dann Mädchen, klage mich
Der höchsten Schwäche an;
Denn niemand liebte glühend heiß wie ich!

Und nennst du stark den finsteren Asketen,
Der — wie die Blume, die sein Fuß zerknickt,
Weil starr sein Auge gegen Himmel blickt —
Der Erdenliebe Keim in sich zertreten?
Ihn lehrt sein Gott entsagen und entbehren —
Mich lehrt der meine Erdenliebe nähren.
Gleich bin ich ihm an heil'gen Eifers Glut,
Gleich bin ich ihm an hohem Opfermut —
Dem freien Menschentume all mein Blut!
Des Erbenglücks Verlust, bin ich bereit, zu wagen,
Ruft mich mein Gott, für ihn den Kampf zu schlagen
Mit jener Kraft, die er zum Kampf mir lieh; —
— Dem Wunsche selbst nach Glück noch lebend zu entsagen,
Mein Gott gebeut's mir nie! — nie! — nie!

IV.

Oft liebt' ich es, einsam, allein
Mit meiner Sehnsucht nie schlafender Pein,
Von nächtlichen Schatten umgeben,
In Träume wachend versenkt
Das Auge nach oben gelenkt,
Ein weiblich Ideal mir zu weben
Aus Lichtgedanken vom Sternenschein,
Geströmt mir in die Seele hinein.

Und, Mädchen, sieh — 's war auch beim Sternenschein,
Als ich zuerst mit dir Vertrauen tauschte
Und still beseligt deinen Worten lauschte —
In deine Seele fiel mein Blick hinein
Und sieh — es stand vor mir mit einemmal
Mein heißersehntes, teures Ideal!

O heilige Abendstunde!
Wohin auch mein dunkles Geschick
Und des ew'gen Piloten hinsteuernder Blick
Mit Wind und Wellen im Bunde

Des Lebens Nachen mir lenken —
Dein werd' ich gedenken
Beim Schimmer der himmlischen Sterne,
Und wär' ich von dir Jahrhunderte ferne!
Und fühl' ich den Wurm auch am Herzen mir nagen,
Nie ruf' ich: O hättest du nie mir geschlagen!

So — wär' ich ein Blindgeborner,
Dem Sonnenlichte Verlorner
Und es erhellte die finstere Nacht
Mir eines Blitzstrahls freundliche Macht —
Und ich sähe Berge und Wälder
Und sonnige Felder,
Und blumenreiche, grünende Flur,
Im Frühlingsgewande die ganze Natur —
Und nieder sänken, sich schließend wieder,
Wie ewige Schleier, die Augenlider —
Wohl würde ich klagen, daß all mein Glück
Ein lichter Blick!
Wohl klagen, daß auf Nimmerwiederfinden
Das schöne Bild dem Auge mußte schwinden,
Ja, kaum erschienen, schon vergehn; —
Doch nie — nie — nie, daß ich's gesehn!

Und bist du für mich auch verloren,
Gefunden kaum, wieder verloren
Entzücken des schwelgenden Blickes!
Du Wahrheit irdischen Glückes!
Du bist! — ich ruf' es in jauchzender Lust
Aus der zerrißnen, gefolterten Brust.
Du bist! nicht ist thörichtes Wähnen,
Nach dir dies irdische Sehnen,
Womit du irdische Herzen durchziehst —
         du bist! du bist!

Auf der Erde kannst du thronen!
Unter Menschen kannst du wohnen!
Möcht' die Erde im Entzücken
Schließen in die offnen Arme —
Möcht' die ganze Menschheit drücken
An das Herz, das liebewarme.
Jene heil'ge Abendstunde
Flüstert's mir als frohe Kunde:

Phantasie.

Erde! bist kein ewig Jammerthal,
Mensch! geboren bist du nicht zur Qual.
Werden soll sie diese Kunde
Einst zum letzten Gottesbunde —
Will sie künden mit Jubelgesängen,
Künden mit Posaunenklängen —
Sollt' es auch die Brust zersprengen!

Die Sonne strahlt, die Nebelwolken schwinden —
Ich sah's, des höchsten Glückes Blume blüht!
Die eigne Brust von neuem Hoffen glüht —
Was schon gefunden ward, es ist zu finden!

Cid.

Es tobt die Jagd. Die Peitschen gellen,
Die losgelaßnen Hunde bellen,
Das Feuerrohr im Anschlag klirrt,
Aufblitzt es hell und knallt und schwirrt.
Es jagt der Spanier in den Bergen
Die flücht'ge Indianerschar,
Die vor den grimmen, weißen Schergen
Tief ins Geklüft gewichen war.

Des großen Geistes rote Söhne,
Sie stürzen blutend mit Gestöhne,
Getroffen von des Jägers Blei —
Nie wieder tönt ihr Kriegsgeschrei.
Kein Feind nimmt ihre Schädelhaut;
Vor ihrem Brauch dem Weißen graut,
Er folget milderen Gesetzen —
Sein Köter reißt den Feind in Fetzen.

Und still ist's nun im Wald geworden,
Geendet hat das Menschenmorden.
Dem Spanier war es Lebensglück,
Er kehrt, des Werkes froh, zurück. —
Was säumet Nunes, daß er weilet,
Nicht mit den andern heimwärts eilet?
Sein Auge späht im Kreise rund,
Es fehlt sein Cid, sein Lieblingshund.

Mit solchem Namen den zu ehren,
Mocht' ihn sein finstrer Sinn belehren;
Weil niemals trank ein Hund mit Wut
Wie seiner je ungläubig Blut.
Vergebens ist des Spaniers Pfeifen,
Vergebens ringsumher sein Streifen;

Es dämmert und die Stunden fliehn —
Muß ohne Cid von dannen ziehn. — —

Nacht ist's. Durch Nacht und Waldesdunkeln
Zwei glüh'nde Augen schrecklich funkeln
Und eine düstere Gestalt
Zieht durchs Gebirg. Kein Fußtritt hallt.
Es scheint, daß sie wie Nebel schleiche —
Doch hält sie an bei jeder Leiche.
Dann klagt mit schaurig schrillem Ton
Des roten Stammes letzter Sohn.

Da tönt ein andrer Klagelaut
So schmerzlich flehend, daß ihm graut.
So flehn nicht seines Volkes Söhne,
Das ist kein menschliches Gestöhne.
Ein kühner Sprung, der immer glückt, —
Ein Vorwärtskriechen, tief gebückt —
Und er entdeckt auf feuchtem Grund
Verblutend eines Spaniers Hund.

Ein Tomahawk, tief eingehauen,
Läßt ihn des Tieres Schicksal schauen.
Den seinen schwingt er schon zum Streich —
Da wird sein Herz von Mitleid weich.
Er denkt, daß er allein auf Erden.
Da sticht ihm Schmerz die Seele wund —
Vielleicht kann ihm des Feindes Hund
Der letzte Freund im Dasein werden! —

Die Waffe löst er aus der Wunde,
Wäscht sie mit Wasser rein dem Hunde
Und stillt das Blut und trägt ihn fort
An einen sichern Zufluchtsort.
Dort heilt er ihn mit treuer Pflege.
Nicht wiche Cid von ihm fortan,
Und triebe ihn der rote Mann
Von sich, ergrimmt, durch harte Schläge. —

Einst gab er ihm sein treu Geleite
Auf einem kühnen Zug ins Weite.
In hohen Sätzen that der Hund
Die Freude an der Wandrung kund.

Doch plötzlich hält er an zu lauschen —
Ihm ist's, als hört' er Schritte rauschen,
Wie von der nahen Lichtung her.
Der rote Krieger greift zur Wehr.

Doch Cid mit einem Sprung, wie toll,
Stürzt aus dem Dickicht, Jubels voll
Den weißen Jäger zu begrüßen,
Den kaum erspäht sein lauschend Ohr,
Springt wie berauscht an ihm empor,
Legt sich dann winselnd ihm zu Füßen.
„Mein Cid!" ruft Nunes hoch entzückt,
Wie er zum Hund sich niederbückt.

Da düster tritt heraus vom Wald
Des Indianers Hochgestalt,
Blickt auf den Spanier unverwandt
Und winkt dem Hunde mit der Hand.
Der stutzt, springt auf und läuft zurück,
Doch hält er in des Weges Mitte
Unschlüssig an und hebt den Blick
Zum Winkenden gleichwie zur Bitte.

Der aber winkt dem Hunde wieder —
Der Spanier ruft: „Cid! her zu mir!" —
Verschüchtert steht das mächt'ge Tier
Und senkt das Haupt zur Erde nieder;
Weiß nicht, auf welchen Ruf zu eilen,
Erkennt nicht mehr den rechten Herrn;
Gehorchen möcht' er beiden gern,
Am liebsten aber sich zerteilen.

Da tritt der Spanier trotzig wild
Dem Krieger der Prairie entgegen.
Der aber steht, ein ehern Bild,
Will nicht ein Glied zur Flucht bewegen.
Cid schleicht um beide hin im Kreis,
Wie sie mit roll'ndem Aug' sich fassen,
Scheu winselnd, weil er nicht mehr weiß,
Wen er zu lieben, wen zu hassen. —

Zum Kampfe schwingt die Waffe schon
Des roten Stammes letzter Sohn,

Dann senkt er wieder sie zur Erde,
Spricht mit gebietender Gebärde:
„Stark ist des roten Kriegers Arm,
Manch Skalp hing ihm vom Gürtel warm;
Hat nie den gleichen Kampf gemieden.
Laß ihm den Hund — und zieh in Frieden!"

Wie er so steht, des Siegs gewiß,
Graut Nunes vor dem offnen Streite —
Rasch stößt er tückisch seinen Spieß
Dem Indianer in die Seite.
Da lehrt den Hund ein Todesschrei
Und eines Mörders Hohngelächter,
Wer hier der rechte Herr ihm sei —
Auf springt er und zerreißt den Schlächter.

Der Patriarch.

Gelehnt an seines Hauses Pforte stand
Des Stammes Aeltester und unverwandt
Sein sanfter Blick am fernen Westen hing,
Wo leuchtend mild die Sonne unterging,
Vergoldend ihm mit hellem Strahlenkusse
Das Silberhaar zum trauten Abschiedsgruße.
Kein Wölkchen schwebt am Horizont, die Lüfte,
Sie tauschen spielend nur die Blütendüfte.

„Du freundliches Gestirn, hab gute Nacht!
Hast treulich still den schönen Lauf vollbracht,
Gewaltet wie der Liebe Geist hienieden,
Gespendet Segen nur im heil'gen Frieden.
Am Morgen grüßte froh dich Vögelsang,
Am Abend nun der Hirtenflöten Klang —
Und als dein Mittag sandte Strahlen heiß,
Uns aus der Stirne lockend Arbeitsschweiß,
Da war's nur, dein Versprechen uns zu senden,
Was wir begonnen, würdest du vollenden,
Was wir bestellt, uns reifen und behüten —
Den Sturm nicht wollte deine Glut uns brüten.
Mein ganzes Leben war gleich deinem Heute,
Bestimmt, daß es des Friedens Reich bedeute.
Kann rein wie du mein Haupt zur Ruhe legen —
Mein Walten war auf Erden Liebe, Segen!"
So sprach der Greis mit jugendfrohem Sinn
Mild lächelnd und beseligt vor sich hin.

Da kommt des Weges atemlos Alfar,
Im Laufe flattert wild sein Lockenhaar.
„Auf, Vater, auf! Des Feindes wilde Horden,
Sie ziehn heran, zu plündern und zu morden!"

„Mein Sohn! — dich hat ein böser Traum geschreckt,
Aus dem des Waldes Rauschen dich erweckt,
Als ihn ein Windstoß schüttelte von Norden —
Da hörtest du Geheul von Feindeshorden.
Mir lebt kein Feind."
      „Verheerend kommt gezogen
Ein fremdes Volk gleich sturmgepeitschten Wogen.
Auf Vater! zu den Waffen! gib das Wort,
Von Dorf zu Dorf trag' ich's beflügelt fort."
„Weh mir!" — so ruft der Greis — „des Tages Ende
Will, daß der Friede sich zum Aufruhr wende!
Laß jenes Wort dir auf den Lippen sterben,
Daß es nicht zeuge strafendes Verderben.
In diesen Thälern klangen frohe Lieder,
Nie bröhnten sie vom Ruf zum Kampfe wieder.
Was soll dem Volk von Hirten fromm und still
Der scharfen Waffen blutgenährtes Spiel?
Des Friedens Künste hab' ich sie gelehrt,
Doch nie zu führen Lanze, Schild und Schwert.
Nicht würden uns die ungeübten frommen,
Wenn krieg= und mordgewohnte Männer kommen;
Ein freundliches Willkomm, ein still Ergeben
Schützt besser wohl als Stahl, uns Gut und Leben.
Entwaffnet durch der Unschuld reinen Sinn
Wird Feind als Freund des Weges weiter ziehn."

Und horch — wie Angstruf tönt's, wie Hilfsgeschrei,
Es stürzt der Hirten flücht'ge Schar herbei.
„Ins Thal gedrungen sind die wilden Krieger,
Sie würgen uns die Herden wie die Tiger."
Und andere kommen bebend und berichten,
Wie sie die hoffnungsreiche Saat vernichten,
Die reifen Früchte von den Bäumen schmeißen
Und ringsumher die Hütten niederreißen.
„Auf, Vater!" — ruft Alfar — „gib uns das Zeichen
Und wir zerstampfen sie im Zorn zu Leichen."
„Auf zu den Waffen!" tönt es hier und dort;
Doch lauter tönt des Patriarchen Wort:
„Weh dem, der nach dem Stahle zuckt die Hand,
Er sei aus meinem Angesicht verbannt!
Aus meinem Volk auf ewig ausgeschieden,
Wer mir zu brechen wagt den heil'gen Frieden.

Der Liebe Satzung hab' ich euch verkündet,
Nie hat mein Atem wilden Haß entzündet.
Der Liebe ewiges Gesetz, es spricht
Mit tausenden von Zungen: Töte nicht! —
Und habt ihr nicht geschaudert und geweint,
Wenn ihr im Kreise sonst um mich vereint
Mir lauschtet, wenn ich euch mit stiller Klage
Von fernen Kämpfen kündete die Sage?
Zu warnen euch, geschah's, vor jener Lust,
Die oft nach Streit sich regt in Mannesbrust!
O hätt' ich's nie gethan, euch nie erzählt
Von Waffen, die der Haß zum Morde stählt —
Den Laut der Sprache nur, sie zu begehren,
Bewahrtet ihr von all den heil'gen Lehren!"
Und er bedeckt das Antlitz mit den Händen,
Als wollte er's von seinem Volke wenden.

Und sieh — die Hirten sinken ihm zu Füßen
Und drängen sich, die teure Hand zu küssen.
Sein Zürnen ist ein Schreck so unermessen,
Daß sie darüber ihren Feind vergessen.
Der aber mahnt sie höhnend sein zu denken,
Weiß ihre Blicke schnell auf sich zu lenken.
Rauchwolken wirbeln lustig auf vom Thal,
Durchs Abenddunkeln zuckt der Feuerstrahl.
Und wieder der Empörung Ruf erschallt,
Manch Auge funkelt, manche Faust sich ballt.
Feucht glänzt des Patriarchen Blick, er spricht:
„Ihr vielgeliebten Söhne! wanket nicht!
O haltet fest am göttlichen Gesetze,
Wie's höhnend auch des Feindes Wut verletze —
Mag er mit Brand die Heimat uns zerstören,
Er soll uns nicht zum wilden Haß empören.
Wir wollen stehn, ein heilig Volk, und weinen.
Wohl eine Thräne, selbst im Aug' des Reinen,
Verdienen mag verlornes Erbengut —
Nicht wert ist's einen Tropfen Menschenblut!"

Da kommt's herauf vom Thal wie leises Stöhnen,
Wie Weheruf in lang gezognen Tönen.
Und näher bringt's heran: Gawin erschlagen!
Des Knaben Leiche bringen sie getragen.

Der Patriarch.

Gawin! Gawin! Du kindlich frommer Hirte!
Du weintest, wenn ein Lämmlein sich verirrte
Aus Mitleid, und wenn's wieder kam, vor Lust —
Du weintest, wenn dein Fuß dir unbewußt
Den Wurm zertrat, der dir im Weg sich wand,
Daß lang dein Herz nicht Trost noch Ruhe fand!
Wen hat dein unschuldvolles Sein gekränkt,
Daß er dein Haar mit deinem Blut getränkt?
Aus deinen dunklen Locken fließt es hell,
Wie aus dem Waldesdickicht bricht der Quell.
Dein Lieblingsschäfchen wollten sie dir schlachten?
O wie du zittertest! O wie sie lachten!
Du sprangst hinzu, zu flehen für sein Heil —
Da traf statt ihm im Schwunge dich das Beil!

Es blickt der Patriarch der teuren Leiche
Ins holde Angesicht — ins kalte, bleiche,
Stumm, starr wie sie, ein schaurig Bild von Stein,
Gleichwie entseelt von namenloser Pein.
Dann hebt die Brust sich plötzlich überschwellend,
Es ringt ein Schrei sich los, so furchtbar gellend,
Daß ihn die Berge rings geschreckt ins Leben
Wie einen Ruf zur Rache wiedergeben.

Es hören ihn die Hirten und es zittern
Die Lüfte von der Flüche Ungewittern
Und „Zu den Waffen!" donnert es von neuen
Wie Wutgeheule von gereizten Leuen.

Sieh, da erhebt der Patriarch sich wieder —
Der war gesunken hin zur Leiche nieder —
Und strahlend schwebt's auf seinem Angesicht
Wie himmlische Verklärung, da er spricht:
„Du willst mich prüfen, ew'ge Gottesmacht,
Ob ich bestehe in der Schreckensnacht?
Ob nicht die Fackeln, die dort unten glühn,
Mir in die Brust des Hasses Funken sprühn?
Ob nicht des teuren Kindes Todesstunde
Die Sanftmut reißt aus meines Herzens Grunde?
Nein! nein! Gawin! du Engel, der geschieden,
Dein Lächeln spricht Ergebung, mahnt zum Frieden.
Weh dem, der, dein Gedächtnis zu entweihn,
Im wüsten Taumel will nach Waffen schrei'n!"

Und wieder steht gebannt der Hirten Schar.
„So fluche mir, mein Vater!" ruft Alfar —
„Wenn ich den Ruf erhebe zu den Waffen.
Kannst du den Greuel sehn und ihn nicht strafen?
Den heißen Schmerz empfinden und vergeben?
In mir begehrt's nach tausend Menschenleben."

„Wer spricht von Greuel mir, von heißen Schmerzen?
Gawin! wer trug dich tief, wie ich, im Herzen?
Kein Greuel darf so wilden Schmerz erwecken,
Mit Lust nach Mord den Reinen zu beflecken."

„Wenn wir nach Waffen," spricht Alfar, „begehren,
Ist's, auch des eignen Lebens uns zu wehren.
Wer ist gesichert vor des Schlächters Wut,
Wenn der vergossen eines Kindes Blut?"

Unwillig glüht der Patriarch, er steht
Hoch aufgerichtet da wie ein Prophet
Und ruft gewaltig, daß die Hirten beben:
„Wann zittert der Gerechte für sein Leben?
Es schaut die heil'ge Eiche nach den Sternen,
Wenn sie den Donner rollen hört, den fernen,
Den Sternen bleibt sie hoffend zugekehrt
Und wenn getroffen, fällt sie unbewehrt!
Wär' es zu fallen heute uns beschieden,
So sei es denn als Märtyrer dem Frieden,
Daß, wenn wir liegen bleich und starr und kalt,
Sich unsre Faust selbst nicht im Tode ballt,
Der Liebe Lächeln uns im Antlitz schwebe,
Kein wilder Fluch uns von den Lippen bebe.
Wer feige scheut ein ruhmvoll scheues Sterben,
Der gehe hin, nach blut'gem Sieg zu werben,
Er falle ab von mir, geh' hin und streite,
Indes ich mir den höhern Sieg bereite."

Und wie erfaßt von innrem Gottesbrang
Anstimmt er einen heil'gen Lobgesang. —
Ringsum verstummt der wilde Ruf zum Streite.
Hinkniet der Hirten Schar dem Greis zur Seite,
Gefesselt von der Ehrfurcht Zaubermacht,
Im Chore singend durch die düstre Nacht.

Daß sie zu knieen und zu singen wissen,
Wie auch vom Zorn entflammt, vom Schmerz zerrissen —
Sie können nicht dem Worte widerstreben,
Das sie geführt, ein Gottesruf, durchs Leben.
Und jeder bebt, den eignen Weg zu wallen,
Vom greisen Patriarchen abzufallen.
Indes sie knien, ein heilig Volk, und singen,
Herauf vom Thal die wilden Krieger bringen.
Im Licht der Fackeln rot die Speere blinken,
Wie glühend vor Begierde, Blut zu trinken.
Wie Sturmwind tosend, brausen sie heran,
Doch plötzlich halten sie gefesselt an.
Die trotz'gen Blicke sich begegnend fragen,
Ob sie noch einen Schritt zu machen wagen?

Ist es ein überirdisches Gesicht,
An dem sich ihres Laufes Woge bricht?
Ist es ein Gott, den sie mit stillem Grauen
Dort an des bleichen Kindes Leiche schauen
Hoch aufgerichtet unter Knienden stehn?
Ist's eines Gottes Bild, zu dem sie flehn,
Das sie beschützen muß, weil sie den Knaben
Als Sühnungsopfer ihm geschlachtet haben?

So geht's im Flüstern dumpf von Ohr zu Ohr.
Da tritt der Führer einer trotzig vor;
Daß er ein Bangen fühlte, wutentbrannt.
„Was steht ihr" — donnert er — „wie festgebannt?
Ob es ein Gott, den unser Auge schaut,
Ob eines Gottes Bild, vor dem uns graut,
Im Augenblick erprob' ich's euch — seht her!"
Und durch die Luft hin sausend fliegt sein Speer.

Getroffen sinkt der Greis — aufschreit Alfar,
Aufschreit im jähen Schreck der Hirten Schar.
Das letzte Wort des Sterbenden zerbricht
An ihrem wilden Ruf, sie hören nicht,
Wie er, von ihnen scheidend, noch begehre,
Daß sie sein Tod, wie er zu sterben, lehre!
Es reißt Alfar im Taumel unbewußt
Den blut'gen Speer aus seines Vaters Brust

Und schleudert ihn, daß er gespenstisch blinkt
Und drüben einer blutend niedersinkt.
Da ist entfesselt ringsumher die Wut,
Aufschlägt die Flamme aus verhaltner Glut —
Die Stimme ist verhallt, sie tönt nicht wieder,
Die siegend die Empörung kämpfte nieder!
Gewaltig tönt der Hirten Ruf nach Waffen,
Indes sie auf vom Boden Steine raffen,
Die knot'gen Stämme reißen aus der Erde,
Die Feuerbrände reißen weg vom Herbe,
Manch friedlich Werkzeug zum Gefechte schwingen,
Wohl auch dem Feind den eignen Stahl entringen.
Und durch die Nacht hin schallt ein schrecklich Tönen
Von Klirren, Schwirren, Heulen, Fluchen, Stöhnen.
Die Berge zittern von den harten Streichen —
Und rings die Pfade decken sich mit Leichen.

Du friedlich Volk von Hirten! bist geworden
Ein Heer von Tigern, schnell geübt im Morden?
Wer lehrte stehen dich in Kampfeswettern
Und deine Feinde rings zu Boden schmettern?
Des Frommen Todesseufzer, der geschieden
Ein Märtyrer, gefallen um den Frieden?
Verhallt — verhallt die Lehren des Gerechten? —
Weil sie verhallten, tobt es von Gefechten —
Weil er gesunken sterbend in sein Blut,
Entfesselt ward des Kampfes mächt'ge Wut. —
Vernichtet liegen sie, die's frech vergossen;
Das ihre ist durch Berg und Thal geflossen.

Und sieh, im Osten kehrt die Sonne wieder
Und schaut auf die erschlagnen Feinde nieder —
Und sie verhüllt sich nicht in Wolkenschleier —
Hell leuchtet sie wie zu des Sieges Feier.
Die Bäume fröhlich rings die Wipfel neigen,
Die Vögel zwitschern lustig in den Zweigen —
Kein Trauern um die Frevler, die vernichtet!
Es lächelt die Natur — sie hat gerichtet!

Das Bild des Zeus.

Menschenwogen brausend wallen
Zu des Tempels heil'gen Hallen,
In den Staub gebeugt zu schauen
Zeus' Gebild aus Stein gehauen;
Denn sein Anblick zwingt zur Erde.
In dem Antlitz, der Gebärde
Des olymp'schen Gottes steht
Allgewalt'ge Majestät!
So erhabne Kraft im Denken
Und in ew'ger Welten Lenken
Thront ihm auf der hohen Stirne,
Daß im menschlichen Gehirne
Der Gedanke muß vergehen,
Muß ersterben im Entstehen,
Der da wagte zu entweihn —
Der Gedanke: Bist von Stein!
Ueberm Aug' wie Wettergrauen
Liegt der Schatten seiner Brauen;
Leuchten müßte grell und zünden,
Tötend seine Macht verkünden
Wie des Blitzes Strahl und Licht —
Was — zum Heil — dem Aug' gebricht.
Fehlt sein Stern am Marmorbilde,
Birgt ihn wohl der Gott aus Milde;
Denn zu Füßen ihm der Aar,
Der in Lüften König war,
Wagt den Blick, den er mit Wonne
Tauchte in den Brand der Sonne,
Kaum zum Gott emporzusenden,
Weil er fürchtet, ihn zu blenden
An dem Auge seines Herrn,
An dem Auge — ohne Stern!
Still muß er im Staube liegen,
Wagt es nicht, emporzufliegen;
Ein Magnet — hält festgebannt
Ihn des Donnergottes Hand,

Die ihm überm Haupte schwebt,
Während Zeus die andre hebt,
Hoch empor das Zepter schwingt,
Das die Elemente zwingt.
Dem Olymp droht die Gebärde —
Seine Ferse zwingt — die Erde.

In der Menge, die betrachtet,
Unbemerkt und unbeachtet
Steht der Bildner still und lauscht,
Von dem eignen Ruhm berauscht,
Wie sie alle zu sich raunen
Worte, eingeflößt vom Staunen.
Jenen Gott, den großen, hehren,
Den sie nackenbeugend ehren,
Angefaßt von heil'gem Grauen —
Er hat ihn aus Stein gehauen!
S e i n e r Phantasie entsprang
Die Gewalt, die sie bezwang,
S e i n e s Geistes Machtgebot
Schuf die Majestät, den Gott!
Er erkennt am eignen Werke
In sich selber Götterstärke
Und sein Stolz will überschäumen —
S e l b s t zum Gott will er sich träumen.

Sieh, da plötzlich bricht ein Mann
Durchs Gedränge sich die Bahn.
Heil'gen Eifers Flamme sprüht
Aus dem Aug', das zornerglüht
Flackert wie die Feueresse —
Sein Gesicht deckt Totenblässe.
Donnernd ruft er in die Schar:
„Gott ist G e i s t und unsichtbar!
Fluch dem Nacken, der sich beugt
Einem Bild aus Stein gezeugt!
Fluch der Hand, die's aufgerichtet!
Fluch dem Kopfe, der's erdichtet!
Fluch dem Meißel, der's vollendet,
Der Begeistrung, die verblendet
Dem Gebild im Lügentempel
Aufgedrückt der Hoheit Stempel.

Fluch der Schönheit, die verirrt
Eine Götzenfratze ziert!
Fluch dem Zorn, der machtlos wettert,
Nicht den Trug zu Boden schmettert,
Lachend irdischer Gefahr!
Gott ist Geist und unsichtbar!"
Und den Hammer hoch geschwungen
Ist er hin zum Gott gesprungen —
Eh' zur That wird die Gebärde,
Reißt die Menge ihn zur Erde.
Wildes Wutgeheule droht:
„Tod dem Nazarener, Tod!"

Und ihm wird nach seiner Wahl.
Sterbend an dem Marterpfahl,
Eh' der Seele Fessel reißt,
Ruft er noch: „Gott ist ein Geist!"

Mit des Volksgedränges Wogen
Ist der Bildner ausgezogen,
Will den Frevler sehn als Leiche,
Der mit der Vernichtung Streiche
Sein erhabnes Werk bedroht, —
Will an seinem Henkertod,
An verzagten Dulders Leiden
Rachefroh die Blicke weiden.
Doch, wie er sie, festgebannt,
Nach dem Sterbenden gewandt,
Sieht er aus dem Aug', das bricht,
Leuchten der Verklärung Licht,
Und er muß mit Schreck und Grauen
Eines S i e g e r s Antlitz schauen,
Drauf des Jenseits Majestät
Als ein letztes Lächeln steht.
Und der Ruf: „Gott ist ein Geist!"
Donnergleich s e i n Ohr zerreißt.

Und es jagt ein Sturm ihn fort
Ruhelos von Ort zu Ort —
Doch wohin er auch entflieht,
Sein entsetztes Auge sieht
Stets des Sterbenden Gesicht
Von dem überirdschen Licht

Ew'ger Majestät umstrahlt,
Die kein Pinsel je gemalt,
Keines Dichters Lied gesungen,
Keines Bildners Hand erzwungen,
Keine Phantasie erschwungen!

Fluchend tobt er durchs Gefilde,
Sucht nach einem andern Bilde —
Und empor taucht wie zum Spott
Ihm sein Zeus, sein Donnergott.
Und er schlägt sich vor die Stirn;
Wahnsinn tanzt ihm durchs Gehirn.
„Bist ein Stümper!" ruft er lachend,
Spricht dann schauernd, wie erwachend:
„Gott ist Geist! Wohl muß er's sein —
Könnte sonst so heil'ger Schein
Einen Sterblichen umgeben,
Um ein irdisch Antlitz schweben,
Daß ein Bild von höhrem Schimmer
Menschenauge fände nimmer,
Noch ertrüg'? 's ist offenbar —
Gott ist Geist und unsichtbar!

Wiederholend diese Worte
Hält er an des Tempels Pforte.
Unbelauscht und unbewacht
In dem Schweigen düstrer Nacht
Tritt er in das Heiligtum,
Wo er träumte seinen Ruhm.
„Gott ist Geist! Verflucht die Kraft,
Die für falsche Götter schafft!
Fluch der Schönheit, die verirrt,
Ein Gebild' des Truges ziert!
Fluch dem Kopfe, der's erdacht!
Fluch dem Genius, seiner Macht,
Die des Lichts Begeisterung
Weiht dem Dienst der Dämmerung!"
Ruft es lachend und zerschmettert
Seinen Zeus, den er vergöttert.

Aufgeweckt von Hohngelächter
Eilt herbei des Tempels Wächter,
Sieht, wie zum zerschlagnen Gott
Niederstürzt der Bildner tot!

Freundeslächeln.

Die Schar der Krieger lagert vor den Zelten. —
Die einen jubeln und die andern schelten,
Die einen tanzen und die andern singen
Und in der Runde hell die Becher klingen.
Der einen Schwänke machen andre lachen; —
So mancher schläft, als wollt' er nie erwachen.

Nur zwei Gefährten, abseits von den andern,
Durchs grünende Gefilde friedlich wandern,
Und lassen träumend längst vergangne Zeiten
Noch einmal ihrem Aug' vorübergleiten.
Der eine sprach: „Der Jahre viele schwanden,
Seit unsre Seelen sich zusammenfanden.
Wir waren Knaben, beide — ich und du,
Als dir aufjauchzend flog die meine zu.
Dies Lächeln hat sie gleich mir festgenommen,
Das dir im Antlitz steht, ein lieb' Willkommen!
O Freund! wie soll ich dir dies Lächeln danken,
Das oft mein Herz geheilt, wenn's wollte kranken?
Gedenkst du noch, als ich zur Schule kam,
Ein scheues Kind, dem 's Aug' in Thränen schwamm,
Wie du zuerst mir froh entgegensprangst
Und lächelnd mit den Armen mich umschlangst?
Da wurden lieb mir bald die ernsten Mauern,
Die mich noch erst erfüllt mit leisem Schauern. —
Und als ich hart gebüßt ein klein' Versehn,
Vor Schmerz und Schande glaubte zu vergehn,
Und jeder schadenfroh, mich kränkend, lachte —
Du warst es, der mich wieder lächeln machte!
Denn lächelnd zeigtest du nach Flur und Wald
Und zogst mich fort und machtest nimmer Halt,
Bis Vögel sangen, Föhren uns umrauschten,
Und wir mit Jubel bittre Pein vertauschten. —

— Als in des Jünglings Brust, die feurig glühte,
Mir das Geheimnis meiner Liebe blühte —
Da sprach dein Lächeln: Armes Herz in Banden!
Ich habe dich erraten und verstanden.
— Und als ich fühlte früh der Liebe Schmerz,
Da sprach's: Ruh an dem meinen, armes Herz! —
— Und als, die ich geliebt, zum Traualtare
Ein anderer führte — ach, für mich zur Bahre —
Und ich mein Sein verfluchte leidenstoll,
Da war dein Lächeln traurig, vorwurfsvoll.
— Und dorthin, wo bei dumpfem Trommelklang
Und hochbegeistert wildem Kriegsgesang
Man Streiter warb fürs heil'ge Vaterland,
Dorthin ward ich geführt von Freundeshand.
Da sprach dein Lächeln mir von kühnem Mut —
Da rief auch ich: Der Heimat all mein Blut!
Und auf! zu Pferd! — Du hattest recht gefunden
Das Mittel, um zu heilen Herzenswunden! —
— Seit jener Zeit in jeder Not umschwebte
Dein Lächeln mich, das mir den Mut belebte —
Im heißen Kampfe, wenn der Arm mir sank,
Am Schmerzenslager, wenn ich wund und krank,
In schlaflos wüster Nacht am Lagerfeuer,
Wenn ich des Mädchens dachte — einst mir teuer,
Und aufbrach in der einsam bösen Stunde
Des Herzens schon vernarbte, tief're Wunde. —
— O Freund! so lang dies wüste Leben hält,
Geleite mich dein Lächeln durch die Welt.
Und sei auch dann bei mir mit deinem Lächeln,
Wenn Todesfittiche mich einst umfächeln."
— Der andre drückt des Freundes Hand und spricht:
„Wie ich dann lächeln könnte, weiß ich nicht."

Da tönt der Lärmruf: Auf, der Feind ist nah! —
Sie sind gerüstet kaum — und er ist da.
Die Trommeln wirbeln, die Trompeten schmettern —
Ein Hurrah! — donnernd geht's zu Schlachtenwettern.

Ein Reiter stürzt — ihm ward das Pferd erschossen —
Von Feinden sieht er sich im Kreis umschlossen —
Gefangen oder tot! ist seine Wahl.
Schon schwingt der Gegner wildester den Stahl

Zum letzten Streich, indem er ruft: Ergib —
— Da kürzt die Rede ihm ein Säbelhieb.
Und durch die Feinde bricht ein Angesicht,
Auf dem ein Lächeln wie: „Gerettet!" spricht. — —
— Und weiter geht es ohne Halt und Reue,
Bald trennt die Freunde Waffentanz aufs neue,
Der lange noch den Reigen nicht vollbracht
Und nimmer ruht, bis ihn verschlingt die Nacht. —

— Ihr Schatten deckt das blut'ge Leichenfeld,
Drauf mancher rastet, der es nicht bestellt. —
Ein Sterbender schlägt auf zum letztenmal
Sein mattes Aug' in banger Todesqual,
Und wirft den Blick noch einmal in das Sein
Und findet sterbend sich allein — allein!

„Wo bist du, Freund," — so stöhnt er — „mir so treu
Im Leben? Steh mir auch im Tode bei!
Weh mir! ich muß im herbsten Leid erblassen —
Im letzten Leiden hast du mich verlassen!"

Da ihm zur Seite wirft der Mond sein Licht
Auf eines Toten bleiches Angesicht —
Drauf schwebt ein Lächeln, das dem Freunde sagt:
Ging dir voran dorthin, wo's endlich tagt —
Ein selig Lächeln, das dem Freunde kündet,
Daß froh die Seele in die Gottheit mündet.

Da hauchte noch der Sterbende: Hab Dank!
Eh' er zurück zum letzten Hauche sank.

Der Töne Quell.

Im glänzenden Salon versammelt war
Der Enthusiasten auserles'ne Schar —
Und allzuträge schlich die flücht'ge Stunde,
Seit sich verbreitete die frohe Kunde:
Leoni kommt, mit hohen Zaubertönen
Der Harmonie den Tag uns zu verschönen.
Und jedes Auge, nach dem Eingang sehend,
Blieb unverwandt nach seinem Kommen spähend —
Und jedes Ohr, im nahen Sphärenklang
Vorschwelgend, lauschte seinen Schritten bang.

Leoni kommt! — mich traf es wie ein Blitz,
Wild fuhr die Hand mir nach des Herzens Sitz.
Ich sah es wohl, du holde Mädchenwange,
Wie du erglüht bei seines Namens Klange.
Wie hass' ich ihn, den kühnen Virtuosen,
Der sie mir stahl, die schönste aller Rosen!

Der Thüre Flügel öffnen sich. Er tritt
In den Salon mit leichtbeschwingtem Schritt,
Er grüßt nach rechts, nach links mit leichtem Nicken,
Nach rechts und links mit freundlich-kalten Blicken.
Er grüßet sie mit einem Flammenblick,
Und flammend gibt ihr Aug' den Gruß zurück.
Vereinsamt fühl' ich mich mit einemmale,
Wie in der Wüste, im belebten Saale.

Und nun mit anmutsvoller Armbewegung
Greift er zum Bogen — sieh — und jede Regung
Des Lautes bis zum Atemzuge stirbt,
Weil er um Töne zaubrisch lockend wirbt.

Und horch! sie schweben auf — wie Geister leise
In träumerischer, schwärmerischer Weise —

Dann neckisch hüpfen sie wie Koboldtanz
In stiller Nacht bei hellem Mondenglanz.
Oft sprühen sie wie Funken von den Saiten,
Als wäre Stahlesgruß des Bogens Gleiten,
Bald rauschen sie wie Seelensturm so wild —
Bald wie die stille Klage sanft und mild. —

Verstummt, verstummt, ihr Töne! also klingend
Stahlt ihr euch ihr ins Herz, ins tiefste bringend,
Und webet drin, ihr dienstbeflißnen Geister,
Ein Bild — weh mir! das Bild von eurem Meister!
Verstummt! ich fühl's mit schaurigem Erbeben,
Welch übermächt'ger Zauber euch gegeben;
Dringt ihr doch mir zum Herzen, das euch flucht —
Sich doch vergebens euch zu schließen sucht.
Aufschlagen möcht' ich eine wilde Lache,
Empor zum Himmel schrei'n um Rache — Rache! —

Im Kampfe hast du falsch mich überwunden,
Verräter, mit der Sphären Reich verbunden!
Ich hatte nichts — nichts, als ein treu Gemüt
Und eine Seele, die fürs Edle glüht,
Zu kämpfen für den Preis, den teuren, schönen —
Dir focht zur Seite eine Schar von Tönen!

Und als ich's dachte, kamen Nachtgedanken
Mir in den Geist, den wild verstörten, kranken:
Den Zauber, den ich nimmer konnte heben,
Im Zauberer zu treffen in sein Leben —
Aus Harmonie'n geflocht'nes Liebesband
Entzwei zu reißen — wär's mit but'ger Hand. —

O jetzt nur, jetzt laß sanft die Saiten klingen,
Daß sie den Frieden ins Gemüt mir bringen!
Was spielst du brausend mit der Seele Wettern?
Thor! fürchte, daß sie dich zusammenschmettern!

Nicht länger fähig, zu verbergen gleißend,
Was in der Brust mir tobte, sie zerreißend,
Stahl ich mich unbeachtet aus der Menge,
Die lauschend schwelgte in dem Meer der Klänge.
Es winkte eines Fensters tiefer Bogen,
Er nahm mich auf. Den Vorhang zugezogen! —

Nicht der Versuchung konnt' ich widerstehen —
Da draußen, sprach ich, kühle Lüfte wehen,
Indessen ich in heißer Glut verschmachte! —
Und öffnete das Fenster sachte, sachte.

Da in den Hofraum zitternd trat und wankend
Ein Greis, an Jahren und an Elend krankend,
Die Fiedel in der abgezehrten Hand —
Es war ein armer, armer Musikant.
Nach den geschloßnen Fenstern sah er traurig
Und schüttelte sein weißes Haupt gar schaurig.
Da ward er mein gewahr, und bange flehend
Frug mich sein Aug', nach meinem Sinne spähend.

Spiel auf, spiel auf, du trauriger Geselle,
Spiel recht ein lustig Stückchen mir zur Stelle,
Wie es die Bauern macht im Dorfe springen,
Laß es von der verstummten Geige klingen.
Wie muß es sein ein Fiedeln graus und wild,
Du stillen Jammers, nahen Todes Bild,
Wenn du den Jubel machst im Bogen gleiten
Mit Fingern, die so schlaff wie deine Saiten!
Ein schneidend Mißgetöne, schrill und toll
Wie das, von dem die Seele mir so voll,
Wirf mir hinein in seine Harmonie,
Du greiser Rächer! und zerstöre sie.
Und er verstand, spielt' auf nach meinem Sinne. — —
— Leoni hält im Spiel betroffen inne.
In Stimmen, banngelöst mit einemmale,
Wird die Entrüstung laut im weiten Saale.

Sie grollen dir, du trauriger Geselle,
Daß du dein Elend trugst an ihre Schwelle,
Sie klopfend mahntest dran mit bangem Gruße,
Indes sie schwelgten in dem Hochgenusse.
Sie drohen dir, du Armer, flieh von bannen,
Eh' Machtgebote dich von hinnen bannen.
Schon winkt der Herr des Hauses mit den Blicken
Der stets bereiten Schar der Domestiken.
Schon eilen sie dem Ausgang zu — doch sieh!
Wie angewurzelt plötzlich stehen sie.
Auf seiner Schwelle, ihn verwehrend, stand
Ein Mann, „Zurück!" gebietend mit der Hand.

Leoni ist's. Ich sah's mit leisem Schauer.
Er aber, in den Zügen tiefe Trauer,
Gesenkt das Auge und umwölkt den Sinn,
Schritt langsam an das offne Fenster hin.
Und seine Blicke, lange ruhend, wandten
Sich auf den armen, greisen Musikanten:
„Spiel zu, du jammervoller Spielmann du!
Du siehst, ich feire — spiel nur immerzu.
Eh' möge nie mehr meine Geige singen,
Als übertäubend je die deine klingen,
Wenn die um Brot der greisen Armut wirbt,
Bevor ihr letzter Ton zermorschend stirbt.
O könnt' ich jemals rühren Menschenherzen,
Wie mich dein Spiel zu tiefen Mitleidsschmerzen,
Das Elend spielt' ich weg von dieser Erden,
Dem Heilung kann durch Menschenhilfe werden."

Er sprach's und horchte sinnend, schweigend wieder —
Sein Auge sandte eine Thräne nieder.
Da tönt: „Leoni hoch!" Begeisterung,
Und geht von Mund zu Mund im raschen Schwung,
Ein Beifallssturm, und will sich nimmer legen —
Dem Armen aber strömt ein goldner Regen.

Wie strahlt der Holden Antlitz im Entzücken!
Wie dankt sie dem Geliebten mit den Blicken! —
Ich sah es wohl, doch sah ich's ohne Groll;
Denn von Versöhnung war die Brust mir voll:
Du Zauberer! mein Groll ist hingeschwunden;
Hast im gerechten Kampf mich überwunden.
Wohl hattest du im Bunde Sphärenklang,
Wo ich Gefühle nur im Herzen bang —
Doch wie der Thräne, die geblinkt so hell,
So war dein Herz auch deiner Töne Quell!

Ich sprach's und stürzte fort mit meiner Qual
Ins Freie aus dem hochgewölbten Saal.
Mein Unrecht schwur ich ab zur selben Stunde
Und fluchte nimmer, nimmer ihrem Bunde.

Der seltne Gast.

Wohin, o treulos falsches Glück!?
Kaum erst mir neu geboren,
Und wieder schon verloren!
Was kehrtest endlich du zurück,
Wenn du nicht wolltest weilen?
Was hieß ich dich, du seltner Gast!
Willkommen, wenn du ohne Rast
Von dannen wolltest eilen?

Was tratst du frech mir in das Haus,
Um über seine Schwelle,
Wie von verfluchter Stelle,
Zurückzuspringen und hinaus
Und auf und fort zu jagen?
Ei — sah es dir in meinem Haus
Zu still, zu arm, zu finster aus,
Und wollt' dir nicht behagen?

O Thörin! Thörin! sahst du nicht,
Wie Leben drin erwachte,
Das dich zu ehren dachte?
Schon dämmerte ein holdes Licht,
Um herrlich bald zu tagen —
Verlöscht hast du es selber mir,
Als du entfliehend hinter dir
Die Pforte zugeschlagen!

O Thörin! Thörin! hörtest du
Nicht schon die leisen Klänge,
Die seligen Gesänge? —
Ach nein! die Pforte schlugst du zu —
Da mußten sie verhallen.
Du warst hinaus und auf und fort,
Noch eh' im siegenden Accord
Sie mächtig konnten schallen.

Der seltne Gast.

Wie hätt' ich reich mein Haus geschmückt
Mit tief verborgnen Schätzen
Zu Lust dir und Ergötzen!
Dem Gast, der kommend uns beglückt,
Dem seltnen, den wir lieben,
Wird freudig alles dargebracht,
Des Hauses höchste, ganze Macht.
O wärest du geblieben!

Arm, still und finster soll es sein
In meinem Hause wieder.
Verstummt, Musik und Lieder!
Löscht aus, ihr Lichter! schließ dich, Schrein! —
Die Gäste, die da kommen
Tagaus, tagein, zu jeder Zeit,
Sie haben, stets zu ruhn bereit,
Auch so vorlieb genommen.

Gar treue Gäste! fehlten nie —
Ja, pflegten ungebeten
Bei mir auch einzutreten:
Schmerz, Sorge, Gram, Melancholie! —
Sie flohen scheu von bannen,
Als, schöne Göttin, du erschienst.
Ich wollte, ganz in deinem Dienst,
Auf immer sie verbannen.

Sie kehren wieder ohne Groll,
Die düsteren Gestalten,
Aufs neue Rast zu halten.
Sie nicken schweigend, vorwurfsvoll —
Und doch wie Freunde traurig.
Sie bleiben fest, sie trügen nicht,
Sie stehn bei mir, wenn 's Herz mir bricht,
Wenn's wüst in mir und schaurig.

O haltet Rast! entflieht nicht mehr.
Verweilt bei mir auf immer,
Verweilt! ich bann' euch nimmer.
Und käme sie des Weges her
Aufs neue unverdrossen
Mit falschem Lächeln wie zuvor —
Vergebens poche sie ans Thor,
Sie finde es verschlossen!

Mailand 1848.

Ein Fragment.

Dort im Morgengrau'n still ruht die lombardische Ebne,
Dicht noch eingehüllt in den Mantel mächtiger Schatten,
Den die fliehende Nacht ihr zurückläßt. Doch über den Wolken,
Die am Fuß des Gebirgs wie düstre Gespenster sich ballen,
Hebt sich ein leuchtendes Haupt im Glanze ewigen Eises,
Schon vom ersten Strahl der kommenden Sonne getroffen,
Einsam und herrlich empor zum dunkelgeröteten Himmel —
Monte Rosas Haupt, des weithinschauenden Riesen! —
Jetzt noch eines — jetzt ein drittes — die Gipfel der Alpen:
Jungfrau im weißen Gewand, des Aarhorns blinkende Spitze,
Silberumwallt die Stirn der greise Gotthard, des Simplons
Näher liegende Höh'n. Sie blicken herein und hernieder
In das welsche Land Jahrtausende lange und schweigen.
Könnten sie reden — ach! sie erzählten von tosenden Kämpfen,
Wildem Völkergewühl, zerstampfend blühende Fluren,
Von der Städte Brand, von Leichen wälzenden Strömen,
Feldern gesättigt mit Blut und stets sich erneuendem Jammer!
Denn dies gesegnete Land, es freute sich nimmer des Friedens —
Gottes Segen ward zum Fluch ihm durch Raubgier der Menschen!
Nimmer gehörend sich selbst, die Beute fremder Geschlechter,
Sah es duldenden Hohns barbarische Herren im Haber,
Raffte doch nimmer sich auf, die Ketten selber zu brechen. — —
— Sieh — was zeigt sich dort im Lichte des wachsenden Tages?
Stolzer Türme Pracht aus buntem Gewirre von Häusern —
Ueber alle sich erhebend, sie alle beherrschend
Ein gewaltiger Dom von mächtigen Pfeilern getragen.
Mit der Gletscher Eis wetteifernd strahlet sein Marmor,
Im Getäfel blitzt's gleich Tausenden von Diamanten
Und geblendet schließt sich das bewundernde Auge.

Mailand, die herrliche, ist's, die kühne Stadt der Lombarden!
Weiset die trotzige Stirn, den Sänger Lügen zu strafen —
Weiset ins nahe Gefild und mahnt an vergangene Tage,
Als noch fröhlich zum Kampf auszogen die Bürger in Waffen,
Tapfer und redlich geführt von den Vätern aus eblen Geschlechtern.
Drohend wankte der Busch auf den blitzenden Helmen der Ritter,
Rosse bäumten sich und knirschten im Zügel und schäumten,
Herzhaft tönte Gesang aus den Kehlen der Söhne des Volkes,
Fest in schwieliger Hand erhoben sie wuchtige Lanzen;
Mit dem Banner der Stadt rollte der eiserne Wagen,
Aller Auge sah auf zu des heil'gen Ambrosius Bilde
Und im Gewitter der Schlacht umgaben es immer die Besten,
Fallend mit freudigem Mut das hehre Palladium zu schirmen,
Ihrer Freiheit Symbol, der geliebten und männlich verdienten.
Also zogen sie auch hinaus in die größte der Schlachten
Je von italischem Volk auf italischer Erde geschlagen.
Niedergestiegen war des Nordens schrecklichster Kaiser
Führend aus finsteren Gau'n die eherne Schar der Germanen:
Wie der rollende Fels das Dickicht des Waldes im Sturze
Stämme zersplitternd durchbricht, so brach auf gepanzertem Hengste,
Mordend der nordische Held durch die wankenden Reihen der Welschen —
Golden mit rötlichem Schein umwallten das brennende Antlitz
Locken und wehender Bart wie Glut entspringende Flammen.
Flammen auch sprühte schon triumphierend sein trotziges Auge;
Denn in der Nähe schon sah er flattern das heilige Banner,
Streckte den nervigen Arm schon aus, es zu Boden zu reißen —
Da wie Sturmwind heran braußten die „Krieger" des Todes,
Mailands gewaltige Schar und sieh, es erlagen die Feinde,
Barbarossas Stern erbleichte im Felde Legnanos!
Nun, wo sind sie, die Mäyner, wo sind sie, die Helden im Kampfe?
Tief in den Gräbern ruhn sie gesunken in bleiernen Schlummer.
Vom Kastelle schaut, der alten Burg der Visconti,
Oestreichs Doppelaar: verderbenschwangre Geschütze
Drohn der gefesselten Stadt mit finster gähnender Mündung. —

Horch — was klingt so hell? — Im Frühgeläute die Glocken.
Aus dem Pförtchen dort des einsam liegenden Hauses

Treten Männer ernst und geräuschlos heraus in das Freie —
Deutlich steht Entschluß geschrieben auf bleichen Gesichtern:
„Brüder! lasset uns knien!" spricht einer mit leuchtenden
Blicken —
„Grüßet der Glocken Getön; sie läuten uns heute zur Freiheit
Oder — sie haben für uns den letzten Morgen verkündet."
Spricht's und knieet — alle knien — und erheben sich wieder,
Drücken sich rasch noch die Hände — lächeln und trennen sich
schweigend.

Und zum Leben erwacht die Stadt; es öffnen sich Thore,
Eine Gestalt kommt eiligen Schritts heraus auf die Gasse,
Eine zweite folgt, schon begegnend der dritten und vierten;
Menschen schießen empor, als würfe Deukalion Steine,
Summen wie Bienen umher, stehn stille, grüßen sich, hasten
Jeder ans Tagewerk; schon rollen vereinzelte Wagen;
Buden sind aufgethan und laden zum Kaufe die Kunden;
Drängend lärmt in des Marktes Gewühl die geschäftige
Menge.
Plötzlich steht es still, das Räderwerk friedlichen Treibens —
Jeder hält an den Schritt, belauschend die Worte des andern —
Gruppen bilden sich hier und dort, sich immer vergrößernd —
An die Thür des Gewölbs eilt Käufer und Kaufmann und
Diener,
In der Werkstatt verstummt der Hammer, verlodert die Esse —
Fenster öffnen sich und spähende Köpfe erscheinen.
Welches Staunen? sprecht — was bedeuten die fragenden
Blicke?
Was die bestürzten Gesichter? Ist's Schrecken, ist's Freude,
ist's beides,
Was die Gemüter bewegt? Noch wenige wissen's zu sagen!
Welche Kunde ist, ein Blitz herniedergefahren,
Hier zu lähmen, dort zu zünden? Was flüstern sie heimlich,
Raunen sie grinsend sich zu? Was schreien sie wild in die
Lüfte?
„Wien in Aufruhr! Wien — des Kaiserreichs Metropole!"
Wie in den mächtigen Strom sich die Bäche schäumend ergießen,
Führen die wachsende Flut des Volks zum Korso die Gassen —
Dort an der Ecke stockt sie und bäumt sich gleich den Ge=
wässern,
Welche am starrenden Fels im Thore der Mündung sich brechen,
Branden und zischen im Zorn, und Wogen türmen auf Wogen,

Bis die mächtigste Bahn sich bricht mit verzweifeltem Sprunge,
Mit sich reißend den Schwall hinaus in die harrende Strömung.
Emil Dandolo ist's! er führt die begeisterte Jugend,
Dringt durch den lebenden Knäu'l und ruft zum Kampfe die Männer,
Denn gekommen ist die gottgegebene Stunde,
Lange vergebens ersehnt, nun endlich, endlich gekommen.
Waffen! schreit das Volk entflammt — und es werden ihm Waffen.
Fäuste ballen sich, es blitzen geschwungene Säbel,
Dolche werden gezückt und rostige Flinten erhoben,
Wildes Geheul ertönt wie weithin rollender Donner:
Tod den Fremden! Tod! Verderben den fremden Tyrannen! —
— Still! und seht — seht dorthin! — Des Hasses Rufe verhallen,
Tiefes Schweigen herrscht; — zu beiden Seiten in Ehrfurcht
Weicht die Menge zurück und durch die geöffneten Reihen
Schreitet ein lächelnder Greis im wallenden Kleide des Priesters —
Lächelnd; denn es sieht der Hirt die Herde mit Liebe;
Doch auf der hohen Stirn auch steht die Sorge geschrieben —
Freudig und ernst zugleich bewegt ist ja tief ihm die Seele.
Mailands Kirchenfürst hat Gottes Stimme vernommen:
Bei dem Volk steh in der Stunde der großen Entscheidung!
Und es trieb ihn hinaus aus den engen Räumen des Tempels:
Was da komme, er weiß es nicht, ihn kümmert es wenig:
Teilen nur will er das Los der Seinen, den Sieg — das Verderben!
Waffen nicht führen darf die Hand, doch segnen die Streiter.
Und er segnet sie; er weiht die Fahne der Freiheit —
Vor ihm wird jubelbegrüßt die Trikolore entfaltet,
Und er faßt sie, schwingt sie, hält sie zum Himmel erhoben. —
Blumen regnet's herab zu farbigen Kränzen gewunden,
Flatternd kommt durch die Luft ein Schauer von Schleifen und Bändern,
Weiße Tücher wehn von zarten Händen geschwungen;
Stolze Frauen sehn von Fenstern und hohen Balkonen —
Liebliche Mädchen auch wie zwischen den Rosen die Knospen.
Welche feurigen Blicke! Sterne funkeln nicht heller!
Wie sie die Häupter hoch erheben und trotzig sie werfen,
Schüttelnd aus der Stirn von Marmor die wallenden Locken!

Wie sie lächeln entzückt, herunter winken und grüßen!
Manche Wange erglüht von Begeistrung, gewohnt zu erröten
Nur von holder Scham im Angesichte des Jünglings!
Manchem schönen Aug' entquillt die Thräne der Rührung —
Keine Thräne erpreßt von Angst und feigem Verzagen —
Mancher Busen wogt in ungeheurer Bewegung;
Doch kein Seufzer entringt sich ihm, die Furcht zu verraten.
Mailands Frauen sind's, die nimmer klagen und ächzen,
Wenn in den heiligen Kampf die Männer mutig sich stürzen,
Nimmer halten zurück die Hand, die greift nach dem Schwerte.
Ruhm euch, lombardische Frau'n! nicht Sklaven schenkt ihr
     die Herzen!

Auf! und Thaten! erschallt's — es wälzt sich des Volkes
     Gedränge
Dem Palaste zu, der dorther schimmernd sich zeiget.
Thüren brechen ein, es klirren zerschmetterte Fenster,
Wachen sinken erdolcht und rollen im eigenen Blute,
Ueber die Leichen stürmt, sie zerstampfend, der tobende Haufe,
Füllet mit Siegesgeschrei die widerhallenden Räume,
Klettert empor und pflanzt auf die Zinnen die Fahne des
     Aufruhrs.
Ha wie sie trotzig weht, erfaßt von den sausenden Lüften,
Dem Kastelle zu, dem düster bräu'nden zum Hohne!
Tod den Feinden! Tod! brüllt's wieder herauf aus der
     Tiefe — —
— — Horch — die Antwort dröhnt herüber in dumpferen
     Tönen.

Totenstille folgt. Entsetzen fesselt die Menge,
Daß zum stehenden Bild erstarrt die wilde Bewegung.
Manches Wort des Fluchs erstickt in der Kehle des Schreiers,
Mancher begeisterte Ruf erstirbt auf erbebenden Lippen;
Heftiger pochen die Herzen; glühnde Gesichter erbleichen;
Auge in Auge sich bohrt, in jedem spiegelt sich Grauen;
Mancher Hand entsinkt die fröhlich ergriffene Waffe,
Manche kräftige Faust umklammert im Krampfe sie fester.
Schrecklich nahet der Ernst. Schon wirbeln fernher die
     Trommeln — —
Hornsignale ertönen und heisere Rufe. Und näher,
Immer näher kommt's in taktvoll hallenden Tritten,
Daß der Boden erbebt; die Luft erfüllt es wie Blitze,

Rückt geschlossen heran; — nun steht es, ein Wald von
Gewehren!
Plötzlich erschallt es: „Schlagt an" — und sie senken sich langsam,
— dann „Fertig!"
„Feuer!" — und es kracht, als ob geknickt vom Orkane
Tausend Stämme zugleich in tausend Splitter zerbrächen.
Ja, es ist der Orkan, der rasend fegt durch die Gassen —!
Seht, wie die Menge zerstiebt! seht hin, wie sie flüchten und
stürzen,
Sich im Laufe zertreten und fort sich reißen im Taumel.
„Rettet euch!" kreischt es — „Steht, ihr Memmen!" knirscht
es — dazwischen —
Ein durchbringender Schrei — ein Fall — eines Sterbenden
Röcheln —
Greuliche Flüche — drein der Madonna heiliger Name!
Endlich verhallt der Lärm und ruhig wird es und öde,
Gleich als wäre die Pest durch Mailands Weichbild gezogen,
Leichen nur liegen umher und zuckende Körper am Boden.
Doch ist betrüglich der Friede des Todes und drohend die
Stille.
Nicht zertreten ist das Haupt der Natter Empörung —
Nur im ersten Schreck hat sie scheu zurück sich geflüchtet
Aus der Helle des Tags in ihre verborgenen Klüfte,
Lauert mit funkelndem Auge und harrt des verwegenen Feindes;
Bald aber geht sie hervor mit giftgeschwollenem Leibe
Furchtbar und riesengroß und speit verheerende Flammen.
Dort schon baut sie ihr Nest im Labyrinthe der Häuser,
Wo sich die Pfade verengen, verschlingen, sich kreuzen und
winden,
Aus dem Boden wächst es heraus zu Dämmen und Wällen;
Steine türmt es auf Steine und wühlt in dem Schoße der
Erde,
Wirft die Scholle empor, den Kitt der entstehenden Feste;
Formlos steigt sie und steigt — kein Bau, ein Bild der
Zerstörung,
Aehnlich dem Haufen aus Trümmern und Schutt nach verglom=
menem Brande.
Wie der Ameisen Schar zur Arbeit sich sammelt und teilet,
Schwärmt es umher und schafft mit ruhelos emsiger Regung,
Hebet und wälzt heran, trägt zu, reicht hin und verwendet,
Schleppt die erdrückende Last, schier erliegend, doch nimmer
sie lassend,

Faßt sie an einem End', dann am andern, die Kräfte versuchend,
Zerrt sie ein Stückchen doch fort — dann weiter und endlich
                                                      zum Ziele,
Was sich auch spieße und sperre, es muß zum Ganzen sich
                                                      fügen:
Balken vom nahen Gerüst, aus den Angeln gehobene Thüren,
Taube Fässer (sie füllen sich rasch mit dem Kehricht der Gassen),
Spitzige Pfähle vom Zaun und ausgebrochene Gitter,
Aus der geplünderten Werkstatt des Schreiners die Kisten
                                                      und Kasten,
Ein zertrümmerter Sarg (die Toten können noch harren;
Ehe die Sonne sich neigt, gesellen sich viele zu ihnen)!
Hei! was fliegt durch die Luft im tollen Reigen herunter?
Stühle tanzend um Tische und seltsam buntes Geräte —
Von dem Herde der Rost, vom Kamin das Gesimse aus
                                                      Marmor!
Eine Wiege dazwischen von einer Mutter gespendet;
Einstens schaukelte sie darin in den Schlummer den Säugling —
Heute will sie damit die Brust des Sohnes beschirmen! —
Dort in die Zügel fällt es gewaltsam den stampfenden
                                                      Pferden —
Umgestürzt, mit den Rädern empor, ragt die stolze Karosse
Unter dem Jubel des Volks — und drüber bauen sie weiter.
Ha, wie sie keuchen und glühen, im eigenen Schweiße sich
                                                      baden!
Wie die Muskeln erbeben! die Hände mit Schwielen sich decken!
Manche zartere Hand mit blut'gen Rissen und Striemen!
Rasch ist vollendet das Werk, und wahrlich, es war auch von
                                                      nöten.
„Weg mit der Haue, dem Spaten! zur Flinte gegriffen! sie
                                                      kommen!"
Ja sie kommen! voran die Kette der plänkelnden Jäger,
Söhne des rauhen Gebirgs mit nimmer fehlenden Büchsen,
Schleichend die Wände entlang, als gält' es verborgenem Wilde;
Ihnen folgend die Schar der Magyaren mit braunen Gesichtern,
Draus wie funkelnde Kohlen die schwarzen Augen umhersehn,
Fragend: „Wo ist der Feind?" — — Rings schweigend starren
                                                      die Mauern —
Nichts bewegt sich; — da stutzen sie, Staunen in jeglicher
                                                      Miene,
Selbst in der Spitze des Schnurrbarts, der höher sich sträubt
                                                      und emporsteht,

Nicht aus Grauen fürwahr; 's ist vielen, als sollten sie lachen.
Werden geführt in den Kampf mit totem Gestein und Gerölle!
„Vorwärts!" ertönt es; sie folgen gehorchend dem Rufe der Führer —
Plötzlich zucken die Blitze! — woher? — aus den Lüften herunter!
Aus der Erde herauf! — woher? — sie können's nicht sehen —
Alles hüllt sich in Rauch; doch schlagen die tötenden Kugeln
In die geschlossenen Reihen und blutend stürzen die Krieger
Oder weichen zurück entsetzt. Doch sie sammeln sich wieder.
Schon zerteilt sich die Wolke; und wieder starren die Mauern
Schweigend wie vor; — kein Laut! als das Stöhnen der sterbenden Brüder!
Da: „Wo ist der Feind?" jetzt fragen die knirschenden Zähne.
„Dort!" ein Schütze ruft's — denn über dem steinernen Walle
Zeigt sich ein spähender Kopf, eine Hand, ein Lauf, der sich neiget —
Doch schon knallt die Büchse des Schützen; ein Schrei gibt die Antwort —
Kopf, Hand, Lauf sind verschwunden! Da jauchzen die Krieger und stürzen
Vorwärts mit wildem Geheul. Vergebens! denn wieder umschließt sie
Rings ein feuriger Kreis und unsichtbares Verderben!
„Teremtette! wo ist der Feind?" Es wütet der Ungar
Gleich dem gehetzten Stiere, der schnaubt und das Erdreich emporwühlt
Mit dem spitzigen Horn und nimmer den Gegner ereilet —
Feuert er ab das Gewehr auf Fensterbalken und Wände,
Daß ihm die Kugel zugleich mit den Splittern zurück ins Gesicht fliegt;
Schlägt mit dem Kolben wie toll an Steine und eichene Thore,
Bis der granitene Block heruntergerollt ihn zerschmettert,
Oder die siedende Flut heruntergegossen versenget,
Oder zu Boden ihn streckt der Schuß aus dem Luftloch des Kellers. —
Lange vergebens rufen die Führer zurück die Erhitzten;
Endlich gehorchen sie, laut weinend vor Wut und vor Schande.
Sieh — jetzt spielt das Geschütz und sendet die eiserne Ladung
Gegen den trotzenden Damm; schon erzittert er, wankt und zerbröckelt —

— Gähnend klafft schon die Bresche; — im Sturme nun wird
sie erstiegen —
Doch nicht zur Freude den Siegern; denn vor sich schauend
erblicken
Sie die stärkere Burg, die hinter der ersten emporsteigt!
Doch zersplittern nun auch und fallen die mächtigen Thore,
Welche vergebens die Art des Zimmerers grimmig getroffen.
Lechzend nach Blut, schon bringen hinein die rasenden Krieger,
Ueber die Treppen empor in's Herz dem Sitze des Aufruhrs. —
— Ha, wo ist der Feind? — Entflohn durch gebrochene
Wände!!
Aber nichts hemmt die Wütenden mehr, sie bahnen sich Pfade
Ueber Berge von Schutt, nicht achtend des bleiernen Hagels,
Jeden Schritt sich erzwingend und wie auch die Reihen sich
lichten,
Bis sie erreichen den Dom, der hoch sich wölbend emporragt.
Also ringt mit den Wogen des tobenden Meeres der Schwimmer,
Wenn er den Leuchtturm erblickt, der das rettende Ufer ihm
weiset;
Teilet mit rüstigen Armen die schäumenden Wasser und naht
ihm —
Da erfaßt es ihn wieder gewaltig und schleudert zurück ihn
Weit in die mächtige Flut, den gähnenden Rachen des Todes;
Ob auch der Mut ihm entsinkt, Verzweiflung verleiht ihm
die Kräfte
Zum sich erneuenden Kampf, der wechselnd ihn endlich zum
Ziel führt:
Die eroberte Erde bedeckt er mit Thränen und Küssen!
So aufatmet nun auch, dem Gewirre der Gassen entronnen,
Der gehetzte Soldat, blickt dankend zum Himmel, der weit sich
Seinem Auge erschließt. Kein Feind mehr kann tückisch ihm
nahen;
Freier, sich dehnender Raum umgibt ihn, es deckt ihm den
Rücken
Gottes erhabene Burg; er fühlt sich im Schutze des Herrn;
Wehe dem, der ihm naht! — — — Was klettert empor zu
den Giebeln,
Was zum Turme empor, den wilden Katzen nicht ungleich? —
— Leichten Fußes, behende, sich schwingend von Klippe zu
Klippe,
Schreitend am Rande des Abgrunds, ihn messend mit ruhigen
Blicken,

Folgend der flüchtigen Gemse in nackter Felsen Geklüfte —
Lernt den fröhlichen Mut der Tiroler, der nimmer ihm fehlet;
Wie auch der Kampf ihn umtobe mit allen entfesselten Schrecken,
Ihm ist es stets nur die Jagd, er wähnt sich immer am Anstand,
Immer mit heitrem Gesicht, den Federhut keck auf dem Ohre,
Ob auch daran ihm vorbei die Kugeln pfeifen und zischen,
Immer den eigenen Schuß nur, und, ob er auch treffe, erwägt er,
Jubelt, wenn er gelang, sein lautes Juchhei in die Lüfte,
Gleich als hätt' er ums Beste die Scheibe ins Zentrum getroffen;
Fiele im Augenblick auch ihm der liebste Bruder zur Seite,
Erst muß er jauchzen des Schusses, den Stutzen laden aufs neue —
Dann erst beugt er sich nieder und küßt ihn, bevor er verscheidet!
Also steht er auch jetzt auf des Doms sich neigender Dachung
Zwischen den spitzigen Säulen und hinter dem Kranze des Turmes,
Lauert mit lüsternem Auge des Wilds. Doch es stellt sich ihm keines!
Keiner wagt sich heraus der Welschen aus sichrem Verstecke
In das gefährliche Reich, beherrscht von dem Rohre des Jägers.
Diesem schwillt schon das Herz in der Brust vor Verdruß — Sieh, da regt sich's
Drüben weit hinter dem Schornstein. Was ist es? — Da schlägt eine Kugel
Durch des Fragenden Hut. „Nicht übel!" ruft er — da reißt ihm
Eine zweite den Zipfel des Rocks weg, den wehend der Wind ihm
Ueber die Deckung hinaustrieb, wie schleunig den Kopf er zurückzog.
Da erkennt er den Schützen, den ebenbürt'gen, und freut sich.
„Nachbar, Schweizer! du bist's! — Grüß Gott!" — er knallt's ihm hinüber,
Daß er hervorwankt, taumelt und in die Tiefe hinabstürzt —
— „B'hüt di Gott!" — — Was führt in den fremden Streit den Tessiner?
Nein! er ist ihm nicht fremd. Mit demselben Laute bejubelt
Er das eigene Glück — ein Eidgenosse der Freien! —
Welcher als Klage und Fluch sich entringt der Brust des Lombarden,

Wenn er die Knechtschaft beweint und zum Himmel um Rache
emporschreit.
Eines Stromes freundliche Wellen durchrauschen die Heimat
Beider, ein silbernes Band durch blühende Thäler sich
schlingend:
Jener wohnt nahe dem Quell und dieser nicht ferne der
Mündung.
Wie es zur üppigen Ebne die Wasser hinabzieht gewaltig —
Zieht allmächtig das Herz hochschlagend einen zum andern;
Heute auch stehn sie zusammen; es gilt Gefahren zu teilen.
Darum begegnen sich feindlich im Streite Tiroler und Schweizer,
Ob sie auch nimmer sich grollen, sich nimmer um eignes
befehden —
Diesem gebietet die Liebe zum Bruder und jenem — sein Kaiser!
Kugeln fliegen hinüber, herüber; doch sind sie zu zählen;
Denn sie vergeuden sie nicht und selten nur bietet ein Ziel sich.
Also ermattet hier der Kampf, wie die Feuersbrunst, lange
Wütend an einem Ort, wenn alles versengt und verzehrt ist,
Was in den Gluten zerschmilzt, zusammenbricht und verlodert,
Oder sich plötzlich ein Damm ihr entgegenstellt unüberschreitbar,
In sich selber erstirbt. Vereinzelte Schüsse nur fallen —
Feurige Zungen, noch hier und dort aufzuckend und — sterbend!
Aber wie es die Funken, wenn über den Schutt hin der
Wind fährt,
Auseinander jagt, ein rotes Gestöber dahinweht,
Flammen von Dach zu Dach auch zu springen lehrt, bis sie
fassen
Und der schreckliche zweite Brand emporschlägt, noch ehe
Völlig der erste erstickt ist und weithin verheerend sich aus-
dehnt —
Also springt auch der Kampf zurück vom granitenen Dome
In die Gassen der Stadt und tobt mit verdoppeltem Grimme.
Angstvoll heulen die Glocken, als ob sich Gewitter entlüden.
Horch — und rollt nicht der Donner? — Nein, dumpf nur
dröhnt die Kanone.
Aber es prasselt, als schlügen auf eiserne Dächer die Schloßen!
Also knattern die Flinten. — Jetzt aber, jetzt hat es geschlagen!?
Nein, zusammenbrach das brennende Haus mit den Kämpfern,
Sie begrabend, noch eh' sie im gräßlichen Hasse sich würgten.
Wilder Mord ist entfesselt, durchschreitet mit offenem Antlitz
Mailands Weichbild, nicht mehr die lauernde, zischende Schlange,
Nein, der rasende Tiger, der mit den Pranken um sich haut,

Blind, nicht achtend, wohin er trifft, wenn Blut nur emporspritzt!
Nicht mehr frägt der Soldat: Wo ist der Feind? er erblickt ihn
Vor sich, wohin er auch blickt, und sieht ihm ins Weiße des
    Auges.
Schnell zum Helden gereift ist der zagende Bürger; errötend
Ueber die erste Flucht, den Schimpf zu tilgen begierig
Stürzt er sich in die Gefahr; schon verachtend die schmähliche
    Deckung,
Oder getrieben von Wut, den Gegner mit Händen zu fassen,
Beugt er sich vollen Leibs keck über die Brüstung des Fensters;
Eine Scheibe den Kugeln, springt wild mit verwegenem Satze
Auf die Barrikade und faßt mit den nervigen Fäusten,
Ihn erdrosselnd, den ersten, der kühnen Muts sie erklommen,
Stößt dem zweiten den Dolch in den Rücken in grauser
    Umarmung,
Bis ihn das Bajonett des dritten aufspießt und hinwirft.
Aber schon schwingen sich andre hinauf, des Ruhmes begehrend,
Wo er gefallen, zu stehn — und fort wogt gigantisches
    Ringen!
Ja hier und dort wagt das Volk sich, erhitzt vom Gefechte
    zum Wahnsinn,
Trunken von manchem Sieg, heraus in dichteren Haufen.
Plötzlich bricht es hervor aus Gassen und Thoren und Thüren,
Ueber Mauern und Hecken sich schwingend, herauf aus den
    Kellern,
Gleich als entstiegen dem Schlunde der Erde Dämonen der
    Hölle!
Rot die Gesichter, das Haar zerrauft, grell funkelnd die Augen,
Keuchend die Brust, die Hände vom Pulver geschwärzt, die
    Gewänder
Hängend in Fetzen vom Leibe, die Stimmen heiser und
    krächzend —
Denn es vertrocknet die Kehle, verdorrt die Zunge den
    Kämpfern —
Zeigt sich das wilde Heer, sich vereinend, dem Lichte des Tages,
Daß vor dem schrecklichen Anblick die tapfersten Krieger erbeben.
Wie sie sich sehen umstellt und flüchtend ins nahe Gebäude
Rasch sich verschanzen mit Not, nun selber dem Sturme zu
    wehren!
Dieser umheult sie mit Macht und immer größeren Schrecken.
Vor den Pforten vergebens nur türmen sich Berge von Leichen;
Seine Toten nicht zählt das Volk, wie die Köpfe der Hydra

Abgehauen, aufs neue dem blutigen Rumpfe entwachsen —
Also mehrt sich die Zahl der Bedränger und mehrt ihre Wut sich.
Ha, wie jauchzen sie plötzlich! Was ist es? — Es starren
      die Krieger
Voll Entsetzen hinab. Ein Bettler auf hölzernen Krücken
Humpelt zum eichenen Thor so lustig, als ging' es zur Schenke,
Bündel von Reisig und Stroh und dürren, vermoderten Holzes
Schleppt er mit sich auf den Armen. Die oben sehen's und
      greifen
Rasch zu den letzten Patronen und feuern sie hastig hinunter;
Doch sie verfehlen das Ziel; denn es zittern die Hände den
      Schützen.
Laut auflachend erhebt der Mann des Elends das Antlitz,
Aufwärts schreiend: „Nur zu! es geht mir doch höchstens
      ans Leben,
Das ja den Armen nicht freut; zum Krüppel schießt ihr mich
      nicht mehr!"
Kann's; denn sein Werk ist gethan. Schon steigen die Säulen
      des Rauches
Schwarz wie der nahende Tod empor vor den Augen der
      Krieger.
Da erfaßt sie Verzweiflung und gräßlicher Wahnsinn und
      treibt sie,
Auch ihr Aergstes zu thun! Ein herzzerreißend Geschrei tönt
Gellend dem Volke entgegen, das einbringt, doch starrend
      zurückweicht
Von der eroberten Schwelle; es strauchelt sein Fuß; denn es
      sperrt sie
Eines Weibes blut'ge, noch zuckende Leiche! — Da brüllt es:
„Rache! Rache!" — und rasch zu den Opfern hin sinken die
      Würger.
Aber wehe! wehe! wenn Lust am Morden erwacht ist.
Nimmer zu sättigen ist sie. Der erste, der wehrlos gefallen,
Reißt im Sturz Hekatomben mit sich in den Abgrund hinunter.
Rasch verbittern die Herzen und Teufel werden aus Menschen;
Jedes Mitleid erstirbt; vergebens zittert die Schwäche,
Lächelt die Unschuld; vergebens gebietet Ehrfurcht das Alter,
Schonung die blühende Schönheit! — Da völlig verkehrt
      die Natur sich:
Auch der wankende Greis greift hastig zur wuchtigen Waffe,
Selbst in den Tod stürzt die Jungfrau, der drohenden Schmach
      sich entziehend,

Zur Megäre wird das Weib, zur Löwin die Mutter,
Sucht zu zerreißen den Feind, bevor er die Brut ihr zerreiße!
Nicht mehr ist es ein Kampf um Sieg, was Mailand durchraset —
Nein — ums nackte Leben ein Wehren, ein Schlachten und Fallen!
Bleiern hängt der Himmel herunter — er sah's und es graut ihm,
Und er öffnet die Schleusen und gießt unendliche Fluten
Ueber die Ringenden aus. Umsonst! es kühlt ihre Wut nicht,
Ob sie auch triefen, ob auch ihr Fuß im Schlamme versinkend,
Oder glitschend am nassen Gestein dem Verderben sie weihe,
Ob auch die Flinten versagen, sie brauchen Kolben und Messer,
Ob auch die schüttende Wolke in künstliche Dämmrung sie einhüllt —
Selbst nicht die wirkliche hemmt sie, fort würgen sie, würgen und würgen,
Bis sich erbarmend die Nacht herunterfenkt und sie scheidet.
Welche Nacht!! — Wohl ruhn sie — aber mit offenem Auge,
Aber mit offenem Ohr! dem Wanderer gleich in der Wildnis,
Welcher nicht schläft auf dem Lager von Moos, wie zu Tod auch ermüdet,
Halb nur liegend und halb emporgerichtet — zu lauschen,
Ob nicht die Schlange sich schleicht durchs Gesträpp? — in das Dunkel hineinstarrt,
Ob nicht daraus ihm entgegen die leuchtenden Augen des Panthers
Blitzen und drohn? — So ruhn sie — die Hand am Gewehre, das fertig!
Aber nichts regt sich, als nur in den Türmen die heulenden Glocken;
Auf und nieder gehn sie unaufhörlich im Schwunge,
Senden schaurige Stimmen hinaus in die nächtliche Stille:
Dumpfe wie Grabesgesang und heisre wie Krächzen der Raben,
Schrille dazwischen wie Angstschrei und manche wie Silber so helle,
Oft vernommen, wenn traurig der Zug auf den Friedhof hinausging,
Oder zum Tode geführt wird der bleiche, verzweifelnde Sünder! —
Oefter noch riefen sie Gläub'ge zur Andacht und läuteten Frieden.

Alle sind sie geworden zu wilden Posaunen des Krieges,
Schreien hinein in das Land: Zum Kampfe! zur Hilfe! ihr
  Brüder! —
Ob sie es hören? — Gewiß! Von fernen Dörfern herüber
Klingt es als Antwort zurück: Wir kommen! wir kommen!
  wir kommen!
In das Getöne hinein und unaufhörlich wie dieses,
Rauscht vom schwarzen Himmel, an welchem kein Stern blinkt,
  der Regen
Immer noch strömend herab und wäscht von den Steinen das
  Blut weg,
Daß es der Morgen nicht sehe! Dazwischen fährt eisig der
  Windstoß!
„Wahret die Fackel," ruft einer, „sie flackert und droht zu
  verlöschen!"
Rötlichen Scheines beleuchtet sie trotzige, wilde Gestalten,
Hüllt sie zugleich in schwärzlichen Rauch, wie das Pech ihr
  hinabträuft.
Am Boden lagern sie schweigend unter der Wölbung des Thores;
Einer steht und lehnt dort an der zerschossenen Säule. —
Grau her blinkt ihr Gestein — ein hagerer, langer Geselle,
Beide Hände gestützt auf den Lauf der gewalt'gen Muskete,
Die er erbeutet im Kampf. Drei kauern beisammen geschäftig,
Gießen das glühende Blei in die Form; denn es fehlen die
  Kugeln.
Trümmer liegen umher, der nah'n Barrikaden Geröll.
Mitten im Kreise kniet, ein milder Engel des Lichtes
Unter den Männern der Nacht, ein Mädchen mit rosigen
  Wangen;
Thränen rollen darüber herab auf den sterbenden Jüngling,
Welcher so bleich im Schoße ihr ruht. Voll zärtlichen Dankes
Blickt er empor und drückt die treue Hand an die Lippen.
Jene bemerken es kaum; denn stumpf ward ihr Herz wie das
  Auge —
— Plötzlich springen sie auf! — und ergreifen die Waffen. Ein
  Schuß fiel. —
Lautlos stehn sie und starr. Da schallt ein lautes Gelächter;
„Meine Flinte ging los; ihr Memmen, wie seid ihr erschrocken!"
„Hund du!" ruft es die Antwort und Messer blitzen — —

Aphorismen.

Ich preise selig den, der still bescheiden
Genießt ein einfach, ein verborgen Glück —
Ihn, den der großen Menge Blicke meiden,
Dem voll genügt ein trauter Liebesblick;
Der weltvergessen wirkt im engen Kreise,
Doch fröhlich wirkt in männlich edler Weise,
Der seinen Lohn im eignen Busen trägt,
Nach fremdem Lob und Tadel wenig frägt. —
Wer um den Lorbeer ringt, dem wird zum Lohne,
Solang er atmet, meist — die Dornenkrone!

*

Das Edle siegt, auch wenn es stirbt.
O daß es doch muß sterben, um zu siegen!

*

Die Zeit zwar heilet jedes Leid —
Doch hat nicht jedes Leid die Zeit zu heilen!

*

Bist du im Sonnenschein, lacht dir das Glück:
Lebe, um zu lieben!
Trübt sich der Himmel, ist Leid dein Geschick:
Liebe, um zu leben!

*

Verhängnisvoller Augenblick! du fehlst
In keinem Menschensein, Entscheidungsstunde,
Da über Menschenwohl und Menschenwehe
Der goldne oder eh'rne Würfel rollt.
Wer immer dich erfaßte, würdigte,
Wenn du erscheinst! es ahnte, ob die erste
Der Sprossen du empor zu lichten Höhen,

Der erste Schritt hin an des Abgrunds Rand —
Der Blumen erste, die zum Freudenkranz
Sich winden wollen, ob der erste Ring
Der Kette, die an Elend ewig schmiedet —
Ein Stern, der leuchtend weist nach hehrem Ziele,
Ein Irrlicht, das in Sümpfe tückisch lockt?

*

Bei fremdem Kummer fühlen ein Erbarmen,
Die herbe Not zu lindern manchem Armen,
Nach einem fremden Sarg mit Thränen wandern,
Verstehen leicht die einen und die andern.

Doch größer ist's, bei fremdem Glück sich freuen,
Dem fremden Ruhme Weihrauchkörner streuen
Und sonder Neid auf andrer Wonne sehn,
Wenn unsres Glückes Sterne untergehn.

*

Kann dich der Flug des Dichters aufwärts führen,
Was ihn begeistert, kann's auch dich erheben —
Macht seiner Seele Sturm auch dich erbeben,
Kann seine Klage dich zu Thränen rühren,
Was heil'gen Zorn ihm weckt, auch dich entflammen —
Schlägt mit dem seinen stets dein Herz zusammen,
Dann hat er auch in dir ein Ziel erstritten,
Hat auch für dich gelebt, gestrebt, gelitten!

*

Glück verblendet, Unglück macht hellsehend; deshalb wird der Pessimist immer eher recht behalten als der Optimist; denn ein Glücklicher ist selten Pessimist.

*

Stets nach der Welt sich richten, es heißt noch lang nicht
sie kennen,
Noch muß, wer sie kennt, stets auch sich richten nach ihr.
Dennoch sagt man zu dem, der den eigenen Weg geht, nicht
achtend,
Welchen die anderen ziehn: „Thor, der nicht kennet die
Welt!"

Während mit großem Respekt oft den als Weisen man preiset,
Der, nicht die Welt, doch wohl nach sie zu äffen versteht.

*

Ob auch der Himmel in Groll sich von mir wende, und drohend
Rolle den Donner, den Blitz zucke aus schwarzem Gewölk —
Mutig noch heb' ich das Haupt und erwarte sein Aergstes.
Nur bleiern
Blicke er nicht mir herab, schweigend in ewigem Grau.

*

Nach der Gesinnung schätz' ich zumeist den Menschen; denn Thaten,
Kinder des Augenblicks oft, Kinder verborgenen Triebs,
Drücken das Brandmal wohl auch dem Edelsten rasch auf die Stirne,
Winden den Lorbeer wohl auch um das unwürdigste Haupt.

An Angela.

Kleine Freundin! Du gabst mir der duftenden Blumen so viele: —
Möchte sie alle zum Kranz immerfort blühenden Glücks
Winden ums liebliche Haupt dir — oder mit freundlichen Händen
Streuen auf jeglichen Pfad, den du im Leben betrittst!

Gedankenfreiheit.

Des blöden Trosts: Gedanken bleiben frei
Auch in den Tagen finstrer Tyrannei! —
Ja — wie im Sklavenschiff der Negerschwarm,
So frei! zu Tausenden — daß Gott erbarm',
Gepfercht wie jene in den engen Raum,
Gepreßt, gebunden, frei zu atmen kaum,
Weil sie mit ihren Leibern sich erdrücken,
Mit ihren Atemzügen sich ersticken —

So auch im Hirn die herrlichsten Gedanken,
Sich stoßen, drängen, siechen und erkranken,
Wenn sie ans Licht hinaus nicht dürfen bringen,
Nur frei sind, edlen Herzen Qual zu bringen.

Geist und Körper.

„Die Geister sind von Gott, die Körper sind vom Bösen."
Dies kühne Ketzerwort ist Feldruf oft gewesen
Im blut'gen Sektenkrieg, verteidigt und bekämpft.
Den grimmen Streit darum hat erst die Zeit gedämpft.
Die heil'ge Kirche hat's ersiegt mit ihren Waffen:
Daß auch die Körper sind von Gott dem Herrn geschaffen. —
Doch nachgesonnen hat dem Wort so mancher „Fromme",
Ob es zum Frieden nicht, zum Heil ihm nicht bekomme,
Geläng' es ihm, den Block nun gänzlich umzukehren
Und einen neuen Satz als Dogma zu verehren:
„Die Körper sind von Gott, die Geister sind vom Bösen!
Drum kann die schnöde Welt vom Fluche nur erlösen,
Wenn ihr in Einfalt pflegt der Körper und sie nährt,
Die Geister nur kasteit, die Geister fasten lehrt."

Die Zollfreiheit der Gedanken.

Zollfrei sind die Gedanken —
Der Frucht gleich, die vom Baume nickt,
Bevor sie noch ist abgepflückt.
Zollfrei sind die Gedanken —
Dem Korn gleich, das am Felde steht,
Bevor es noch ist abgemäht.
Zollfrei sind die Gedanken —
Dem Wild gleich, das den Wald durchstreicht,
Von keiner Kugel noch erreicht.
Zollfrei sind die Gedanken —
Dem Wein gleich, den der Sonne Kraft
Am Stock noch reift als Traubensaft.

In jedem deiner Augenwinkel sitzt,
Im Busch der Brau'n, in jeder Stirnenritze,
Auf deinen Lippen, auf der Nasenspitze,
Im Dickicht deines Bartes lauscht und spitzt
Ein schlauer Douanier
Und ruft: „Wer da?" und „Steh!"
So oft ein kühner Schwärzer von Gedanken
Will schleichen über die gezogenen Schranken;
Wär's auch als Wolke nur, die auf der Stirne schwebt,
Als ein Erröten nur, das dir die Wangen hebt,
Als Naserümpfen nur, das Miene macht zu scherzen,
Als feines Lächeln nur, das dir den Mund umspielt,
Wär's auch als Seufzer nur aus tiefbeklommnem Herzen,
Als eine Thräne nur, die deinem Aug' entquillt!

Aut Caesar aut nihil!

O großer Cäsar! wie dein stolzes Losungswort
Uns heut' entgegentönt im Chor an jedem Ort!
Dein Losungswort ist das der ganzen Welt geworden.
Mitglieder ohne Zahl schließt in sich ein der Orden
Von jenen, die, weil sie's gefühlt, zu jeder Zeit,
Daß Großes nie aus ihnen wird in Ewigkeit,
Daß ihrem Wesen fremd blieb selbst der Größe Schein,
Sich lieber gleich damit begnügen — nichts zu sein.

Ewiger Friede.

Wir wollen den ewigen Frieden,
Beim Himmel! wir wollen ihn!
Wir alle sind Brüder hienieden
Und sollen zu Felde nicht ziehn,
In wilden, blutigen Kriegen
Uns in den Haaren zu liegen.
In Norden und Süden und Westen und Osten,
Es sollen von heute die Waffen verrosten,
Verrosten Schwert und Schild und Speer —
Wir schmieden keine neuen mehr!

„Doch wie den Frieden aufrecht erhalten?"
Kreiert wird ein bewaffnet Corps;
Dann wage noch ein verwegener Thor,
Des Kriegs Panier zu entfalten!
Wir wollen den ewigen Frieden,
Potz Blitz! wir wollen ihn;
Genug schon des Bluts ward hienieden,
Des Menschenblutes vergossen!
Wer ferner noch ein Schwert will ziehn,
Wird augenblicks — niedergeschossen!

Satire.

Ein Mückenstich, der heute juckt,
Und morgen schon geheilt!
Ein läst'ger Laut, den man vernimmt
Und zu vergessen eilt.
Nur tausend Stiche bringen
Beachtenswerte Pein —
Es bringt der Laut nur ein,
Hört er nicht auf zu klingen.